全 世 界 无 产 者 ， 联 合 起 来 ！

马克思主义理论研究和建设工程重点项目

列宁专题文集

论资本主义

中共中央 马克思 恩格斯 著作编译局编
列 宁 斯大林

人民出版社

弗·伊·列宁

（1897年）

编 辑 说 明

  《列宁专题文集》是马克思主义理论研究和建设工程的重点项目,旨在为广大干部群众提供学习马克思列宁主义基本理论的读本。经中共中央批准,这部文集的编辑工作由中央编译局组织实施。

  《列宁专题文集》分五个专题,编为五卷:《论马克思主义》、《论辩证唯物主义和历史唯物主义》、《论资本主义》、《论社会主义》、《论无产阶级政党》。文集精选了列宁各个时期的重要著作、文章、报告、笔记和书信,既注重反映列宁毕生坚持和发展马克思主义的主要理论成果以及对无产阶级革命和社会主义建设实践经验的科学总结,又着眼于适应干部群众学习和研究中国特色社会主义理论体系的实际需要。

  《列宁专题文集》采用文献选编与重要论述摘编相结合的形式。各卷精选了列宁最具代表性的著作,或全文收录,或部分节选,同时从本卷未选收的著作中摘选与本专题有关的重要论述,编成《重要论述摘编》,作为本专题所收文献的补充。这种新的编辑形式既能反映列宁相关思想的完整性和系统性,又能体现收文少而精的原则。

  《列宁专题文集》各卷著作的编排按各卷的不同特点采取不同方式。《论资本主义》、《论社会主义》、《论无产阶级政党》采用编年原则,《论马克思主义》、《论辩证唯物主义和历史唯物主义》采用以理论逻辑为主和以重点著作为主的编排方式。

《列宁专题文集》采用《列宁全集》中文第二版的译文,其中,马克思和恩格斯的引文选自《马克思恩格斯全集》和《马克思恩格斯选集》中文第一版,本文集未作变动。

《列宁专题文集》各卷均附有注释和人名索引。为了帮助读者把握各篇著作的理论精髓,每篇著作都附有导读性的题注,力求言简意赅地介绍每篇文章的核心内容和理论要点。

《列宁专题文集》沿用《列宁全集》中文第二版的技术规格。每篇文献标题下括号内的写作或发表日期是编者加的,文献本身在开头已注明日期的,标题下不另列日期。1918年2月14日以前俄国通用俄历,此后改用公历。两种历法所标日期,在1900年2月以前相差12天(如俄历为1日,公历为13日),从1900年3月起相差13天。编者加的日期,公历和俄历并用时,俄历在前,公历在后。引文中尖括号〈 〉内的文字和标点是列宁加的。未说明是编者加的脚注为列宁的原注。文中的[……]为编者加的删节号。《人名索引》条目按汉语拼音字母顺序排列,条头括号内用黑体字排的是真姓名。

马克思主义理论研究和建设工程咨询委员会对文集整体方案、各卷文献篇目以及各篇著作的题注进行了认真审议并提出许多宝贵意见,这对提高文集编辑工作的质量起到了重要作用。

本卷收入列宁著作19篇,相关重要论述26条。在这些著作和论述中,列宁运用唯物史观和马克思主义经济学说,批判了俄国民粹派经济学家的错误观点;总结了资本主义在俄国的发展历程;阐释了关于社会分工、资本主义商品生产及其实现剩余价值的条件、资本主义国内市场建立的过程和条件等与俄国资本主义发展有关的重大理论问题。列宁科学地评述了资本主义产生和发展的过程及其历史作用，同时揭示了资本主义走向灭亡的历史必然性；分析了资本主义经济危机产生的原因和后果，指出资本主义制度必然引起工人阶级的日益贫困化，同时也造就了自身的掘墓人；阐述了资产阶级民主的实质和历史局限性，揭示了资产阶级民主与无产阶级民主的本质区别。列宁深刻地总结了《资本论》问世以来世界资本主义的新变化，创立了关于帝国主义的理论，丰富和发展了马克思主义。他考察了资本主义从自由竞争向垄断的历史性转变，指出垄断是帝国主义的根本经济特征，是帝国主义的实质；分析了帝国主义的基本特征，指出帝国主义是发展到垄断组织和金融资本的统治已经确立、资本输出具有突出意义、国际托拉斯开始瓜分世界、一些最大的资本主义国家已经把世界全部领土瓜分完毕这一阶段的资本主义；帝国主义是寄生的、腐朽的、垂死的资本主义；在帝国主义阶段，资本主义的腐朽趋势和迅速发展的趋势同时存在，腐朽趋势并不排除资本主义的迅速发展，实际上资本主义的发展在这一阶段比从前要快得多，但发展更加不平衡。列宁根据对帝国主义经济特征和历史地位的分析，揭示了帝国主义时代资本主义经济和政治发展不平衡的规律，指出帝国主义是无产阶级社会主义革命的前夜。列宁密切关注帝国主义时代殖民地、半殖民地国家的民族民主运动，揭露帝国主义国家对被压迫民族的野蛮统治，高度评价包括中国在内的一切被压迫民族的人民群众争取自身解放的斗争，并阐述了解决民族和殖民地问题的基本原则；指出考察民族和殖民地问题的指导思想是区分压迫民族和被压迫民族，帝国主义时代的特点是全世界分成了为数众多的被压迫民族和少数几个拥有巨额财富和强大军事实力的压迫民族；强调无产阶级政党应当积极支持殖民地、半殖民地国家的民族民主运动，特别要援助落后国家中反对封建主义的农民运动,西欧无产阶级同东方各殖民地以至一切落后国家的农民运动结成紧密联盟,通过坚持不懈的斗争,逐步实现推翻一切剥削制度、建立共产主义新社会的伟大目标。

目　　录

插　　图

弗·伊·列宁(1897年)

列宁《俄国资本主义的发展》的几种较早中译本和收载这一著作的

俄国资本主义的发展

大工业国内市场形成的过程[1]（节选）

（1895年底—1899年1月）

第二版序言[2]

    本书是在俄国革命的前夜，即在1895—1896年大罢工[3]爆发后一个稍呈沉寂的时期中写成的。当时工人运动似乎平息下去了，实际上却在向广度和深度发展，为1901年的示威运动[4]准备基础。

    本书根据对种种统计资料进行的经济学上的研究和批判性的审查，分析了俄国社会经济制度，因而也分析了俄国阶级结构。这个

    这是列宁全面考察俄国资本主义的发展历程，运用马克思主义的经济学说科学分析俄国的社会经济制度和阶级结构的一部重要著作。在节选的部分，列宁分析批判了民粹派经济学家的理论错误，根据马克思主义政治经济学基本原理，阐明了关于社会分工、资本主义商品生产及其实现剩余价值的条件、资本主义国内市场建立的过程和条件等一系列与俄国资本主义发展密切相关的重大理论问题；指出在这种经济基础上进行的俄国革命，必然是资产阶级革命。列宁还对资本主义的历史作用作了阐述，指出资本主义既有其进步的历史作用，即促进社会劳动生产力的提高和劳动的社会化，也具有历史暂时性。资本主义的发展给工人阶级进一步实现其真正的和根本的社会主义改造任务创造了最有利的条件。

分析,现在已为一切阶级在革命进程中的公开政治行动所证实。无产阶级的领导作用完全显露出来了。无产阶级在历史运动中的力量比它在人口总数中所占的比例大得多这一点也显露出来了。本书论证了这两种现象的经济基础。

其次,革命现在日益显露出农民的两重地位和两重作用。一方面,在贫苦农民空前贫困和破产的情况下,存在着徭役经济的大量残余和农奴制的各种残余,这充分说明了农民革命运动的泉源之深,农民群众革命性的根基之深。另一方面,无论在革命进程中,在各种政党的性质中,或者在许多政治思想流派中,都显现出农民群众的有内在矛盾的阶级结构,他们的小资产阶级性,他们内部的业主倾向与无产者倾向的对抗性。变穷了的小业主在反革命的资产阶级和革命的无产阶级之间的动摇不定是不可避免的,正如在任何资本主义社会中下述现象是不可避免的一样:为数甚少的小生产者发财致富,"出人头地",变成资产者,而绝大多数的小生产者不是完全破产变成雇佣工人或赤贫者,就是永远生活在无产阶级状况的边缘。本书论证了农民中这两种倾向的经济基础。

不言而喻,在这种经济基础上的俄国革命,必然是资产阶级革命。马克思主义的这一原理是颠扑不破的。无论什么时候都不能忘记这一原理。无论什么时候都必须把它应用到俄国革命的一切经济和政治问题上去。

但必须善于应用它。只有具体分析各种阶级的地位和利益,才能确定这个真理应用于某一问题上的确切意义。在以普列汉诺夫为首的右翼社会民主党人中间,却时常出现一种相反的推论方法,即他们力图在关于我国革命基本性质的一般真理的单纯逻辑发展中去寻找具体问题的答案,这是把马克思主义庸俗化,并且完全是对辩证唯物主义的嘲弄。例如有些人从关于我国革命性质的一般真理中得出结论说,"资产阶级"在革命中起领导作用,或者说社会主义者必须支持自由主义者;对于这些人,马克思大概会把他一度引用过的海涅的话重复一遍说:"我播下的是龙种,而收获的却是跳蚤。"①

在目前的经济基础上,俄国革命在客观上可能有两种基本的发展路线和结局。

或者是与农奴制有千丝万缕的联系的旧地主经济保存下来,慢慢地变成纯粹资本主义的"容克"经济5。从工役制6最终过渡到资本主义的基础,是农奴制地主经济的内部改革。国家的整个土地制度将变成资本主义制度,在长时期内还保持着农奴制的特点。或者是革命摧毁旧地主经济,粉碎农奴制的一切残余,首先是大土地占有制。从工役制最终过渡到资本主义的基础,是小农经济的自由发展,这种小农经济由于剥夺地主土地有利于农民而获得了巨大的推动力。整个土地制度将变成资本主义制度,因为农奴制的痕迹消灭得愈彻底,农民的分化就进行得愈迅速。换句话说:或者是保存地主土地占有制的主要部分和旧的"上层建筑"的主要支柱;由此,自由主义君主派的资产者和地主将起主要作用,富裕农民将迅速地转向他们,农民群众状况恶化,他们不仅受到大规模的剥夺,而且还受到某些立宪民主党7式的赎买办法的盘剥,反动统治的欺压和愚弄;这种资产阶级革命的遗嘱执行人将是近似十月党人8那一类型的政治家。或者是摧毁地主土地占有制和相应的旧的"上层建筑"的一切主要支柱;无产阶级和农民群众在动摇的或反革命的资产阶级保持中立的情况下起主要作用;在资本主义基础上,在工人和农民群众处

---

① 见《马克思恩格斯全集》第1版第3卷第604页。——编者注

于商品生产下可能具有的最好环境中,生产力得到最迅速和最自由的发展;由此,给工人阶级进一步实现其真正的和根本的社会主义改造任务创造了最有利的条件。当然,这种或那种类型的资本主义演进因素,可能有无限多样的结合,只有不可救药的书呆子,才会单靠引证马克思关于另一历史时代的某一论述,来解决当前发生的独特而复杂的问题。

本书的任务是分析革命前的俄国经济。在革命时代,国家生活发展得如此迅速而急遽,以致在如火如荼的政治斗争中无法确定经济演进的巨大成果。一方面是斯托雷平先生们,另一方面是自由主义者(决不只是类似司徒卢威的立宪民主党人,而是全体立宪民主党人),都在坚定地、顽强地和一贯地努力按第一种形式完成革命。我们刚刚经历过的1907年6月3日的政变[9],标志着反革命的胜利,他们力图保证地主在所谓俄国人民代表机关中占绝对优势。但是,这个"胜利"究竟牢固到什么程度,则是另外的问题,何况争取革命的第二种结局的斗争还在继续进行。不仅是无产阶级,而且广大的农民群众也都比较坚决地、比较一贯地、比较自觉地力争达到这个结局。不管反革命怎样力图公开地使用暴力来窒息直接的群众性斗争,不管立宪民主党人怎样力图用下流和伪善的反革命思想来扑灭直接的群众性斗争,这种斗争总是不顾一切地时而在这里,时而在那里爆发,虽然小资产阶级政治家的上层分子(特别是"人民社会党人"[10]和劳动派[11]),显然沾染上了温和谨慎的市侩或官吏的背叛、莫尔恰林习气[12]和自满这种立宪民主党精神,这种斗争还是在"劳动派"政党[13]即民粹派政党的政策上打上了自己的烙印。

这一斗争的结局如何,俄国革命第一次进攻的最后结果如何,现在还不能断定。因此全面修订本书①的时机还没有到来(而且因为参加工人运动,肩负着党的直接责任,也使我无暇及此)。本书第2版还不能超出评述革命**前**的俄国经济这一范围。作者只是对文字进行了审查和订正,并以最新的统计材料作了**最必要的**补充。这些材料是:最近的马匹调查资料、收成的统计资料、1897年全俄人口普查总结、工厂统计的**新资料**等等。

作 者

1907年7月

---

① 这种修订可能要求写本书的续篇,要是这样,第1卷就只分析革命前的俄国经济,第2卷研究革命的总结和结果。

第一章
民粹派经济学家的理论错误[14]

市场是商品经济的范畴,而商品经济在它自身的发展中转化为资本主义经济,并且只有在资本主义经济下才获得完全的统治和普遍的扩展。因此,要弄清楚国内市场的基本理论原理,我们应当从简单商品经济出发来探索它如何逐渐转化为资本主义经济。

一 社 会 分 工

社会分工是商品经济的基础。加工工业与采掘工业分离开来,它们各自再分为一些小的和更小的部门,这些部门以商品形式生产专门的产品,并用以同其他一切生产部门进行交换。这样,商品经济的发展使单独的和独立的生产部门的数量增加。这种发展的趋势是:不仅把每一种产品的生产,甚至把产品的每一部分的生产,都变成专门的生产部门;而且不仅把产品的生产,甚至把产品准备好以供消费的各个工序都变成单独的生产部门。在自然经济下,社会是由许许多多同类的经济单位(父权制的农民家庭、原始村社[15]、封建领地)组成的,每个这样的单位从事各种经济工作,从采掘各种原料开始,直到最后把这些原料制作得可供消费。在商品经济下,各种不同类的经济单位在建立起来,单独的经济部门的数量日益增多,执行同一经济职能的经济单位的数量日益减少。这种日益发展的社会分工就是资本主义国内市场建立过程中的关键。马克思说:"……在商品生产及其绝对形态即资本主义生产的基础上……产品之所以成为商品,即成为具有交换价值,具有可以实现的、可以转化为货币的交换价值的使用价值,仅仅因为有其他商品成为它们的等价物,仅仅因为有作为商品和作为价值的其他产品同它们相对立;换句话说,仅仅因为这些产品并不是作为生产者本人的直接生活资料,而是作为商品,即作为只有通过变为交换价值(货币),通过转让才变成使用价值的产品来生产的。**由于社会分工,这些商品的市场日益扩大**;生产劳动的分工,使它们各自的产品互相变成商品,互相成为等价物,**使它们互相成为市场**。"(《资本论》第3卷第2部分第177—178页,俄译本第526页。①黑体是我们用的,以下引文中凡未另行注明者也都是我们用的)

不言而喻,上面所说的加工工业与采掘工业的分离,制造业与农业的分离,使农业本身也变成工业,即变成生产**商品**的经济部门。把产品的各种加工彼此分离开来,创立了愈来愈多的生产部门的那种专业化过程也出现在农业中,建立了日益专业化的种种农业区域

①见《马克思恩格斯全集》第1版第25卷第718页。列宁在本书中所引用的《资本论》文字,都取自《资本论》德文版(第1卷,1872年第2版;第2卷,1885年版;第3卷,1894年版)。所有引文都是列宁自己翻译的。这里所说的俄译本是指丹尼尔逊的俄译本。——编者注

（和农业系统①），不仅引起农产品和工业品之间的交换，而且也引起各种农产品之间的交换。这种**商业性的**（和资本主义的）农业的专业化，出现在所有的资本主义国家中，出现在国际分工中，也出现在改革后的俄国，这一点我们将在下面详细叙述。

可见，社会分工是商品经济和资本主义全部发展过程的基础。因此，我国民粹派理论家把这种发展过程说成是人为措施的结果，是"离开道路"的结果等等，极力抹杀俄国社会分工的事实，或者极力削弱这一事实的意义，是十分自然的。瓦·沃·先生在其《俄国农业和工业的分工》（1884年《欧洲通报》¹⁶第7期）一文中，"否认了""社会分工原则在俄国占统治地位"（第347页），宣称我国的社会分工"不是从人民生活深处成长起来的，而是企图从外部硬挤进去"（第338页）。尼·—逊先生在其《论文集》中，对于出售粮食数量的增加发表了如下的议论："这种现象也许意味着生产的粮食是在全国较平均地分配的，阿尔汉格尔斯克的渔夫现在吃到萨马拉的粮食，而萨马拉的农民则有阿尔汉格尔斯克的鱼佐餐。**实际上根本没有这回事**。"（《我国改革后的社会经济论文集》1893年圣彼得堡版第37页）没有任何资料，不顾众所周知的事实，就在这里公开断定俄国没有社会分工！民粹派除了否认一切商品经济的基础——社会分工或宣布其为"人为的"以外，就再也没有其他办法来建立俄国资本主义"人为性"的理论了。

---

①例如，伊·亚·斯捷布特在其《俄国的大田作业原理以及改进大田作业的措施》一书中，按照主要的市场产品来区分农业的经营系统。主要的农业系统有三：（1）大田作业的（按亚·斯克沃尔佐夫先生的说法是谷物的），（2）畜牧业的（主要的市场产品是畜产品）和（3）工厂的（按亚·斯克沃尔佐夫先生的说法是技术的），主要的市场产品是经过技术加工的农产品。见**亚·斯克沃尔佐夫**《蒸汽机运输对农业的影响》1890年华沙版第68页及以下各页。

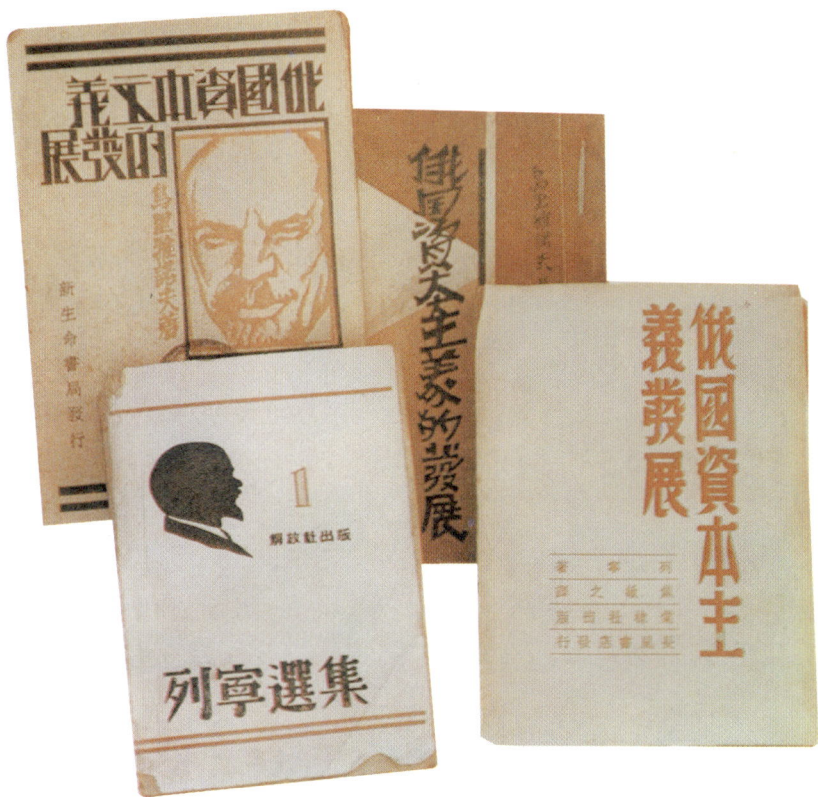

列宁《俄国资本主义的发展》的几种较早中译本和收载这一著作的1942年
解放社版《列宁选集》第1卷的封面

二 工业人口增加，农业人口减少

因为在商品经济以前的时代，加工工业同采掘工业结合在一起，而后者是以农业为主，所以，商品经济的发展就是一个个工业部门同农业分离。商品经济不大发达(或完全不发达)的国家的人口，几乎全是农业人口，然而不应该把这理解为居民只从事农业，因为这只是说，从事农业的居民自己进行农产品的加工，几乎没有交换和分工。因此商品经济的发展也就意味着愈来愈多的人口同农业分离，就是说工业人口增加，农业人口减少。"**资本主义生产方式由于它的本性，使农业人口同非农业人口比起来不断减少**，因为在工业(狭义的工业)中，不变资本比可变资本的相对增加，是同可变资本的绝对增加结合在一起的，虽然可变资本相对减少了；而在农业中，经营一定土地所需的可变资本则绝对减少；因此，只有在耕种新的土地时，可变资本才会增加，但这又以非农业人口的更大增加为前提。"(《资本论》第3卷第2部分第177页，俄译本第526页)①总之，没有工商业人口的增加，农业人口的减少，资本主义是不能设想的，并且谁都知道，这种现象在一切资本主义国家中表现得极为明显。未必用得着证明，这种情况对国内市场问题的意义很大，因为它既与工业的演进，也与农业的演进有着密切的联系；工业中心的形成、其数目的增加以及它们对人口的吸引，不能不对整个农村结构产生极深远的影响，不能不引起商业性的和资本主义的农业的发展。尤其值得注意的是这样一个事实：民粹派经济学的代表无论在他们纯理论性的论断中，或者在

---

① 见《马克思恩格斯全集》第1版第25卷第718页。——编者注

关于俄国资本主义的论断中,完全忽视了这一规律(关于这一规律在俄国表现的特点,我们将在下面第8章详细论述)。在瓦·沃·先生和尼·—逊先生关于资本主义国内市场的理论中,漏掉了一件实实在在的小事:人口离开农业到工业中去,以及这一事实对农业的影响。①

三　小生产者的破产

在此以前,我们研究的是简单商品生产。现在,我们来研究资本主义生产,就是说,假定在我们面前的不是简单商品生产者,而是一方面——生产资料的占有者,另一方面——雇佣工人即劳动力的出卖者。小生产者变成雇佣工人,以其丧失生产资料——土地、劳动工具、作坊等等为前提,就是说以其"贫困化"、"破产"为前提。有一种观点认为,小生产者的破产"使居民的购买力日益缩减",使资本主义的"国内市场日益缩小"(上引尼·—逊先生的书第185页,和第203、275、287、339—340页及其他各页。在瓦·沃·先生的大多数著作中也有同样的观点)。这里,我们不来谈这个过程在俄国发展的实际资料,这些资料我们将在以后各章详细考察。现在是纯粹从理论上提出问题,就是说提出关于转化为资本主义生产时的一般商品生产的问题。上述两位著作家也是从理论上提出这个问题的,就是说他们只从小生产者破产这一事实断定国内市场的缩小。这种观点是完全错误的,

①我们在《评经济浪漫主义。西斯蒙第和我国的西斯蒙第主义者》(见《列宁全集》第2版第2卷第102—231页。——编者注)一文中已经指出,西欧浪漫主义者和俄国民粹派对工业人口增加问题所抱的态度是一样的。

而这种观点所以顽固地残留在我国经济著作中只能解释为民粹派的浪漫主义成见(参看上面注释中所指的文章①)。他们忘记了,一部分生产者从生产资料中"游离"出来,必然以这些生产资料转入他人手中、变成资本为前提;因而又以下列情况为前提:这些生产资料的新占有者以商品形式生产那些原先归生产者本人消费的产品,就是说扩大国内市场;这些新的占有者在扩大自己生产时,向市场提出对新工具、原料、运输工具等等的需求,以及对消费品的需求(这些新占有者日益富有,他们的消费就自然增多)。他们忘记了,对市场来说,重要的决不是生产者的生活水平,而是生产者拥有货币;早先主要经营自然经济的宗法式农民,他们生活水平的降低与他们手中货币数目的增加完全相一致,因为这种农民愈破产,他们就愈加不得不出卖自己的劳动力,他们就愈加必须在市场上购买自己的(即使是极有限的)生活资料的更大一部分。"随着一部分农村居民〈从土地上〉的游离,他们以前的生活资料也被游离出来。这些生活资料现在变成可变资本〈用来购买劳动力的资本〉的物质要素。"(《资本论》第1卷第776页)②"一部分农村居民的被剥夺和被驱逐,不仅为工业资本游离出工人及其生活资料和劳动材料,同时也**建立了国内市场。**"(同上,第778页)③因此,从抽象的理论观点来看,在商品经济和资本主义正在发展的社会中,小生产者破产所表明的情况与尼·—逊先生和瓦·沃·先生想从这个破产中作出的结论相反,是国内市场的建立,而不是缩

---

① 指《评经济浪漫主义。西斯蒙第和我国的西斯蒙第主义者》一文。——编者注

② 见《马克思恩格斯选集》第2卷人民出版社1972年版第250页。——编者注

③ 同上书,第252页。——编者注

小。如果同一位尼·—逊先生先验地宣称俄国小生产者的破产表明国内市场的缩小，而又引证我们刚才引证的马克思的相反论断（《论文集》第71页和第114页），那么，这只证明这位著作家有引用《资本论》的话来打自己耳光的卓越才能。

四 民粹派关于额外价值不可能实现的理论

现在谈国内市场理论的下一个问题。大家知道，在资本主义生产中，产品的价值分为下列三部分：（1）第一部分补偿不变资本，即补偿先前是以原料、辅助材料、机器和生产工具等的形式存在的，并且只是在成品的一定部分中再生产出来的价值；（2）第二部分补偿可变资本，即偿付工人的生活费；最后，（3）第三部分是归资本家所有的剩余价值。通常认为（我们照尼·—逊先生和瓦·沃·先生那样来叙述这个问题），头两部分的实现（即找到相当的等价物，在市场上销售）并不困难，因为第一部分用于生产，第二部分用于工人阶级的消费。但是第三部分即剩余价值怎样得到实现呢？它又不可能为资本家全部消费掉！于是我们的经济学家得出了结论："获得国外市场"是"摆脱"实现额外价值[17]的"困难的出路"。（尼·—逊《论文集》第2篇第15节整节，特别是第205页，瓦·沃·在1883年《祖国纪事》[18]上发表的《市场的商品供应过剩》一文和《理论经济学概论》1895年圣彼得堡版第179页及以下各页）上述两位著作家认为资本主义国家所以必须有国外市场，是因为资本家不能用别的办法来实现产品。俄国国内市场由于农民破产和没有国外市场无法实现额外价值而日益缩小，而国外市场又是很晚才走上资本主义发展道路的年轻国家可望而不可即的，

——请看，仅仅根据先验的（并且在理论上是不正确的）见解，就宣布俄国资本主义没有根基和没有生命力已经得到了证明！

尼·—逊先生论述实现问题时，谈的显然就是马克思关于这个问题的学说（虽然他在自己的《论文集》中讲这个问题的地方没有一个字提到马克思），但是他根本不懂这个学说，并且正像我们马上就能看到的，把这个学说歪曲得面目全非。因此就发生了一件怪事，就是他的观点在本质上完全和瓦·沃·先生的观点相同，而瓦·沃·先生我们决不能责备他"不懂"理论，因为即使怀疑他只懂得一点点理论，就会是极大的不公平。两位作者都那样论述自己的学说，好像他们是第一个讲到这个问题，"靠自己的头脑"使问题得到了一定的解决；两人神气十足地看也不看旧经济学家关于这个问题的论断，而且两人都重复着被《资本论》第2卷详尽批驳了的旧错误①。两位作者把整个产品实现问题归结为额外价值的实现，显然认为不变资本的实现并不困难。这个幼稚的观点包含着一个最严重的错误，民粹派实现学说的其后一切错误都是从这里产生的。事实上，在说明实现问题时，困难正在于说明不变资本的实现。为了得到实现，不变资本必须重新投入生产，而这只有其产品是生产资料的资本才能直接做到。假如补偿资本的不变部分的产品是消费品，那就不可能把它直接投入生产，而必须在制造生产资料和制造消费品的两个社会生产部类之间进行**交换**。全部困难正在这里，而我们的经济学家却**没有看到**这种困难。瓦·

---

①在这里，瓦·沃·先生那种越出一切著作常规的勇气特别惊人。瓦·沃·先生阐述了自己的学说并暴露出对正是论述实现问题的《资本论》第2卷毫无所知，但他立即毫无根据地宣称，他"在自己的体系中所采用的"正是马克思的理论！！（《理论经济学概论》第3篇《生产、分配和消费的资本主义规律〈原文如此！?！〉》第162页）

沃·先生把问题说成这样,好像资本主义生产的目的不是积累,而是消费,他一本正经地说:"落到少数人手里的大量物品,超过了目前发展水平下的机体消费能力〈原文如此!〉"(上引书第149页);"产品过剩不是因为厂主俭朴和节欲,而是因为人的机体有局限性或者缺乏伸缩性〈!!〉,不能用剩余价值增长的速度来扩大自己的消费能力"(同上,第161页)。尼·—逊先生则竭力把问题说成这样,好像他不认为资本主义生产的目的是消费,好像他注意到了生产资料在实现问题中的作用和意义,但事实上他根本没有弄清楚社会总资本的流通和再生产过程,而被一系列的矛盾搞糊涂了。我们不想详细分析这一切矛盾(尼·—逊先生的《论文集》第203—205页),这是一件枉费精力的工作(这件工作布尔加柯夫先生①在其《论资本主义生产条件下的市场》一书中完成了一部分,见该书1897年莫斯科版第237—245页),况且要证明刚才对尼·—逊先生的论断所作的评价,只要分析一下他所作的最终结论就行了,这个结论是:国外市场是摆脱实现额外价值的困难的出路。尼·—逊先生的这个结论(实质上是简单地重复瓦·沃·先生的结论)很清楚地表明,他既根本不了解资本主义社会中产品的实现(即国内市场的理论),也根本不了解国外市场的作用。事实上,这样把国外市场扯到"实现"问题上来,有没有哪怕是一星半点的道理呢?实现问题就是:如何为每一部分资本主义产品按价值(不变资本、可变资本和额外价值)和按物质形态(生产资料,消费品,其中包括必需品和奢侈品)在市场上找到替换它的另一部分产品。很明

---

①不妨提醒现在的读者,布尔加柯夫先生以及下面常常引证的司徒卢威先生和杜冈-巴拉诺夫斯基先生在1899年曾力图成为马克思主义者。现在他们却都顺利地从"马克思的批判家"变成庸俗的资产阶级经济学家了。(第2版注释)

显,在这种情况下,应当把对外贸易撇开,因为把对外贸易扯在一起丝毫也不能促进问题的解决,而只会拖延问题的解决,把问题从一国转移到数国。就是这位在对外贸易上找到了"摆脱"实现额外价值的"困难的出路"的尼·—逊先生,例如对工资问题是这样议论的:用直接生产者即工人以工资形式得到的那部分年产品,"能从流通中取得的只是在价值上与工资总额相等的那部分生活资料"(第203页)。试问,我们这位经济学家从哪里知道,这个国家的资本家所生产的生活资料无论从数量和质量上讲,都恰好能够由工资来实现呢?他又从哪里知道在这种情况下可以不要国外市场呢?显然,他是不能知道的,他只是撇开了国外市场问题,因为在议论可变资本的实现时,重要的是以一部分产品去替换另一部分产品,至于这种替换是在一国内还是在两国内进行,则根本无关紧要。然而讲到额外价值,他却抛开这个必要前提,不去解决问题,而是干脆回避问题,谈论国外市场。产品在国外市场销售本身是要加以说明的,即要找到销售的那部分产品的等价物,找到能够替换销售部分的另一部分资本主义产品。正因为如此,所以马克思说道,在分析实现问题时,要"完全撇开"国外市场即对外贸易,因为"在分析年再生产的产品价值时,把对外贸易引进来,只能把问题搅乱,而对问题本身和问题的解决不会提供任何新的因素"(《资本论》第2卷第469页)①。瓦·沃·先生和尼·—逊先生自以为指出实现额外价值的困难,就对资本主义的矛盾作了深刻的估计。其实,他们对资本主义的矛盾的估计是极为肤浅的,因为如果讲到实现的"困难",讲到由此而产生的危机等等,就应当承认,这些"困难"决不单单对额外价值,而且对资本主义产品的各个部分都不仅是可

---

① 见《马克思恩格斯全集》第1版第24卷第528—529页。——编者注

能的,并且是必然的。这一种因各生产部门分配的不合比例而引起的困难,不仅在实现额外价值时,而且在实现可变资本和不变资本时,不仅在实现消费品产品时,而且在实现生产资料产品时,都经常发生。没有这种"困难"和危机,资本主义生产,即各个单独的生产者为他们所不知道的世界市场进行的生产,是根本不可能存在的。

五 亚·斯密对资本主义社会中社会总产品的生产和流通的观点以及马克思对这些观点的批判

为了弄清实现的学说,我们应当从亚当·斯密谈起,因为这个问题的错误理论是他创立的,而在马克思以前的政治经济学中,这种错误理论完全占据统治地位。亚·斯密把商品价格只分成两部分:可变资本(照他的术语是工资)和额外价值(他没有把"利润"和"地租"并在一起,所以实际上他把商品价格总共算成三部分)。①同样,他把全部商品,即社会的全部年产品也分成这样两部分,并把它们直接当做社会两个阶级——工人与资本家(斯密称做企业主和土地所有者)的"收入"。②

①**亚当·斯密**《国民财富的性质和原因的研究》1801年第4版第1卷第75页。第1篇《论劳动生产力提高的原因和劳动产品在国民各阶层间进行分配的自然秩序》,第6章《论商品价格的组成部分》。比比科夫的俄译本(1866年圣彼得堡版)第1卷第171页。

②上引书第1卷第78页,俄译本第1卷第174页。

　　他究竟根据什么把价值的第三个组成部分即不变资本抛掉呢？亚当·斯密不可能不看到这一部分，但是他认为这一部分也该归在工资和额外价值中。下面就是他对这个问题的论断："例如，在谷物的价格中，就有一部分支付土地所有者的地租，另一部分支付在谷物生产上使用的工人和役畜的工资或给养，第三部分支付租地农场主的利润。这三部分看来直接地或最终地构成谷物的全部价格。也许有人以为必须有第四个部分，用来补偿租地农场主的资本，或者说，补偿他的役畜和其他农具的损耗。但是必须考虑到，任何一种农具的价格，例如一匹役马的价格，本身又是由上述三个部分构成"（即地租、利润和工资）。"因此，谷物的价格虽然要补偿马的价格和给养费用，但全部价格仍然直接地或最终地分解为这三个部分：地租、工资和利润。"①马克思称斯密这个理论是"令人惊异的"。"他的证明不过是重复同一个论断而已"。（第2卷第366页）②斯密是在"把我们从本丢推给彼拉多[19]"（第2版第1卷第612页）③。斯密在谈到农具的价格**本身**分为这三个部分时，忘记加上一句：还有制造这些农具时所使用的那些生产资料的价格。亚·斯密（继他之后的经济学家们也一样）错误地把资本的不变部分从产品价格中排除掉，是同错误地理解资本主义经济中的积累，也就是同错误地理解扩大生产即额外价值之转化为资本有关的。亚·斯密在这里也抛掉了不变资本，认为所积累的即转化为资本的那部分额外价值完全为生产工人所消费，就是说完全用做工资，而事实上，积累的那部分额外价值是用做不变资本（生产工

①上引书第1卷第75—76页，俄译本第1卷第171页。
②见《马克思恩格斯全集》第1版第24卷第413—414页。——编者注
③参看《马克思恩格斯全集》第1版第23卷第647页。——编者注

具、原料和辅助材料）加上工资的。马克思在《资本论》第1卷（第7篇
《积累过程》第22章《剩余价值转化为资本》第2节《政治经济学关于
规模扩大的再生产的错误见解》）中批判了斯密（以及李嘉图、穆勒
等）的这个观点，并在那里指出：在第2卷中"将表明，亚·斯密的这个
为他的一切后继者所继承的教条，甚至妨碍了政治经济学去了解社
会再生产过程的最基本的结构"（第1卷第612页）[20]。亚当·斯密所以
犯这个错误，是因为他把产品的价值和新创造的价值混同起来了：新
创造的价值确实分为可变资本和额外价值，而产品的价值，则除此而
外还包括不变资本。马克思在分析价值时就揭露了这个错误，他确定
了创造新价值的抽象劳动和把早先存在的价值在新形态的有用产品
中再生产出来的有用的具体劳动之间的区别[①]。

在解决资本主义社会中的国民收入问题时，阐明社会总资本的
再生产和流通过程是非常必要的。特别值得注意的是：亚·斯密在谈
到国民收入这个问题时，已经不能坚持他那个把不变资本从国家总
产品中排除掉的错误理论了。"一个大国全体居民的总收入，包括他
们的土地和劳动的全部年产品；纯收入是在先扣除固定资本的维持
费用，再扣除流动资本的维持费用之后，余下供他们使用的部分，或
者说，是他们不占用资本就可以列入消费储备或用于生活必需品、舒
适品和享乐品的部分。"（亚·斯密的书第2篇《论储备之本性、积累和
使用》第2章，第2卷第18页；俄译本第2卷第21页）这样，亚·斯密把资
本从国家总产品中排除掉，断定它分解为工资、利润和地租，即（纯）
收入；可是他却把资本包括在社会总收入中，把它同消费品（＝纯收
入）分开。马克思就抓住了亚当·斯密的这个矛盾：既然**资本**不包括在

①参看《马克思恩格斯全集》第1版第23卷第225—227页。——编者注

产品中,**资本**又怎么能包括在**收入**中呢?(参看《资本论》第2卷第355页)①在这里,亚当·斯密自己不知不觉地承认了总产品价值的三个组成部分:不仅有可变资本和额外价值,而且还有不变资本。在接下去的议论中,亚当·斯密遇到了另一个在实现论中有巨大意义的极重要的区别。他说:"维持固定资本的全部费用,显然要从社会纯收入中排除掉。无论是为维持有用机器、生产工具和有用建筑物等等所必需的原料,**还是为使这些原料转化为适当的形式所必需的劳动的产品,从来都不可能成为社会纯收入的一部分。**这种劳动的价格,当然可以是社会纯收入的一部分,因为从事这种劳动的工人,可以把他们工资的全部价值用在他们的直接的消费储备上。"但是在其他各种劳动中,不论是(劳动)"价格","或者是"(劳动)"产品","都加入这个消费储备;价格加入工人的消费储备,产品则加入另一些人的消费储备。"(上引亚·斯密的书)这里透露出必须把两种劳动区分开来的想法:一种劳动提供能够加入"纯收入"的消费品;另一种劳动提供"有用机器,生产工具和建筑物等等",即提供那些决不能加入个人消费的物品。由此,他已经近于承认,要阐明实现问题就绝对必须区分两种消费:个人消费和生产消费(=投入生产)。纠正了斯密的上述两点错误(从产品价值中抛掉不变资本,把个人消费和生产消费混同起来),才使马克思有可能建立起他的关于资本主义社会中社会产品实现的卓越理论。

至于说到亚当·斯密之后和马克思之前的其他经济学家,他们全都重复了亚当·斯密的错误②,并没有前进一步。因此,在关于收入

---

①参看《马克思恩格斯全集》第1版第24卷第402—404页。——编者注

②例如,李嘉图断言:"每个国家的土地和劳动的全部产品都分为三部分:其中一部分用做计件工资,另一部分用做利润,第三部分用做地租。"(《李嘉图全集》季别尔译本1882年圣彼得堡版第221页)

的种种学说中充满着多么糊涂的观念,这一点,我们还要在下面谈到。在关于是否可能发生整个商品生产过剩的争论中,站在一方的李嘉图、萨伊、穆勒等人和站在另一方的马尔萨斯、西斯蒙第、查默斯、基尔希曼等人,所依据的都是斯密的错误理论,因此,按谢·布尔加柯夫先生公正的评论来说就是:"由于出发点不正确和问题本身的提法不正确,这种争论只会导致空洞的和烦琐的争吵。"(上引书第21页。见杜冈-巴拉诺夫斯基对这些争吵的叙述:《现代英国的工业危机及其原因和对人民生活的影响》1894年圣彼得堡版第377—404页)

六　马克思的实现论

从以上所述自然可以看出,马克思的理论所依据的基本前提是下面两个原理。第一个原理,资本主义国家的总产品和个别产品一样,是由下面三个部分组成的:(1)不变资本,(2)可变资本,(3)额外价值。对了解马克思的《资本论》第1卷关于资本生产过程的分析的人来说,这个原理是不言而喻的。第二个原理,必须区分资本主义生产的两大部类:第I部类是生产资料的生产,即用于生产消费、用于投入生产的物品的生产,不是由人消费而是由资本消费的物品的生产;第II部类是消费品的生产,即用于个人消费的物品的生产。"仅仅这一划分,就比早先关于市场理论的一切争吵更有理论意义。"(上引布尔加柯夫的书第27页)于是发生了一个问题:为什么正是在现在,在分析社会资本再生产时,需要把产品按其实物形式作这样的划分,而在分析单个资本的生产和再生产时,却可以不作这样的划分,根本不谈产品的实物形式问题呢?根据什么,我们能把产品的实物形式问题纳入完全建立在产品交换价值上的资本主义经济的理论研究中去呢?问题是:在分析单个资本的生产时,关于产品在哪里和怎样出售,工人在哪里和怎样购买消费品,以及资本家在哪里和怎样购买生产资料的问题被撇开了,因为这个问题无助于这种分析并且与这种分析无关。那时我们所考察的只是各个生产要素的价值和生产的结果问题。而现在的问题正在于:工人和资本家从哪里获得自己的消费品?资本家从哪里获得生产资料?生产出来的产品怎样满足这些需求和怎样使扩大生产成为可能?因而这里不仅是"价值补偿,而且是物质补偿"(Stoffersatz。——《资本论》第2卷第389页)①,因此把各种在社会经济过程中起着完全不同作用的产品加以区分,是绝对必要的。

如果注意到这些基本原理,资本主义社会中社会产品的实现问题就没有什么困难了。首先假定是简单再生产,即生产过程在原有规模上的重复,没有积累。显而易见,第II部类的(以消费品形式存在的)可变资本和额外价值,是由本部类的工人和资本家的个人消费来实现的(因为简单再生产的前提就是剩余价值全部消费掉,任何一部分剩余价值都不转化为资本)。其次,以生产资料形式存在的(第I部类)可变资本和额外价值,必须交换成供制造生产资料的资本家和工人所需的消费品才能实现。另一方面,以消费品形式存在的(第II部类)不变资本,只有交换成生产资料,以便下年度重新投入生产才能实现。这样一来,生产资料中的可变资本和额外价值同消费品中的不变资本进行了交换:生产资料部类中的工人和资本家因而获得生活

---

① 见《马克思恩格斯全集》第1版第24卷第437—438页。——编者注

资料,而消费品部类中的资本家则销售了自己的产品并获得进行新的生产的不变资本。在简单再生产的条件下,这些交换部分应当彼此相等,即生产资料中的可变资本与额外价值之和应该等于消费品中的不变资本。相反,如果假定是规模扩大的再生产,就是说有积累,那么前者就应该大于后者,因为必须有生产资料的多余部分来开始**新的生产**。不过我们还是回过来谈简单再生产。我们这里还有一部分社会产品没有得到实现,这就是生产资料中的不变资本。它的实现,部分是通过本部类的资本家之间的交换(例如煤和铁的交换,因为其中每一种产品都是生产另一种产品所必需的材料或工具),部分是通过直接投入生产(例如,为在本企业中重新用于采煤而开采的煤,农业中的种子等等)。至于积累,正如我们所知道的,其来源是生产资料的剩余(它们取自本部类资本家的额外价值),这种剩余也要求消费品中的部分额外价值转化为资本。这种追加生产怎样同简单再生产结合的问题,我们认为无须详加考察。我们的任务并不是专门考察实现论,而为了说明民粹派经济学家的错误,为了能对国内市场问题作出一定的理论结论,上面所说的就已经足够了。①

---

① 参看《资本论》第2卷第3篇(见《马克思恩格斯全集》第1版第24卷第389—397页。——编者注),本篇详细地研究了积累、消费品之分为必需品与奢侈品、货币流通、固定资本的损耗等等。对没有机会阅读《资本论》第2卷的读者,可向他们推荐上引谢·布尔加柯夫先生书中关于马克思的实现论的叙述。布尔加柯夫先生的叙述较米·杜冈-巴拉诺夫斯基先生的叙述(《现代英国的工业危机及其原因和对人民生活的影响》第407—438页)令人满意,因为杜冈-巴拉诺夫斯基先生在制定自己的图式时很不恰当地背离了马克思,并且对马克思的理论说明得不够;布尔加柯夫先生的叙述也较亚·斯克沃尔佐夫先生的叙述(《政治经济学原理》1898年圣彼得堡版第281—295页)令人满意,因为亚·斯克沃尔佐夫先生在关于利润和地租这些十分重要的问题上持有不正确的观点。

在我们所关心的国内市场问题上,从马克思的实现论中得出的主要结论如下:资本主义生产的扩大,因而也就是国内市场的扩大,与其说是靠消费品,不如说是靠生产资料。换句话说,生产资料的增长超过消费品的增长。事实上我们看到,消费品(第II部类)中的不变资本是在同生产资料(第I部类)中的可变资本＋额外价值进行交换。但是,按照资本主义生产的一般规律,不变资本比可变资本增长得快。因而,消费品中的不变资本应该比消费品中的可变资本和额外价值增长得快,而生产资料中的不变资本应该增长得最快,它既要超过生产资料中的可变资本(＋额外价值)的增长,也要超过消费品中的不变资本的增长。因此,制造生产资料的社会生产部类应该比制造消费品的社会生产部类增长得快。可见,资本主义国内市场的扩大,在某种程度上并"不依赖"个人消费的增长,而更多地靠生产消费。但是,如果把这种"不依赖性"理解为生产消费完全脱离个人消费,那就错了:前者能够而且也应该比后者增长得快(其"不依赖性"也仅限于此);但是不言而喻,生产消费最终总是同个人消费相关联的。马克思对这一点说道:"正如我们以前已经说过的(第2卷第3篇)①,不变资本和不变资本〈马克思指的是经本部类资本家之间交换而实现的生产资料中的不变资本〉之间会发生不断的流通…… 这种流通就它从来不会加入个人的消费来说,首先不以个人消费为转移,但是它最终要受个人消费的限制,因为不变资本的生产,从来不是为了不变资本本身而进行的,而只是因为那些生产个人消费品的生产部门需要更多的不变资本。"(《资本论》第3卷第1部分第289页,俄译本第242页)②

---

① 参看《马克思恩格斯全集》第1版第24卷第470—474、478—484页。——编者注

② 见《马克思恩格斯全集》第1版第25卷第341页。——编者注

这里所谓更多地使用不变资本,不过是用交换价值的术语来表达生产力的高度发展,因为迅速发展的"生产资料"的主要部分,是由大生产和机器工业所需要的材料、机器、工具、建筑物和其他一切装备组成的。因此,资本主义生产在发展社会生产力,创立大生产和机器工业时,其特点就是特别扩大由生产资料所组成的那部分社会财富,这是十分自然的…… "在这里〈即在制造生产资料方面〉,资本主义社会和野蛮人的区别,并不像西尼耳所认为的那样,仿佛野蛮人的特权和特性是有时随便耗费自己的劳动,而不能使他获得任何可以分解为(转化为)收入即消费资料的果实。区别在于:

(a)资本主义社会把它所支配的年劳动大部分用来生产生产资料(即不变资本),而生产资料既不能以工资形式也不能以剩余价值形式分解为收入,而只能作为资本执行职能。

(b)野蛮人在制作弓、箭、石槌、斧子、筐子等等的时候,非常明确地知道,他所花的时间不是用来生产消费资料的,也就是说,是用来满足他对生产资料的需要的,仅此而已。"(《资本论》第2卷第436页,俄译本第333页)①对自己同生产的关系的这种"明确的认识",在资本主义社会中则丧失殆尽,因为资本主义社会固有的拜物教把人的社会关系表现为产品关系,因为每一种产品都变成了为不知道的消费者生产和必须在不知道的市场上实现的商品。因为对个别企业主来说,他所生产的物品的**种类**完全无关紧要(一切产品都提供"收入"),所以这种肤浅的、单个人的观点就被经济理论家用来说明整个社会,并且阻碍了认识资本主义经济中社会总产品的再生产过程。

生产的发展(因而也是国内市场的发展)主要靠生产资料,看来

---

① 见《马克思恩格斯全集》第1版第24卷第489—490页。——编者注

是令人难以置信的,并且显然是有矛盾的。这是真正的"为生产而生产",就是说生产扩大了,而消费没有相应地扩大。但这不是理论上的矛盾,而是实际生活中的矛盾;这正是一种同资本主义的本性本身和这个社会经济制度的其他矛盾相适应的矛盾。正是这种生产扩大而消费没有相应扩大的现象,才符合于资本主义的历史使命及其特有的社会结构,因为资本主义的历史使命是发展社会生产力,而资本主义特有的社会结构却不让人民群众利用这些技术成就。在资本主义固有的无限制扩大生产的趋向和人民群众有限的消费(所以是有限的,是因为他们处于无产阶级地位)之间,存在着明显的矛盾。马克思在一些原理中也确认了这种矛盾,而民粹派却喜欢用这些原理来论证他们所谓国内市场在缩小、资本主义不先进等等的观点。下面是其中的几个原理:"资本主义生产方式中的矛盾:工人作为商品的买者,对于市场来说是重要的。但是作为他们的商品——劳动力——的卖者,资本主义社会的趋势是把它的价格限制在最低限度。"(《资本论》第2卷第303页)①

　　"……实现……条件……受不同生产部门的比例和社会消费力的限制……　生产力越发展,它就越和消费关系的狭隘基础发生冲突。"(同上,第3卷第1部分第225—226页)②"以广大生产者群众的被剥夺和贫困化为基础的资本价值的保存和增殖,只能在一定的限制以内运动,这些限制不断与资本为它自身的目的而必须使用的并旨在无限制地增加生产,为生产而生产,无条件地发展劳动社会生产力的生产方法相矛盾……　因此,如果说资本主义生产方式是发展

---

　　①见《马克思恩格斯全集》第1版第24卷第351页。——编者注

　　②见《马克思恩格斯全集》第1版第25卷第272—273页。——编者注

物质生产力并且创造同这种生产力相适应的世界市场的历史手段，那么，它同时也是它的这个历史任务和同它相适应的社会生产关系之间的经常的矛盾。"（第3卷第1部分第232页，俄译本第194页）①"一切真正的危机的最根本的原因，总不外乎群众的贫困和他们的有限的消费，资本主义生产却不顾这种情况而力图发展生产力，好像只有社会的绝对的消费能力才是生产力发展的界限。"②（第3卷第2部分第21页，俄译本第395页）③在所有这些原理中，只不过是确认了上面讲的无限制扩大生产的趋向和有限的消费之间的矛盾而已。④如果从《资本论》的这些地方得出结论，说什么马克思不认为资本主义社会有实现额外价值的可能，说什么他用消费不足来解释危机等等，

---

① 见《马克思恩格斯全集》第1版第25卷第279页。——编者注

② 有名的（有赫罗斯特拉特名声的[21]）爱·伯恩施坦在其《社会主义的前提》（1899年斯图加特版第67页）中引证的正是这一段。自然，我们这位从马克思主义转到旧资产阶级经济学的机会主义者赶紧声明说，这是马克思的危机论中的矛盾，马克思这种观点"同洛贝尔图斯的危机论没有多大区别"。而事实上，"矛盾"仅存在于下边两个方面之间：一方面是伯恩施坦的自负，另一方面是他的荒谬的折中主义和对马克思理论的不求甚解。伯恩施坦是何等地不懂得实现论，这从他十分可笑的议论中可以看出，似乎剩余产品的大量增长**必然**是有产者人数的增加（或者是工人生活福利的提高），因为请看，资本家本身及其"仆役"（原文如此！第51—52页）是不能把全部剩余产品都"消费"掉的！！（**第2版注释**）

③ 见《马克思恩格斯全集》第1版第25卷第548页。——编者注

④ 杜冈-巴拉诺夫斯基先生的看法是错误的，他认为马克思提出的这些原理同马克思自己对实现的分析相矛盾（1898年《世间》[22]第6期第123页《资本主义与市场》一文）。在马克思那里并没有什么矛盾，因为他在分析实现时就已指出了生产消费和个人消费的联系。

那就是再荒谬不过的了。马克思在分析实现时指出:"不变资本和不变资本之间……的流通最终要受个人消费的限制"①;但是这个分析也指出了这种"限制"的真正性质,指出了消费品在国内市场形成过程中的作用要比生产资料小些。其次,如果从资本主义的种种矛盾中得出结论说,资本主义是不可能的和不进步的等等,那就是再荒谬不过的了,——这是想逃避不愉快的但却是明显的现实,而躲到虚无缥缈的浪漫主义幻想中去。无限制扩大生产的趋向和有限的消费之间的矛盾并不是资本主义唯一的矛盾,而资本主义没有矛盾就根本不能存在和发展。资本主义的种种矛盾,证明了它的历史暂时性,说明了它瓦解和向高级形态转化的条件和原因,——但这些矛盾决不排除资本主义的可能性,也决不排除它与从前各种社会经济制度相比起来的进步性。②

七　国民收入论

我们在阐明马克思的实现论的基本原理后,还应当简略地指出这个实现论在国民"消费"、国民"分配"和国民"收入"等理论中的重大意义。所有这些问题,特别是最后一个问题,至今还是经济学家的真正绊脚石。他们对这个问题谈论和写作得愈多,由亚·斯密的基本错误所产生的糊涂观念也就愈多。我们在这里举几个这种糊涂观念的例子。

①见《马克思恩格斯全集》第1版第25卷第341页。——编者注

②参看《评经济浪漫主义。西斯蒙第和我国的西斯蒙第主义者》。(参看《列宁全集》第2版第2卷第102—231页。——编者注)

例如,值得指出的是,蒲鲁东在实质上重复了同样的错误,只不过把旧理论作了略为不同的表述。他说:

"甲(指一切私有主,即企业主和资本家)用一万法郎开办企业,预先把它付给工人,工人则必须为此而生产产品。甲这样把自己的货币变成商品之后,他必须在生产终了时,例如一年以后,重新把商品变成货币。他把自己的商品卖给谁呢?当然是卖给工人,因为社会上只有两个阶级:一个是企业主,另一个是工人。这些工人用提供自己的劳动产品而获得了满足其生活必需的工资一万法郎,而现在却必须偿付一万多法郎,即还必须偿付甲在年初就指望以利息和其他利润形式取得的附加额。工人只能靠借款来清偿这一万法郎,因此他就陷入日益沉重的债务和贫困之中。于是一定会发生下列两种情况之一:或者工人生产十而只能消费九;或者工人只把自己的工资付还企业主,但是这样,企业主本身就陷入破产和苦难的境地,因为企业主得不到资本的利息,这种利息终究不得不由他自己来偿付。"(迪尔《蒲鲁东传》第2卷第200页,转引自《工业》文集——《政治学辞典》条目选,1896年莫斯科版第101页)

正如读者所看到的,这还是瓦·沃·先生和尼·—逊先生穷于应付的那个困难,即如何实现额外价值。蒲鲁东只不过用略为特殊的形式表述了这个困难。他这种特殊的表述更使我国的民粹派同他接近,因为民粹派正和蒲鲁东一样,认为实现的"困难"正在于实现额外价值(按蒲鲁东的术语是利息或利润),他们没有认识到自己从旧经济学家那里承袭来的糊涂观念不仅妨碍着阐明额外价值的实现,而且也妨碍着阐明**不变资本**的实现,就是说,他们的"困难"在于不理解资本主义社会产品的整个实现过程。

马克思对蒲鲁东这个"理论"讽刺地说:

"蒲鲁东提出下面这个狭隘的公式,表明他没有能力理解这一点〈即资本主义社会产品的实现〉,这个公式是:工人不能买回自己的产品,因为产品包括了附加到成本价格上的利息"。(《资本论》第3卷第2部分第379页,俄译本第698页,有错误)①

马克思引了一个名叫福尔卡德的庸俗经济学家反驳蒲鲁东的一段话,这位福尔卡德"正确地概括了蒲鲁东只是从狭隘的角度提出的那个困难",他说道,商品价格不仅包含超过工资的余额即利润,而且也包含补偿不变资本的部分。福尔卡德在反驳蒲鲁东时得出结论说:可见,资本家也不能用他的利润买回商品(福尔卡德自己不仅没有解决这个问题,而且也没有理解这个问题)。

同样,洛贝尔图斯对这个问题也没有提供什么。洛贝尔图斯虽然特别强调"地租、资本的利润和工资是收入"②这一论点,但他自己根本没有弄清"收入"这个概念。他在陈述如果政治经济学遵循"正确的方法"(上引书第26页)其任务将会如何时,也讲到了国民产品的分配:"它〈即真正的"**国民**经济科学",——黑体是洛贝尔图斯用的〉应当指出,国民总产品中的一部分如何经常用来**补偿**生产上使用的或损耗的资本,而另一部分作为**国民收入**如何用来满足社会及其成员的直接需要。"(同上,第27页)虽然真正的科学应当指出这一点,可是洛贝尔图斯的"科学"却丝毫也没有指出这一点。读者看到,洛贝尔图斯只是逐字逐句重复亚当·斯密的话,看来他甚至没有觉察到问题正是从这里开始的。什么样的工人"补偿"国民资本?他们的产品怎样实现?关于这些,他只字不提。他把他的理论(这个由我提出来与以往

---

① 见《马克思恩格斯全集》第1版第25卷第954页。——编者注
② 洛贝尔图斯-亚格措夫博士《社会问题的研究》1875年柏林版第72页及以下各页。

理论相对立的新理论,第32页)概括成几个论点,首先这样开始谈到国民产品的分配:"就产品是收入来说,租〈大家知道,洛贝尔图斯所用的这个术语就是通常说的额外价值〉和工资是产品分解成的部分。"(第33页)这个十分重要的附带条件本来应当使他接触到最本质的问题,因为他刚刚说过,所谓收入是指用来"满足直接需要"的产品。可见,还有不用于个人消费的产品。这些产品该怎样实现呢?但是,洛贝尔图斯在这里没有觉察到这种含糊的地方,并且很快忘记了这个附带条件就径直地谈论**"产品分为三部分"**(工资、利润和地租)(第49—50页及其他各页)。这样一来,洛贝尔图斯实质上是重复了亚当·斯密的学说及其基本错误,丝毫也没有阐明收入问题。说要提出关于**国民产品分配**的完整而卓越的新理论的诺言[①]不过是一句空话而已。事实上,洛贝尔图斯并没有把关于这个问题的理论向前推进一步;他在给冯·基尔希曼的第4封社会问题书简(《资本》1884年柏林版)中长篇大论地谈什么**货币**是否应当列入国民收入,工资来源于资本还是来源于收入,这表明他对"收入"的概念是何等的自相矛盾。恩格斯形容这种议论说:它是"属于经院哲学的范围"[②](《资本论》第2卷序言第XXI页)[③]。

关于国民收入的这种十分糊涂的概念,至今还在经济学家中占着完全的统治地位。例如,赫克纳在《政治学辞典》《危机》一条中

[①]洛贝尔图斯-亚格措夫博士《社会问题的研究》1875年柏林版第32页:"……我不得不给这个关于卓越方法的概述,加上一个与这种卓越方法相适应的至少是关于**国民产品分配**的完整理论。"

[②]因此卡·迪尔说洛贝尔图斯提供了"分配收入的新理论"(《政治学辞典》,《洛贝尔图斯》条,第5卷第448页)是完全错误的。

[③]见《马克思恩格斯全集》第1版第24卷第23页。——编者注

（上述文集第81页）讲到资本主义社会产品的实现（第5节《分配》）时，认为卡·亨·劳的论断是"中肯的"，而劳只是重复亚·斯密的错误，把社会总产品分为几种收入。罗·迈耶尔在他写的《收入》一条（同上，第283页及以下各页）中引了阿·瓦格纳（瓦格纳也是重复着亚·斯密的错误）的自相矛盾的定义，并且坦白地承认"把收入和资本区分开来是困难的"，而"最困难的是区分收益（Ertrag）和收入（Einkommen）"。

由此我们看到，过去和现在都在大谈其古典学派（以及马克思）对"分配"和"消费"注意不够的经济学家，丝毫也不能阐明"分配"和"消费"的最主要问题。这也是可以理解的，因为不懂得社会总资本再生产和社会产品各个组成部分补偿的过程，就不可能谈"消费"。这个例子再一次证实，把"分配"和"消费"作为同经济生活中某些独立过程和现象相应的某些独立的科学部门划分出来，是多么荒谬。政治经济学决不是研究"生产"，而是研究人们在生产上的社会关系，生产的社会结构。这些社会关系一经彻底阐明和彻底分析，各个阶级在生产中的地位**也就**明确了，因而，他们获得的国民消费份额**也就**明确了。古典政治经济学没有解决而各种各样研究"分配"和"消费"的专家也丝毫没有向前推进一步的问题，由正是直接继承古典学派并对单个资本和社会资本的生产作了彻底分析的那个理论解决了。

单独提出"国民收入"和"国民消费"的问题是绝对得不到解决的，这只能滋长一些经院式的论断、释义和分类，只有分析了社会总资本的生产过程，这个问题才能完全得到解决。并且，阐明了国民消费对国民产品的关系和如何实现这种产品的每个单独部分以后，这个问题也就不再单独存在。剩下的只是给这些单独部分**冠以名称**。

"为了避免不必要的困难,必须把总收益(Rohertrag)和纯收益同总收入和纯收入区别开来。

总收益或总产品是再生产出来的全部产品……

总收入是总产品(Bruttoprodukts oder Rohprodukts)扣除了补偿预付的、并在生产中消费掉的不变资本的价值部分和由这个价值部分计量的产品部分以后,所余下的价值部分和由这个价值部分计量的产品部分。因而,总收入等于工资(或要重新转化为工人收入的产品部分)+利润+地租。但是,纯收入却是剩余价值,因而是剩余产品,这种剩余产品是扣除了工资以后所余下的、实际上也就是由资本实现的并与土地所有者瓜分的剩余价值和由这个剩余价值计量的剩余产品。

……如果考察整个社会的收入,那么国民收入是工资加上利润加上地租,也就是总收入。但是,这也只是一种抽象,因为在资本主义生产的基础上,整个社会持有资本主义的观点,认为只有分解为利润和地租的收入才是纯收入。"(第3卷第2部分第375—376页,俄译本第695—696页)[1]

由此看来,阐明了实现过程,也就弄清了收入问题,解决了阻碍了解这个问题的主要困难:为什么"对一个人来说是收入的东西,对另一个人来说则是资本"[2]?为什么由个人消费品构成的并完全分解为工资、利润和地租的产品还能包括从来不能成为收入的资本的不变部分?《资本论》第2卷第3篇对实现的分析完全解决了这些问题,所以马克思在阐述"收入"问题的《资本论》第3卷最末一篇中,

---

[1] 见《马克思恩格斯全集》第1版第25卷第950—951页。——编者注
[2] 同上书,第955页。——编者注

只是给了社会产品各个单独部分以名称和引用了第2卷中的这个分析①。

八　为什么资本主义国家必须有国外市场？

对上述资本主义社会的产品实现的理论，可能产生这样一个问题：这个理论是否和资本主义国家不能没有国外市场的原理相矛盾？

必须记住：上面对资本主义社会的产品实现的分析是从没有对外贸易这个假定出发的，这个假定已在上面指出，其**必要性**也在进行这种分析时说明了。显然，产品的输入和输出只会把事情搅乱，对阐明问题丝毫没有帮助。瓦·沃·先生和尼·—逊先生的错误，就在于他们把国外市场扯来**说明**额外价值的实现：这样来谈国外市场根本没有说明什么问题，只是掩盖他们的理论错误，这是一方面。另一方面，这使他们能够用这些错误"理论"支吾搪塞，而无须**说明**俄国资本主义国内市场发展的事实②。对他们来说，"国外市场"不过是抹杀国内

---

① 见《资本论》第3卷第2部分第7篇《收入》第49章《关于生产过程的分析》，俄译本第688—706页（见《马克思恩格斯全集》第1版第25卷第941—963页。——编者注）。马克思在这里也指出了阻碍以前的经济学家了解这个过程的一些情况（第379—382页，俄译本第698—700页（参看《马克思恩格斯全集》第1版第25卷第953—956页。——编者注））。

② 布尔加柯夫先生在上引书中非常正确地指出："直到现在，依靠农民市场的棉纺织业，还在不断发展，因此，这种国民消费的绝对缩减……"（这正是尼·—逊先生所说的）"……只是在理论上可以想象"。（第214—215页）

资本主义(因而也抹杀市场)发展的一种遁词,而且是更为方便的遁词,因为它还使他们可以不必去考察那些证明俄国资本主义争夺国外市场的事实①。

资本主义国家必须有国外市场,决不取决于社会产品(特别是额外价值)的实现规律,而取决于下面几点:第一,资本主义只是超出国家界限的广阔发展的商品**流通**的结果。因此,没有对外贸易的资本主义国家是不能设想的,而且也没有这样的国家。

正如读者所看到的,这个原因是有历史特性的。民粹派未必能用"资本家不可能消费掉额外价值"的几句陈词滥调来把这个原因支吾过去。这里必须考察——如果他们真想提出国外市场的问题——对外贸易发展史,商品流通发展史。考察了这个历史,当然就不会把资本主义描述成偶然离开道路的现象了。

第二,社会生产各部分之间的比例(按价值和按实物形式),是社会资本再生产理论所必须有的假定,并且事实上只是从一系列经常波动中得出的平均数,——在资本主义社会中,由于为不知道的市场而生产的各个生产者的孤立性,这种相适应经常遭到破坏。彼此互为"市场"的各种生产部门,不是平衡发展,而是互相超越,因此较为发达的生产部门就寻求国外市场。这决不像民粹派喜欢一本正经地断定的那样,意味着"资本主义国家无法实现额外价值"。这只是说各个生产部门的发展不成比例。在国民资本**另一种**分配的情况下,同样数量的产品就能够在国内实现。但是,要使资本离开一个生产部门转移到另一个生产部门去,这个部门就

---

①**沃尔金**《沃龙佐夫先生著作中对民粹主义的论证》1896年圣彼得堡版第71—76页。

必须经过危机，因此有什么原因能够阻止受到这种危机威胁的资本家不去寻求国外市场，不去寻求促进输出的补助费和奖金等等呢？

第三，前资本主义生产方式的规律，是生产过程在原有规模上、原有技术基础上的重复。地主的徭役经济、农民的自然经济和手工业者的手艺生产就是如此。相反，资本主义生产的规律，是生产方式的经常改造和生产规模的无限扩大。在旧的生产方式下，各个经济单位能存在好几世纪，无论在性质上或者在规模上都没有变化，不超出地主的世袭领地、农民的村庄或农村手艺人和小工业者（所谓手工业者）的附近小市场的界限。相反，资本主义企业必然超出村社、地方市场、地区以至国家的界限。因为国家的孤立和闭关自守的状态已被商品流通所破坏，所以每个资本主义生产部门的自然趋向使它必须"寻求国外市场"。

因此，必须寻求国外市场，决不像民粹派经济学家所爱描述的那样，是证明资本主义无力维持下去。完全相反。这种需要明显地表明资本主义进步的历史作用，资本主义破坏了旧时经济体系的孤立和闭关自守的状态（因而也破坏了精神生活和政治生活的狭隘性），把世界上所有的国家联结成统一的经济整体。

我们从这里看到，必须有国外市场的后两个原因也还是历史性的原因。要弄清这些原因，就必须考察各个单独的生产部门，它在国内的发展，它向资本主义生产部门的转化，——一句话，必须研究资本主义在国内发展的**事实**，而民粹派拿国内市场和国外市场都"不可能"这种毫无价值的（和毫无内容的）空话作掩护，乘机回避这些事实，是不足为怪的。

九　第一章的结论

现在我们把上面分析的那些与国内市场问题直接有关的理论原理总括一下。

（1）国内市场的建立（即商品生产和资本主义的发展）的基本过程是社会分工。这一分工就是：各种原料加工（以及这一加工的各种工序）都一个个同农业分离，用自己的产品（现在已经是**商品**）交换农产品的各个独立的生产部门日渐形成。这样，农业本身也变成工业（即商品生产），其内部也发生同样的专业化过程。

（2）从上述原理直接得出的结论，就是一切正在发展的商品经济特别是资本主义经济的一个规律：工业（即非农业）人口比农业人口增长得快，它使愈来愈多的人口脱离农业而转到加工工业中来。

（3）直接生产者同生产资料的分离，即直接生产者的被剥夺，标志着从简单商品生产向资本主义生产的过渡（而且是这一过渡的必要条件），**建立**了国内市场。国内市场的这种**建立**过程是从两方面进行的：一方面是小生产者从中"游离"出来的**生产资料**转化为新占有者手中的资本，用来进行商品生产，因而自身也变成了商品。这样，甚至是这些生产资料的简单再生产现在也需要购买这些生产资料了（以前这些生产资料大部分是以实物形式进行再生产，部分是在家庭中制造的），就是说提供了生产资料的市场。其次，现在用这些生产资料生产出来的产品，也变成了商品。另一方面，这种小生产者的**生活资料**变成了可变资本的物质要素，即变成了企业主（无论是土地占有者、承包人、木材业者、厂主等都一样）雇用工人所花费的货币额的物质要素。这样，这些生活资料现在也变成了商品，即建立了消费品的国内市场。

(4)如果不弄清楚下面两点,资本主义社会中的产品的实现(因而也包括额外价值的实现)是无法说明的:(1)社会产品,如同个别产品一样,按价值分解为三部分而不是分解为两部分(分解为不变资本＋可变资本＋额外价值,而不像亚当·斯密和继他之后而在马克思以前的一切政治经济学所教导的那样,只分解为可变资本＋额外价值);(2)社会产品按其实物形式应当分为两大部类,即生产资料(生产上消费)和消费品(个人消费)。马克思确立了这些基本理论原理,就充分说明了资本主义生产中一般产品,特别是额外价值的实现过程,指出把国外市场扯到实现问题上来是完全错误的。

(5)马克思的实现论又阐明了国民消费和国民收入的问题。

由上述各点自然可以看出,国内市场问题,作为同资本主义发展程度问题无关的个别的独立问题,是完全不存在的。因此,马克思的理论在任何地方和任何时候都不是单独提出这个问题的。国内市场是在商品经济出现的时候出现的;国内市场是由这种商品经济的发展建立的,而社会分工的精细程度决定了它的发展水平;国内市场随着商品经济从产品转到劳动力而日益扩展,而且只有随着劳动力变成商品,资本主义才囊括国家全部生产,主要靠在资本主义社会中占着愈来愈重要地位的生产资料来发展。资本主义的"国内市场"是由发展着的资本主义本身建立的,因为这个资本主义加深了社会分工,并把直接生产者分化为资本家和工人。国内市场的发展程度,就是国内资本主义的发展程度。撇开资本主义的发展程度问题而单独提出国内市场的限度问题(像民粹派经济学家所做的那样),是错误的。

因此,关于俄国资本主义国内市场如何形成的问题,就归结为下面的问题:俄国国民经济的各个方面如何发展,并朝什么方向发展?这些方面之间的联系和相互依存关系如何?

以下各章就是要考察答复这些问题的资料。

舒申斯克村。列宁在此流放期间完成了《俄国资本主义的发展》的写作

第 八 章
国内市场的形成

六　资本主义的"使命"

最后,我们还要对著作界称之为资本主义的"使命"问题,即资本主义在俄国经济发展中的历史作用问题作出总结。承认这种作用的进步性,与完全承认资本主义的消极面和黑暗面,与完全承认资本主义所必然具有的那些揭示这一经济制度的历史暂时性的深刻的全面的社会矛盾,是完全一致的(我们在叙述事实的每一阶段上都力求详细指明这一点)。正是民粹派竭尽全力把事情说成这样,仿佛承认资本主义的历史进步性就是充当资本主义的辩护人,正是他们犯了过低估计(有时是抹杀)俄国资本主义最深刻的矛盾的毛病,他们掩盖农民的分化、我国农业演进的资本主义性质、具有份地的农村雇佣工人与手工业雇佣工人阶级的形成,掩盖资本主义最低级最恶劣的形式在著名的"手工"工业中完全占优势的事实。

资本主义的进步的历史作用,可以用两个简短的论点来概括:社会劳动生产力的提高和劳动的社会化。但这两个事实是在国民经济各个部门的各种极不相同的过程中表现出来的。

社会劳动生产力的发展,只有在大机器工业时代才会十分明显地表现出来。在资本主义这个高级阶段以前,还保持着手工生产与原始技术,这种技术的进步纯粹是自发的,极端缓慢的。改革后的时代,在这方面与以前各个俄国历史时代截然不同。浅耕犁与连枷、水磨与手工织布机的俄国,开始迅速地变为犁与脱粒机、蒸汽磨与蒸汽织布机的俄国。资本主义生产所支配的国民经济各个部门,没有一个不曾发生这样完全的技术改革。这种改革的过程,根据资本主义的本质,只能通过一系列的不平衡与不合比例来进行:繁荣时期被危机时期所代替,一个工业部门的发展引起另一工业部门的衰落,农业的进步在一个区域包括农业的一方面,在另一区域则包括农业的另一方面,工商业的增长超过农业的增长,等等。民粹派著作家的许多错误,都来源于他们企图证明这种不合比例的、跳跃式的、寒热病似的发展不是发展。①

资本主义所造成的社会生产力发展的另一特点,是生产资料

---

①"我们看一看……即使我们把英国沉入海底并取其地位而代之,资本主义的进一步发展究竟能带给我们什么东西。"(尼·—逊先生《论文集》第210页)英国和美国的棉纺织工业,满足了世界消费的$\frac{2}{3}$,其所雇用的工人仅有60余万。"由此可见,即使我们获得了最大一部分的世界市场……资本主义也还不能够使用它现在正不断使之丧失职业的全部劳动力。事实上,与几百万整月整月坐着没有事干的农民比较起来,英国和美国的区区60万工人又算得了什么呢。"(第211页)

"以前有历史,现在没有了。"以前,纺织工业中资本主义发展的每一步,都伴随着农民的分化,商业性农业及农业资本主义的增长,人口的离开农业而转入工业,"成百万农民的"转入建筑业、木材业及其他各种非农业的雇佣劳动,大批人口的迁移到边疆地区,以及这些边疆地区的变为资本主义市场。然而这一切都只是以前的事情,现在不再有这类事情了!

（生产消费）的增长远远超过个人消费的增长。我们不止一次地指出了这个现象在农业与工业中是怎样表现出来的。这个特点是从资本主义社会中产品实现的一般规律所产生的，是与这个社会的对抗性质完全适应的。①

资本主义所造成的劳动社会化，表现在下列过程中。第一，商品生产的增长本身破坏自然经济所固有的小经济单位的分散性，并把小的地方市场结合成为广大的国内市场（然后结合成为世界市场）。为自己的生产变成了为整个社会的生产；资本主义愈高度发展，生产的这种集体性与占有的个人性之间的矛盾就愈剧烈。第二，资本主义在农业中和工业中都造成了空前未有的生产集中以代替过去的生产分散。这是我们所考察的资本主义特点的最明显和最突出的但决非唯一的表现。第三，资本主义排挤人身依附形式，它们是以前的经济制度不可缺少的组成部分。俄国资本主义的进步性，在这方面表现得特别显著，因为生产者的人身依附，在我国不仅曾经存在（在某种程度上现在还继续存在）于农业中，并且还存在于加工工业

---

①对生产资料的意义的忽视和对"统计"缺乏分析的态度，使尼·—逊先生作出下述经不住任何批判的论断："……在加工工业部门中，整个〈！〉资本主义生产所产生的新的价值，最多不会超过4—5亿卢布。"（《论文集》第328页）尼·—逊先生以三分税和摊派税的资料作为这个计算的根据，没有想一想这类资料能否包括"加工工业部门中的全部资本主义生产"。此外，他采用了未包括（根据他自己的话）采矿工业的资料，并且只把额外价值与可变资本算做"新价值"。我们的理论家忘记了，在生产个人消费品的工业部门中，不变资本**对于社会**也是新价值，同制造生产资料的工业部门（采矿工业、建筑业、木材业、铁路建筑等等）中的可变资本与额外价值进行交换。如果尼·—逊先生不把"工厂"工人人数与加工工业中按资本主义方式被雇用的工人总数混淆起来，那么他就会容易看出自己计算的错误。

（使用农奴劳动的"工厂"）、采矿工业及渔业中①等等。与依附的或被奴役的农民的劳动比起来，自由雇佣工人的劳动在国民经济一切部门中是一种进步的现象。第四，资本主义必然造成人口的流动，这种人口流动是以前各种社会经济制度所不需要的，在这些经济制度下也不可能有较大的规模。第五，资本主义不断减少从事农业的人口的比例（在农业中最落后的社会经济关系形式始终占着统治地位），增加大工业中心数目。第六，资本主义社会扩大居民对联盟、联合的需要，并使这些联合具有一种与以前的各种联合不同的特殊性质。资本主义破坏中世纪社会狭隘的、地方的、等级的联盟，造成剧烈的竞争，同时使整个社会分裂为几个在生产中占着不同地位的人们的大集团，大大促进了每个这样的集团内部的联合。②第七，上述一切由资本主义所造成的旧经济制度的改变，必然也会引起人们精神面貌的改变。经济发展的跳跃性，生产方式的急剧改革及生产的高度集中，人身依附与宗法关系的一切形式的崩溃，人口的流动，大工业中心的影响等等，——这一切不能不引起生

---

①例如，在俄国渔业主要中心之一的摩尔曼斯克沿岸，"古老的"与真正"万古神圣的"经济关系形式，就是在17世纪已经完全形成而直到最近差不多没有改变的"分成制"23。"分成制渔工同其主人的关系并不只限于捕鱼的时候；相反，这些关系包括了分成制渔工的一生，他们终身在经济上依附自己的主人。"（《俄国劳动组合材料汇编》1874年圣彼得堡版第2编第33页）幸而资本主义在这个部门中大概"对自己过去的历史抱着轻蔑的态度"。"垄断……正被使用自由雇佣工人捕鱼的资本主义组织所代替。"（《俄国的生产力》第5编第2—4页）

②参看《评论集》第91页脚注85，第198页。（见《列宁全集》第2版第2卷第208页和第330—332页。——编者注）

产者性格的深刻改变,而俄国调查者们有关这方面的观察,我们已经指出过了。

我们再来谈谈民粹派经济学。我们曾经不断同这一经济学的代表人物进行论战,现在可以把我们与他们的意见分歧的原因概述如下。第一,民粹派对正在俄国进行的资本主义发展过程的理解,以及他们对俄国资本主义以前的经济关系结构的观念,我们不能不认为是绝对错误的,而且在我们看来,特别重要的是他们忽视农民经济(不论是农业的或手工业的)结构中的资本主义矛盾。其次,至于说到俄国资本主义发展快慢的问题,那么这完全要看把这种发展同什么东西相比较。如果把俄国前资本主义时代同资本主义时代作比较(而这种比较正是正确解决问题所必要的),那就必须承认,在资本主义下,社会经济的发展是非常迅速的。如果把这一发展速度与现代整个技术文化水平之下所能有的发展速度作比较,那就确实必须承认,俄国当前的资本主义发展是缓慢的。它不能不是缓慢的,因为没有一个资本主义国家内残存着这样多的旧制度,这些旧制度与资本主义不相容,阻碍资本主义发展,使生产者状况无限制地恶化,而生产者"不仅苦于资本主义生产的发展,并且苦于资本主义生产的不发展"[①]。最后,我们与民粹派的意见分歧的最深刻原因,可以说是对社会经济过程基本观点的不同。在研究社会经济过程时,民粹派通常作这种或那种道德上的结论;他们不把各种生产参加者集团看做是这种或那种生活形式的创造者;他们的目的不是把社会经济关系的全部总和看做是利益不同与历史作用各异的这些集团间的相互关系的结

[①] 见《马克思恩格斯选集》第2卷人民出版社1972年版第206—207页。——编者注

果……　如果本书作者能为阐明这些问题提供若干材料，那么他就可以认为自己的劳动不是白费的了。

选自《列宁全集》第2版第3卷
第11—52、548—553页

危机的教训

（1901年8月）

　　工商业危机延续快两年了。显然，危机愈来愈扩大，波及到新的工业部门，扩展到新的区域，并且由于又一批银行的破产而更加尖锐化了。我们的报纸从去年12月开始，每一号都以某种方式指出了危机的发展和它的毁灭性的作用。现在是提出这种现象产生的原因和它的意义这个总问题的时候了。这种现象，对俄国来说，还是比较新的，正像我国整个资本主义还是新的一样。在一些老的资本主义国家里，那里大多数产品为销售而生产，大多数工人既没有土地，也没有劳动工具，只好出卖自己的劳动力，受雇于他人，受雇于那些占有土地、工厂、机器等等的私有者，在这些资本主义国家里，危机是一种老现象，不时反复出现，好像慢性病发作一样。所以，对危机是可以作预言的，当资本主义在俄国特别迅速地发展起来的时候，社会民主党的书刊里就对目前的危机作过预言。1897年底写成的《俄国社会民主党人的任务》这本小册子里曾说过："我们现在显然正处在资本主义周期（这是一种像四季循环一样不断重复着同样一些现象的过程）的这样一个时期：工业'繁荣'，商业昌盛，工厂全部开工，无数新工厂、新企业、股份公司、铁路建筑等等如雨后春笋般地出现。不是预言家

　　列宁在本文中联系俄国出现工商业危机的经济现实分析了资本主义经济危机产生的原因和造成的后果，指出资本主义危机的出现暴露了社会生产受私有制支配的全部荒谬性。

也能预言,不可避免的破产(相当厉害)必定在这种工业'繁荣'以后接踵而来。这种破产将使大批小业主破落,把大批工人抛到失业者的队伍里去……"① 破产终于到来,来势凶猛,在俄国还是前所未有的。资本主义社会的这种可以预言的按时复发的可怕的慢性病,是由什么决定的呢?

资本主义的生产,只能跳跃式地发展,即进两步退一步(有时两步都退回来)。我们已经指出,资本主义的生产,是为销售而生产,是为市场生产商品。而管理生产的是单个的资本家,他们各干各的,谁也不能准确知道市场上究竟需要多少产品和需要哪些产品。他们盲目地进行生产,所关心的只是要超过对手。这样,产品的数量就可能不符合市场上的需要,这是很自然的。而当广大市场突然扩展到新的、未曾开拓过的、广阔的领域时,这种可能性就尤其大了。不久前我们所经历的工业"繁荣"开始时的情况就是这样。整个欧洲的资本家把魔掌伸向拥有亿万居民的世界的另一洲——亚洲,那里在此以前,只有印度和不大一部分边缘地区同世界市场有密切联系。外里海铁路已开始为资本"开辟"中亚细亚,"西伯利亚大铁路"(所谓大,不仅指它的长度,而且指建筑人无限掠夺国家钱财,无限剥削筑路工人)开辟了西伯利亚。日本已开始变成工业国,并曾试图在中国的万里长城上打开缺口,而当它发现这块肥肉的时候,这块肥肉已经一下子被英、德、法、俄以及意大利的资本家叼走了。大铁路的修筑、世界市场的扩大、商业的昌盛,——这一切引起了工业的突然活跃,新企业的增加,对销售市场的疯狂追逐,对利润的追逐,以及新公司的创建和大批新资本(其中一部分是小资本家为数不多的储金)的投入生产。

---

① 见《列宁全集》第2版第2卷第445—446页。——编者注

对情况不明的新市场的这种世界性的疯狂追逐,引起了巨大的破产,这是没有什么可奇怪的。

要想认清这种追逐,就应当注意一下有哪些巨头参加了追逐。当人们说到"单个的企业","单独的资本家"时,常常忘记,这种说法其实是不确切的。实质上,只有利润的占有才是单个的和单独的,而生产本身已成为社会的了。巨大的破产之所以会发生而且不可避免,是因为强大的**社会**生产力受一伙唯利是图的富豪所支配。关于这一点,让我们用俄国工业的例子来加以说明。近来危机已经扩展到石油工业方面。而在石油工业中占支配地位的是"诺贝尔兄弟石油生产公司"这样一些企业。1899年该公司售出石油产品16 300万普特,价值5 350万卢布,而1900年已售出19 200万普特,价值7 200万卢布。一年之内,一个企业的生产竟增加了1 850万卢布!这样"一个企业"的存在是靠几万以至几十万工人的联合劳动来维持的,这些工人有的开采石油,提炼石油,通过输油管、铁路、海洋和河流运输石油,有的建造这些方面所必需的机器、仓库、材料、驳船、轮船等等。这几万工人都是为整个社会工作的,而支配他们劳动的是一小撮百万富翁,这一小撮富翁把群众的这种有组织的劳动所创造的全部利润据为己有。(诺贝尔公司1899年所获纯利润为400万卢布,1900年为600万卢布,其中股东每5 000卢布股金可得1 300卢布,而5个董事得到的**奖金**共528 000卢布!)如果有几个这样的企业为了在情况不明的市场上夺取地盘而展开疯狂的追逐,那么,危机的到来还有什么奇怪呢?

况且,要想从企业中获得利润,就必须把商品卖出去,就必须找到主顾。而主顾应该是所有的居民,因为大企业生产出堆积如山的产品。可是在所有的资本主义国家中,居民有十分之九是穷人:工资微薄的工人和大多比工人过得还要坏的农民。就这样,大工业在繁荣时期拼命大量生产,把大量产品抛向市场,而占人口多数的穷人则无力购买。机器、工具、仓库、铁路等等的数量日益增长,但是这种增长却不时中断,因为人民群众仍然处于赤贫境地,而所有这些改善了的生产方式归根到底是为人民群众准备的。危机表明,如果土地、工厂、机器等等不是被一小撮靠人民贫困而获得亿万利润的私有者所窃据,那么,现代社会就能够生产出更丰富得多的产品来改善全体劳动人民的生活。危机表明,工人的斗争不能局限于争取资本家的个别让步:在工业复苏时期,这种让步是能够争得的(俄国工人在1894—1898年期间进行了坚决的斗争,不止一次争得了让步),但破产到来时,资本家不仅要收回曾经作过的让步,而且要利用工人的孤立无援更大幅度地降低工资。在社会主义无产阶级大军还没有把资本和私有制的统治推翻之前,这种情形将不可避免地会继续发生。危机表明,两年前吵吵嚷嚷说破产的可能性现在变得更小了的那些社会主义者(这些人自称为"批评家",大概是因为他们不加批判地抄袭资产阶级经济学家的学说)的目光是多么短浅。

　　危机揭露了社会生产受私有制支配的全部荒谬性;它给人们的教训极其深刻,以致资产阶级报刊现在也要求加强监督了,例如对银行的监督。但任何监督也无碍于资本家在复苏时期开办一些日后必然要破产的企业。已经破了产的原哈尔科夫土地银行和商业银行的创办人阿尔切夫斯基,曾不择手段地弄到几百万卢布来开办和支持一些估计可能获得巨额利润的矿业企业。工业的停滞毁掉了这些银行和矿业企业(顿涅茨-尤里耶夫公司)。而资本主义社会的企业的这种"毁灭"是什么意思呢?这就是说,较弱的资本家,"二等"资本家被更强的百万富翁所排挤。哈尔科夫的百万富翁阿尔切夫斯基被莫斯科的百万富翁里亚布申斯基所代替,这个更富有的资本家将更加残酷地压榨工人。二等富翁被头等富翁代替,资本力量增大,大批小私有者破产(如小额存款人随着银行的破产而丧失全部财产),工人阶级极端贫困化,——这就是危机所造成的后果。我们还要提一提《火星报》[24]上所谈到的情况:资本家延长工作日,极力设法解雇有觉悟的工人,换上俯首听命的农民。

在俄国,危机的影响,一般比在其他任何国家都大得多。在我们这里,工业停滞的同时,还有农民的饥饿。可以把失业的工人从城市赶到农村,但又把失业的农民赶到哪里去呢?赶走工人,原是想把不安分的人从城市里清除出去,可是,被赶走的人难道不可能使一部分农民从世代相传的那种俯首听命的状态中苏醒过来,并发动他们不仅提出请求,而且提出**要求**吗?现在工人与农民日益接近起来,这由于他们不仅都面临着失业与饥饿,而且都面临着警察的压迫,这种压迫使工人无法进行联合与自卫,使农民甚至得不到乐善好施者的救济。警察的魔掌,对于千百万丧失一切生活资料的人民,变得百倍可怕。城市的宪兵和警察,农村的地方官和巡官清楚地看到,人民对他们的仇恨日益加深,他们不仅开始害怕农村食堂,而且害怕报纸上关于募捐的公告。害怕捐款!真是做贼心虚。当窃贼看到过路人施舍东西给他行窃过的那个人时,就开始感到:他们相互帮助,是要齐心协力来对付他。

选自《列宁全集》第2版第5卷
第72—76页

对欧洲和俄国的土地问题的
马克思主义观点[25]

（1903年2月）

讲 演 提 纲

　　第一讲。**土地问题的一般理论**。资本主义农业的形成。商业性农业发展的各种形式和农业雇佣工人阶级的形成。马克思的地租理论。所谓的批评学派（布尔加柯夫先生，赫茨先生，大卫先生，切尔诺夫先生，马斯洛夫先生也可以算一个，还有其他人）学说的资产阶级性质，该学派企图用自然规律（如臭名远扬的土地肥力递减规律）来解释为什么存在土地占有者向社会索取的贡赋。农业中资本主义的矛盾。

　　第二讲。**农业中的小生产和大生产**。

　　所谓的批评学派竭力抹杀小生产者在现代社会中所处的奴隶地位。分析被该学派（莫·黑希特，卡·克拉夫基，奥哈根）完全曲解的

　　列宁在本文中概要地阐述了马克思的地租理论，指出马克思关于资本主义生产方式发展的理论既适用于工业，也适用于农业。资本主义农业制度也是商品生产和劳动力成为商品的产物，但农业中商品生产的增长和雇佣劳动的发展在形式上不同于工业，其形成过程是不平衡的、多样的。在资本主义农业中，由于除了土地私人经营的垄断外，还有土地私有权的垄断，所以除级差地租外，还存在绝对地租。

专题研究著作。

第三讲。**续上**。巴登调查。调查结果完全证实了马克思主义的观点。德国农业统计的一般材料。关于大资本的大地产退化的神话。农业中的机器。中等农户耕畜的极端恶化。农业中的合作社;德国1895年关于奶品协作社的大量材料。农业中的合作社和工业中的托拉斯在形式上的差别,这种差别使所谓的批评学派无法理解两者的社会经济内容是完全一样的。

第四讲。**土地问题在俄国的提法**。民粹主义世界观的基础,这种世界观作为土地民主派原始形态的历史意义。农民问题(村社[15]和人民生产)的中心意义。农民分化为农村资产阶级和农村无产阶级。研究这一过程的方法及其意义。资本主义经济代替徭役经济。民粹主义观点的反动性。当前历史时期的要求:肃清农奴制残余和使农村阶级斗争自由发展。

第一讲的提要

一 般 理 论

马克思关于资本主义生产方式发展的理论,既适用于工业,也适用于农业。不要把资本主义的基本特点和它在农业中和工业中的不同形式混淆起来。

现在来分析一下,形成资本主义农业制度的过程有哪些基本特点和哪些特殊形式。产生这一过程的原因有两个:(1)商品生产和(2)这时,作为商品出现的,不是产品,而是劳动力。当劳动力一进入交换,整个生产就变成了资本主义生产,同时形成了无产阶级这个特殊的阶级。农业中商品生产的增长和雇佣劳动的发展,其形式不同于工业,因此,在这里应用马克思的理论可能使人觉得不正确。但是必须知道农业是以怎样的形式变成资本主义农业的。为此,首先要弄清楚两个现象:

一、商业性农业是怎样发展的?和

二、工人阶级是怎样形成的?

一、这一过程的主要现象就是工业人口迅速增长和产品运往市场。这就是说，要广泛地发展商业性农业，就必须大大增加非农业人口。这个过程的表现形式各种各样，在进口粮食或出口粮食的国家都可以看到。工业人口的迅速增长又造成工业国家的粮食不足，也就是说，在技术条件不变的情况下，不从别国进口粮食就无法维持。在全部土地私有的情况下，对粮食的需求不断提高，其结果就形成了垄断价格。

这一点对于说明地租很重要。

商业性农业的形成过程本身，同工厂工业不尽相同。在工业中，这采取简单的、直线的形式；在农业中，情况却不同：那里大多是商业性农业和非商业性农业相互掺杂，各种不同的形式结合在一起。每一个地区，运往市场的主要是某**一种**产品。一方面，地主的生产，特别是农民的生产是商品性生产，另一方面，这种生产又保留着自己的消费性质。

获得货币的需要，使得自然经济逐步向商品经济转化。货币的权力不仅压迫着西欧的农民，也压迫着俄国的农民。地方自治局统计表明，甚至在宗法式经济的残余非常严重的地方，农民从属于市场的现象也十分普遍。

二、雇佣工人阶级的形成过程就是农民分裂为下述两个阶层的过程，即(1)把农业当成工业的农场主；(2)雇佣工人。这个过程通常叫做农民的分化。特别在俄国，这个过程表现得很突出。早在封建制度时代，这个过程就为经济学家觉察到了。

形成的特点。

这个过程进行得不平衡。在雇佣工人阶级形成的同时，既有宗法制度存在，又有新的资本主义制度在形成。雇佣工人阶级同土地有着这样那样的联系，因此这个过程的形式也就多种多样。

关于资本主义农业的统治

地　租

资本主义国家的居民分为三个阶级：(1)雇佣工人，(2)土地占有者，(3)资本家。有些地方可能还不存在这种明确的划分，在研究制度时，对这些地方特点只能不予理会。

马克思认为，产品主要分为必要产品和剩余产品。剩余产品中的某一部分，即扣除了资本的平均利润所剩下的那一部分，就是地租。在发达的资本主义社会中，平均利润是在竞争影响下形成的，竞争使剩余产品不是按工人人数的比例，而是按投入企业的资本总量的比例，在资本家之间进行分配。

马克思在《资本论》第3卷中考察了平均利润的形成过程。在肥力不同的土地上，资本将获得不同的利润：在较坏土地上利润较少，在较好土地上利润较多，即获得超额利润。(还在马克思以前，李嘉图就奠定了地租理论的基础。)由于粮食市场价格的垄断，由于粮食数量普遍不足，价格就由较坏土地来决定。按照马克思的说法，同较坏土地和距离市场最远的土地相比，从较好土地或距离市场近的土地上所获得的超额利润叫做**级差**地租。

地租是土地占有者从农场主那里索取的。

超额利润的数量不同可以有两种情况：(1)由于肥力不同，(2)由于资本使用不同。其次，除了土地私人经营的垄断而外，还有土地私有权的垄断，这就是说，土地占有者要到粮食价格上涨时，才肯把土地租给农场主，这样他就能获得**绝对**地租，这种地租是一种基本的垄断。绝对地租可能是:(1)一种纯粹的垄断(在这种情况下,严格分析起来,它不应当叫做地租)。(2)绝对地租可以从农业资本的超额利润中产生,这是由于下述情况造成的:在农业中,技术水平较低,因此可变资本(=创造利润的资本)所占的比重比工业中高。因而农业中的利润率应当比工业中高。而土地占有权的垄断阻碍农业中的高额利润同工业中的低额利润平均化。于是从不受平均化影响的较高的农业利润中产生了名副其实的绝对地租。绝对地租的来源就是粮食价格的上涨。级差地租则来自产品。近几年的特点是一些新国家被吸引到商业中来,这就引起了危机。

土地价格是一种预先计算出来的地租。因此它被看做是从一定数量的资本中所得到的收入。在购买土地时,需要花费资本,这种资本可以提供平均地租这种收入。因此工业的迅速发展进程在欧洲大大抬高了地租,并使之固定下来。

不久以前出版的马斯洛夫的《俄国农业发展的条件》一书,大部分都是论述地租理论的,而在这个问题上,他所持的观点是极其错误的,只是重复诸如布尔加柯夫先生这样一些资产阶级的所谓马克思的"批评家们"所提出的论据。马克思曾经指出,旧的英国政治经济学把这个问题看得过于简单,不是把它看做一个创造特殊历史条件的过程,而是看做一个创造自然条件的过程,因此就提出论断说:地租是由于较好土地必然转到较坏土地形成的。但是往往也有相反的情况,因为土地常常是能改良的。这些批评家从马克思倒退到资产阶级经济学那里去了。

对地租理论的另一种狭隘理解,就是把级差地租的形成规律同土地肥力递减规律结合起来,根据后一种规律,在同一块土地上,利润似乎会递次减少。李嘉图认为较好土地转到较坏土地的原因,是由于**不可能**向土地投入愈来愈多的资本。俄国的"批评家们"全都起来维护土地肥力递减的理论，在其他问题上想成为马克思主义者的马斯洛夫也是如此。然而为这一理论辩护的论据无非是一些俏皮话，如说什么要是不承认这个理论，那就得承认一小块土地可以养活整个国家。

马克思曾经同这种理论进行了斗争。这种理论从算术的角度来看待资本的耗费，忽视了一般经济条件，因而陷入了谬误。假定在任何时候都可以投入愈来愈多的资本，那么这个理论是正确的，但是这要以改变耕作制度为前提，而农业中的耕作制度好几个世纪都一成不变，这就使投资受到一定的限制。技术如果不发生变化，就不可能继续投资，或者只能在狭小的范围内继续投资。马克思指出，在工业中也不能在同一块土地面积上无限制地发展生产：如果企业占有一定的土地面积，那么要发展企业，就必须扩大企业。**如果**土地得到合理的耕种，那只会改进生产，因此马克思得出结论说，这样使用土地不仅没有坏处，反而有好处。这个"**如果**"正好被那些反对马克思理论的人忽视了。于是，那位冒牌马克思主义者马斯洛夫，就能用自己在这个问题上的观点把很多人引入歧途。在我们的时代里，有无数的例子：要后退，不前进；马斯洛夫的著作就是这样一个实例。

农业人口在绝对地减少，农业生产却在日益进步。在19世纪，这种进步是同商业性农业的发展密切相联的。它表明了当代资本主义制度的一个基本特点，即农业中的竞争、农业市场和居民的分化已经形成。这种进步有力地推动了农业的发展，但是每一个进步都引起矛盾，这些矛盾使人们无法利用新的、科学的农业的全部生产力。资本主义建立了大生产，产生了竞争，随之而来的是土地的生产力受到掠夺。人口集中于城市，使土地无人耕种，并且造成了不正常的新陈代谢。土地的耕作没有得到改善，或者说没有得到应有的改善。

社会主义的批评早就注意到了这一点（如马克思）。赫茨先生，以及后来我国的布尔加柯夫先生、切尔诺夫先生和司徒卢威先生却指出，以李比希的学说为依据的马克思的理论已经过时了。"批评家们"的这种见解是完全错误的。资本主义破坏了土地经营和土地肥力之间的平衡（由于城市同农村的分离），这是毋庸置疑的。很多著作家赞成的不是马克思主义理论，而是对这一理论的"批评"，但是他们自己的材料却驳倒了他们。例如诺西希（Nossig）就是如此。根据他的材料，看来土地的生产力没有得到补偿，没有把从土地上索取的东西归还给土地。必须有人造肥料和厩肥。要求每公顷土地平均所施的60 000公斤肥料中有$\frac{1}{3}$是天然肥料，但是在现有的耕作制度下，这一点是办不到的。

总之，资本主义在农业中的影响表现如下：

它要求雇佣工人获得自由，它排斥一切旧的盘剥形式。但是农业雇佣工人依旧处于受压迫的地位。压迫加重了，这就要求进行更加激烈的斗争。

资本主义大大增加了土地占有者所索取的贡赋，大大提高了级差地租和绝对地租。飞涨的地租又阻碍着农业的进一步发展。

选自《列宁全集》第2版第7卷

第91—98页

世界政治中的易燃物

（1908年7月23日〔8月5日〕）

　　最近，欧洲和亚洲各国革命运动的蓬勃发展，使我们十分清楚地看到无产阶级的国际斗争已经走上了一个新的、比从前高得无可比拟的阶段。

　　在波斯，爆发了一场以独特的方式把类似俄国的解散第一届杜马[26]同类似俄国1905年底的起义结合起来的反革命运动。可耻地被日本人打败的俄国沙皇军队，正在为雪耻而卖力地替反革命效劳。哥萨克在俄国建立了讨伐、掠夺、杀戮无辜等功勋以后，接着又在波斯建立了镇压革命的功勋。尼古拉·罗曼诺夫站在黑帮地主和被罢工与内战吓破了胆的资本家的前列，疯狂地镇压波斯的革命者，这是理所当然的。虔诚地信仰基督教的俄国军人也不是第一次充当国际刽子手的角色了。英国一面假装置身事外，一面对波斯的反动派和专制制度拥护者采取明显的友好的中立态度，这是稍有不同的现象。英国自由派资产者被自己家里工人运动的发展激怒了，被印度革命斗争的高涨吓坏了，他们愈来愈经常、愈来愈露骨、愈来愈强烈地表明，在立

　　列宁在本文中评述了亚洲国家民主革命运动的作用，指出波斯、土耳其、印度和中国等亚洲国家民主革命运动的蓬勃发展以及先进资本主义国家资产阶级和无产阶级阶级斗争的尖锐化，表明无产阶级的国际斗争已经进入一个新阶段，无产阶级百万大军已经在同敌人的一系列具体冲突中团结起来，同资产阶级的决定性斗争已经愈来愈近。国际资产阶级反动活动的加强和各个国家的民族革命的尖锐化是绝对不可避免的。

宪方面阅历最深的最"文明的"欧洲政治"活动家",在群众奋起同资本、同资本主义殖民制度,即奴役、掠夺和暴力的制度作斗争的时候,竟会变成什么样的**野兽**。波斯的革命者在国内的处境是困难的,印度的主人和俄国的反革命政府差不多已经准备好要瓜分波斯了。但是,大不里士的顽强的斗争、似乎已经被击溃的革命者屡次在军事上转败为胜,都表明波斯王的军队即使有俄国的利亚霍夫们和英国的外交官的援助,也会遭到来自下面的极其有力的反抗。一个革命运动能在军事上反击复辟行动,迫使有这种行动的英雄们去向异族人求援,这种革命运动是不会被消灭的,在这种情况下,即使波斯反动派取得最完全的胜利,那也只能是人民的新的愤怒的开端。

在土耳其,青年土耳其党人[27]领导的军队中的革命运动获得了胜利。当然,这种胜利只是胜利了一半,甚至只是胜利了一小半,因为土耳其的尼古拉二世用恢复著名的土耳其宪法的诺言暂时敷衍过去了。但是,革命的这种一半的胜利、旧政权被迫作出的这种仓猝的让步,必然会使内战发生更重要得多、更剧烈得多、能吸引更广泛的人民群众参加的新的转折。而内战这所学校,人民并没有白进。这是一所要经受严重考验的学校,它的全部课程**必然**包括反革命的胜利、凶恶的反动派的猖獗、旧政权对反叛者的野蛮镇压等等。但是,只有愚蠢透顶的书呆子和没有头脑的木乃伊才会因人民进入这个受苦的学校而痛哭流涕;这个学校教被压迫的阶级进行内战,教他们取得革命的胜利,并且把现代奴隶群众中的仇恨集中起来。这种仇恨长期隐藏在闭塞的、迟钝的、无知无识的奴隶的心中,他们一旦意识到自己奴隶生活的屈辱,这种仇恨就会引导他们去建立最伟大的历史功勋。

在印度,替"文明的"英国资本家当奴隶的当地人正巧也在最近使得他们的"老爷们"感到惶惶不安。被称为英国对印度的管理制度的暴力和掠夺是没有止境的。在世界上任何一个地方——俄国当然除外——群众都没有这样贫困，居民也没有这样经常地挨饿。自由不列颠的最具有自由主义思想和最激进的活动家，像约翰·莫利(Morley)这种俄罗斯和非俄罗斯的立宪民主党人[7]眼中的权威、"进步的"(实际上是在资本面前卑躬屈节的)政论界的明星，都当了印度的统治者，变成了真正的成吉思汗，他们竟能批准"安抚"他们治下的居民的一切措施，直到**杀戮**政治抗议者！英国社会民主党人的小型周报《正义报》[28]（《Justice》）在印度竟被莫利这样一些自由派和"激进派"恶棍所**查禁**。当英国的国会议员、"独立工党"[29]（Independent Labour Party）的领袖凯尔-哈第胆敢来到印度，向当地人谈论民主的最起码的要求的时候，所有的英国资产阶级报刊都向这个"反叛者"狂吠起来。现在，最有影响的英国报纸都在咬牙切齿地谈论扰乱印度的"煽动者"，欢迎对印度的民主派政论家采取纯粹俄国式的、普列韦式的法庭判决和行政镇压手段。但是，印度的市井小民开始起来卫护**自己的**作家和政治领袖了。英国豺狼对印度民主主义者提拉克(Tilak)的卑鄙的判决(他被判处长期流放，最近几天向英国下院提出的质询表明，印籍陪审员认为提拉克无罪，是**英籍陪审员判定**他有罪的！)，财主的奴才向民主主义者进行的这种报复，在孟买引起了游行示威和罢工。印度的无产阶级也已经成长起来，能进行自觉的群众性的政治斗争了，——既然情况是这样，那么，英国和俄国在印度的秩序已经好景不长了！欧洲人对亚洲国家的殖民掠夺在这些国家中锻炼出一个日本，使它获得了保证自己的独立的民族发展的伟大军事胜利。毫无疑问，英国人对印度的长期的掠夺，目前这些"先进的"欧洲人对波斯和印度的民主派的迫害，将在亚洲**锻炼出**几百万、几千万无产者，把他们锻炼得也能像日本人那样取得反对压迫者的斗争的胜利。欧洲的觉悟的工人已经有了亚洲的同志，而且其人数将不是与日俱增，而是与时俱增。

在中国，反对中世纪制度的革命运动近几个月来也强有力地开展起来了。的确，对这个运动还不能作出明确的估计，因为关于这个运动的消息很少，而关于中国各地造反的消息却很多，但是，"新风"和"欧洲思潮"在中国的强有力的发展，特别是在日俄战争以后，是用不着怀疑的，所以中国的旧式的造反必然会转变为自觉的民主运动。某些参加殖民掠夺的人这一回已经感到惶惶不安，这可以从在印度支那的法国人的举动中看出来：他们竟**帮助**中国的"历史政权"镇压革命者！他们也在为"自己的"那些和中国接壤的亚洲属地的安全而担心。

但是，使法国资产阶级感到不安的不单单是亚洲的属地。在巴黎附近的维尔纳夫-圣乔治修筑街垒，枪杀修筑街垒的罢工者（7月30日（17日）星期四），这些事件一次又一次地表明了欧洲阶级斗争的尖锐化。代表资本家统治法国的激进派克列孟梭在拼命地摧毁无产阶级头脑中剩下的最后一点资产阶级共和主义的幻想。军队奉"激进派"政府的命令枪杀工人，这类事件在克列孟梭执政时恐怕比过去更多了。克列孟梭已经因此从法国社会党人那里得到了"血人"的外号，现在，当他的暗探、宪兵和将军们又在使工人流血的时候，社会党人想起了这个最进步的资产阶级共和派分子有一次向工人代表说过的一句名言："我们和你们站在街垒的不同方面"。是的，法国无产阶级和最极端的资产阶级共和派现在已经完全站在街垒的不同方面了。法国工人阶级为了建立共和国和保卫共和国流过很多鲜血，而现在，在共和制度已经完全巩固的基础上，私有者和劳动者之间的决战已经日益临近了。《人道报》[30]就7月30日的事件写道："这不是简单的屠杀,这是战役的一部分。"将军们和警察们总想向工人挑衅,想把和平的、非武装的游行示威变成大血战。但是,当军队从四面八方包围罢工者和示威者,向手无寸铁的人们进攻的时候,他们遭到了反击,街垒迅速地修筑起来了,以至发生了轰动整个法国的事件。该报写道,这些用木板筑成的街垒糟糕得令人发笑。但是重要的并不是这个。重要的是第三共和国曾使修筑街垒不再风行。现在"克列孟梭又使之风行起来",——而且他明目张胆地谈论这一点,就像"1848年6月的刽子手、1871年的加利费"明目张胆地谈论内战一样。

不只是社会党人报刊在评论7月30日的事件时追溯了这些具有历史意义的伟大日子。资产阶级的报纸穷凶极恶地攻击工人,指责他们说,他们的所作所为是在准备进行社会主义革命。有一家报纸叙述了一个能够说明双方在出事地点的情绪的小小的但是很值得注意的插曲。当工人们抬着一个受伤的同志从指挥攻击罢工者的维尔威尔将军身边走过的时候,示威的人群中发出了喊声:"Saluez!"("敬礼!"),于是资产阶级共和国的将军就向受伤的敌人敬了礼。

无产阶级和资产阶级斗争尖锐化的现象在一切先进的资本主义国家中都可以看到,但是由于历史条件、政治制度和工人运动的形式不同,同样的趋势有不同的表现。在美国和英国,有充分的政治自由,无产阶级缺乏任何革命传统和社会主义传统,或者至少是缺乏比较生动的革命传统和社会主义传统,阶级斗争的尖锐化表现为反对托拉斯的运动的加强、社会主义运动的空前增长和有产阶级对这一运动的注意力的相应增长,表现为工人组织(有时纯粹是经济组织)转而进行有计划的和独立的无产阶级的政治斗争。在奥地利和德国(斯堪的纳维亚国家的情况也部分相同),阶级斗争的尖锐化表现在选举斗争上面,表现在政党的关系上面,表现为各种色彩的资产者都彼此接近起来反对共同的敌人——无产阶级，表现为法庭和警察加紧进行迫害。两个敌对阵营都在缓慢地但是不断地扩大自己的力量，巩固自己的组织，彼此在整个社会生活中的分歧愈来愈尖锐，好像都在一声不响地聚精会神地准备进行即将到来的革命战斗。在罗曼语国家[31]，如意大利，特别是法国，阶级斗争的尖锐化表现为特别猛烈的、急剧的、往往简直是革命的爆发，那时无产阶级埋藏在心底的对压迫者的仇恨突然爆发出来，"和平的"议会斗争局面被真正的内战场面所代替。

无产阶级的国际革命运动在各个国家的发展并不是而且也不可能是以同一的形式均衡地进行的。只有各个国家的工人进行阶级斗争，才能在一切活动场所充分地和全面地利用一切机会。每一个国家都把自己的有价值的独创的特点汇入总的潮流里来，但是，在每个国家里，运动都有某种片面性的毛病，都有各个社会主义政党所具有的某些理论上或实践上的缺点。总的说来，我们可以很清楚地看到，国际社会主义运动已经向前迈进了一大步，无产阶级百万大军已经在同敌人的一系列的具体冲突中团结起来，同资产阶级的决定性的斗争已经愈来愈近。这次斗争，从工人阶级方面来说，**准备得**将比无产者最近一次伟大起义即巴黎公社的时期要好许多倍。

整个国际社会主义运动的这一进步，以及亚洲革命民主主义斗争的尖锐化，使俄国革命处于特殊的和特别困难的条件之下。俄国革命在欧洲和在亚洲都有伟大的国际同盟军，但是，**也正是由于这一点**，它不仅有国内的敌人，不仅有俄国的敌人，而且有**国际的**敌人。针对日益强大的无产阶级斗争的反动活动，在一切资本主义国家里都是不可避免的，这种反动活动把世界各国的资产阶级政府团结起来去反对一切人民运动，反对亚洲的、特别是欧洲的一切革命。我们党内的机会主义者正像大多数俄国自由派知识分子一样,至今还在幻想俄国的资产阶级革命"不要推开"资产阶级,不要吓倒他们,不要产生"过分的"反动,不要造成革命阶级夺取政权的局面。这真是白日做梦,真是庸人的空想!在世界各先进国家里,易燃物极其迅速地增多,烈火极其明显地延烧到昨天还在沉睡的大多数亚洲国家去,国际资产阶级反动活动的加强和各个国家的民族革命的尖锐化是绝对不可避免的。

俄国的反革命没有完成而且也不能完成我国革命的历史任务。俄国资产阶级不可避免地愈来愈倾向于国际反无产阶级和反民主的潮流。俄国无产阶级不应当指靠自由派同盟者。它应当独立地沿着自己的道路向革命的完全胜利迈进:相信农民群众自己必然要用暴力来解决俄国的土地问题,帮助他们推翻黑帮地主和黑帮专制制度的统治,给自己提出在俄国建立无产阶级和农民的民主专政的任务,并要记住俄国无产阶级的斗争和它的胜利同国际革命运动有不可分割的联系。对反革命的(俄国的和全世界的)资产阶级的自由主义少抱幻想,对国际革命无产阶级的成长多加关心!

选自《列宁全集》第2版第17卷
第155—163页

欧洲工人运动中的分歧

（1910年12月16日〔29日〕）

一

欧美现代工人运动中的基本的策略分歧，归结起来就是同背离实际上已经成为这个运动中的主导理论的马克思主义的两大流派作斗争。这两个流派就是修正主义（机会主义、改良主义）和无政府主义（无政府工团主义、无政府社会主义）。在半个多世纪的大规模工人运动的历史上，这两种背离工人运动中起主导作用的马克思主义理论和马克思主义策略的倾向，在一切文明国家里，是以各种不同的形式和各种不同的色彩表现出来的。

单从这个事实就可以看出，这两种倾向不是偶然出现的，也不是由某些个别人或集团的错误造成的，甚至也不是由民族特点或民族传统的影响等等造成的。应该有一些由一切资本主义国家的经济

列宁在本文中认为，欧美现代工人运动中的基本的策略分歧，归结起来就是同背离马克思主义的修正主义和无政府主义作斗争。列宁分析了这两种倾向产生的原因，并阐明了资本主义发展的辩证性质：资本主义是进步的，因为它消灭了旧的生产方式，发展了生产力，而同时，在发展到一定阶段以后，资本主义又阻碍生产力的提高。资本主义本身造就了自己的掘墓人，创造了新制度的因素，而同时，如果没有"飞跃"，这些单个的因素便丝毫不能改变总的局面，不能触动资本的统治。因此，无产阶级政党的任务不是坐等"伟大日子"的到来，而是要把工人组织起来，逐渐聚集力量来创造伟大的事变，实现质的飞跃。

制度和发展性质所决定的、经常产生这两种倾向的根本原因。去年出版的荷兰马克思主义者安东·潘涅库克所著《工人运动中的策略分歧》(Anton Pannekoek.《Die taktischen Differenzen in der Arbeiterbewegung》. Hamburg, Erdmann Dubber, 1909)这本小册子,是用科学态度研究这些原因的一次很有意义的尝试。下面我们就要向读者介绍潘涅库克所作出的那些不能不认为是完全正确的结论。

工人运动的发展这个事实本身,是周期性地产生策略分歧的最深刻的原因之一。如果不是根据某种虚幻的理想的标准来衡量工人运动,而是把这一运动看成是一些普通人的实际运动,那就会很清楚,一批批"新兵"被吸收进来,一个个新的劳动群众阶层被卷入运动,就必然会引起理论和策略方面的动摇,重犯旧错误,暂时回复到陈旧观念和陈旧方法上去等等。为了"训练"新兵,每个国家中的工人运动,都要周期性地耗费或多或少的精力、注意力和时间。

其次,资本主义发展的速度,在不同的国家和不同的国民经济部门是不一样的。在大工业最发达的条件下,工人阶级和它的思想家领会马克思主义最容易、最迅速、最完整、最扎实。落后的或发展上落后的经济关系,往往使那些拥护工人运动的人只能领会马克思主义的某些方面,只能领会新世界观的个别部分或个别口号和要求,而不能坚决与资产阶级世界观的特别是资产阶级民主主义世界观的一切传统决裂。

再其次,处在矛盾中的并通过矛盾来实现的社会发展的辩证性质,是经常引起分歧的根源。资本主义是进步的,因为它消灭了旧的生产方式,发展了生产力,而同时,在它发展到一定阶段,又阻碍生产力的提高。资本主义一方面培养和组织工人,加强他们的纪律性,另一方面又压制和压迫工人，使他们走向退化和贫穷等等。资本主义本身造就了自己的掘墓人，本身创造了新制度的因素，而同时，如果没有"飞跃"，这些单个的因素便丝毫不能改变总的局面，不能触动资本的统治。马克思主义即辩证唯物主义理论，善于把握住实际生活中的、资本主义和工人运动实际历史中的这些矛盾。但群众当然是从生活中学习而不是从书本上学习的，因此个别人或集团常常把资本主义发展的这种或那种特点、这个或那个"教训"加以夸大，发展成片面的理论和片面的策略体系。

资产阶级的思想家，那些自由派和民主派，不懂得马克思主义，不懂得现代工人运动，所以他们经常从一个荒谬的极端跳到另一个荒谬的极端。他们一会儿说一切都是由于心怀叵测的人"挑唆"一个阶级反对另一个阶级的结果，一会儿又以工人政党是"和平的改良政党"来自我安慰。应当认为无政府工团主义和改良主义都是这种资产阶级世界观及其影响的直接产物，因为无政府工团主义和改良主义都只抓住工人运动中的**某一**方面，把片面观点发展为理论，把工人运动中形成工人阶级在某一时期或某种条件下活动的特点的那些趋向或特征说成是相互排斥的东西。而实际生活和实际历史本身却**包含**这些各不相同的趋向，正好像自然界的生命和发展一样，既包含缓慢的演进，也包含迅速的飞跃即渐进过程的中断。

修正主义者认为，所有关于"飞跃"、关于工人运动同整个旧社会根本对立的议论，都是空话。他们认为改良就是局部实现社会主义。无政府工团主义者拒绝"细小的工作"，特别是拒绝利用议会讲坛。其实，这种策略就是坐等"伟大日子"的到来，而不善于聚集力量，来创造伟大的事变。无论前者还是后者都阻碍了这样一件最重要最迫切的事情：把工人团结成为规模巨大、坚强有力、很好地发挥作用的、能够在**任何**条件下都很好地发挥作用的组织,团结成为坚持阶级斗争精神、明确认识自己的目标、树立真正马克思主义世界观的组织。

为了避免可能发生的误会,我们要稍微离开本题附带说明一下,潘涅库克**仅仅**引用了西欧各国特别是德国和法国历史中的例子来说明自己的分析,而**根本没有**提到俄国。即使有时觉得他是在暗示俄国,那只是因为我们这里也出现某些背离马克思主义策略的基本趋向,虽然俄国在文化、生活方式以及历史和经济各方面都与西欧大不相同。

最后,引起工人运动参加者彼此分歧的一个非常重要的原因,就是统治阶级特别是资产阶级的策略的改变。如果资产阶级的策略始终是一个样子,或者至少始终是一个类型,那工人阶级就能很快学会同样用一个样子或者一个类型的策略去对付它了。其实,世界各国的资产阶级都必然要规定出两种管理方式,两种保护自己利益和捍卫自己统治的斗争方法,并且这两种方法时而交替使用,时而以不同的方式结合在一起。第一种方法就是暴力的方法,拒绝对工人运动作任何让步的方法,维护一切陈旧腐败制度的方法,毫不妥协地反对改良的方法。这就是保守主义政策的实质,这种政策在西欧各国愈来愈不成其为土地占有者阶级的政策,而成为整个资产阶级政策的一个变种了。第二种方法就是"自由主义的"方法,即采取扩大政治权利、实行改良、让步等等措施的方法。

资产阶级从一种方法转而采用另一种方法,并不是由于个别人用心险恶的算计,也不是由于什么偶然的原因,而是由于它本身地位的根本矛盾性。正常的资本主义社会要顺利发展下去,就不能没有稳固的代表制度,就不能不给予在"文化"方面必然有较高要求的人民以一定的政治权利。这种一定程度的文化要求是资本主义生产方式本身连同它的高度技术、复杂性、灵活性、能动性以及全世界竞争的飞速发展等等条件所造成的。因此,资产阶级在策略方面的动摇,从暴力方式向所谓让步方式的转变,是一切欧洲国家最近半个世纪以来历史的特点,而各个不同的国家在一定时期内又总是主要采用某一种方法。例如英国在19世纪60年代和70年代是采用资产阶级"自由主义"政策的典型国家,而德国在70年代和80年代则始终采取暴力方法等等。

当这种方法盛行于德国的时候,对这种资产阶级管理方式的片面反应,就是无政府工团主义的发展,或者按当时的说法是工人运动中的无政府主义的发展(90年代初的"青年派"[32],80年代初的约翰·莫斯特)。1890年转而采取了"让步",这种转变照例对工人运动更加危险,因为它引起了一种同样片面的、对资产阶级"改良运动"的反应,即引起了工人运动中的机会主义。潘涅库克说:"资产阶级自由主义政策的积极的实际的目的就是把工人引入歧途,在工人中间制造分裂,把工人的政策变成软弱的、始终是软弱的和昙花一现的所谓改良运动的一种软弱的附属品。"

资产阶级利用"自由主义"政策,往往能在一定时期达到自己的目的,潘涅库克正确地指出,这种政策是一种"更加狡猾的"政策。一部分工人,一部分工人代表,有时被表面上的让步所欺骗。于是修正主义者就宣布阶级斗争学说已经"过时",或者开始实行实际上抛弃阶级斗争的政策。资产阶级策略的曲折变化,使修正主义在工人运动中猖獗起来,往往把工人运动内部的分歧引向公开的分裂。

所有上述一类原因,在工人运动内部,在无产阶级内部,引起了策略上的分歧。况且,在无产阶级与那些同它关系密切的小资产者阶层(包括农民在内)之间,并没有隔着而且也不可能隔着一道万里长城。个别人、个别集团和阶层从小资产阶级转到无产阶级方面来,自然也就不能不引起无产阶级本身策略方面的动摇。

  各国工人运动的经验,帮助我们根据具体实践问题来理解马克思主义策略的实质,帮助比较年轻的国家更清楚地认识背离马克思主义的倾向的真正阶级意义,并比较顺利地去同这些背离倾向作斗争。

选自《列宁全集》第2版第20卷
第63—70页

两种乌托邦

（1912年10月5日〔18日〕以前）

乌托邦是一个希腊语词，在希腊文中，"οὐ"意为"没有"，"τόπος"意为"地方"。乌托邦的意思是没有的地方，是空想、虚构和神话。

政治上的乌托邦就是一种无论现在和将来都决不能实现的愿望，是一种不以社会力量为依托，也不以阶级政治力量的成长和发展为支撑的愿望。

一个国家的自由愈少，公开的阶级斗争愈弱，**群众**的文化程度愈低，政治上的乌托邦通常也愈容易产生，而且保持的时间也愈久。

在现代俄国，有两种政治乌托邦最根深蒂固，并且由于具有诱惑力而对群众发生了相当的影响。这就是自由派的乌托邦和民粹派的乌托邦。

本文分析了俄国当时存在的自由派乌托邦和民粹派乌托邦产生的社会条件和阶级本质。自由派的乌托邦是想用和平的方法，不经过激烈的阶级斗争，使俄国在政治自由、劳动人民的地位等方面得到重大改善。这种乌托邦反映了自由资产阶级的利益，资产阶级害怕群众运动甚至害怕反动势力，他们一方面玩弄民主的把戏，另一方面极端反对民主，极端仇视群众运动。民粹派的乌托邦则幻想用公平重分土地的办法来消除资本权力的统治，消除雇佣奴隶制。自由派的乌托邦腐蚀群众的民主主义意识，民粹派的乌托邦则腐蚀群众的社会主义意识。列宁认为，马克思主义者必须反对一切乌托邦，坚持无产阶级的独立性。

自由派的乌托邦，就是妄想用和平的、和谐的办法，不得罪任何人，不赶走普利什凯维奇之流，不经过激烈的彻底的阶级斗争，就能够在俄国，在俄国的政治自由方面，在广大劳动人民的地位方面，得到某些重大的改善。这是一个自由的俄国同普利什凯维奇之流**和睦相处**的乌托邦。

民粹派的乌托邦，就是民粹派知识分子和劳动派[11]农民所抱的幻想，他们以为可以用公平地重分全部土地的办法来**消除**资本的权力和统治，消除雇佣奴隶制，或者以为在资本的统治下，在金钱的支配下，在商品生产的条件下，也可以**维持**"公平的"、"平均的"土地分配制度。

这两种乌托邦是怎样产生的呢？为什么在现代俄国相当根深蒂固呢？

这两种乌托邦的产生反映了这样一些阶级的利益，它们进行反对旧制度、反对农奴制、反对政治压迫，一句话，"反对普利什凯维奇之流"的斗争，而在这种斗争中，它们又没有取得独立的地位。乌托邦、幻想，就是这种不独立性，这种**软弱性**的产物。沉迷于幻想是**弱者**的命运。

自由派资产阶级，尤其是自由派资产阶级知识分子，不能不追求自由和法制，因为没有自由和法制，资产阶级的统治就不彻底，不完整，没有保证。但是资产阶级害怕群众运动**甚于**害怕反动势力。因此，自由派在政治上就表现出惊人的、不可思议的**软弱**和十足的无能。因此，自由派的全部政策永远是模棱两可、虚伪不堪、假仁假义、躲躲闪闪的，他们**必须**玩弄民主的把戏才能把群众争取过去，同时他们又极端反对民主，极端仇视群众运动，仇视群众的创举和首倡精神，仇视他们那种如马克思形容19世纪欧洲一次群众运动时所说的

"冲天"的气魄①。

自由派的乌托邦是俄国政治解放事业中的软弱无能的乌托邦，是那些唯利是图，想同普利什凯维奇之流"和平"分享特权并把这种高贵的愿望诡称为俄国民主派"和平"胜利论的富豪们的乌托邦。自由派的乌托邦是这样一种幻想，既要战胜普利什凯维奇之流而又不使他们遭受伤害，既要摧毁他们而又不使他们感到痛苦。很明显，**这种**乌托邦之所以有害，不仅由于它是乌托邦，而且由于它**腐蚀**群众的民主主义意识。相信**这种**乌托邦的群众，永远也不会争得自由；这样的群众不配享受自由；这样的群众完全应该受普利什凯维奇之流的嘲弄。

民粹派和劳动派的乌托邦，是处在资本家和雇佣工人之间的小业主的一种试图不通过阶级斗争而消灭雇佣奴隶制的幻想。当经济解放问题也如现时政治解放问题这样成为俄国当前的**迫切**问题的时候，民粹派的乌托邦的害处就**不亚于**自由派的乌托邦的了。

但是，现在俄国所处的时代还是资产阶级改革的时代，而不是无产阶级改革的时代；**彻底**成熟了的问题不是无产阶级经济解放的问题，而是政治自由即（就其实质来说）充分的资产阶级自由的问题。

即使在后面这个问题上，民粹派的乌托邦也起着一种特殊的历史作用。这种乌托邦在重分土地应有（和将有）什么经济结果的问题上虽然是一种空想，但是它却是农民群众，即在资产阶级农奴制的现代俄国占人口**多数**的群众的波澜壮阔的**民主主义**高涨的产物和**征兆**（在纯粹资产阶级的俄国，也像在纯粹资产阶级的欧洲一样，农民是不会占人口多数的）。

---

①见《马克思恩格斯选集》第4卷人民出版社1972年版第393页。——编者注

自由派的乌托邦腐蚀群众的民主主义意识。民粹派的乌托邦则腐蚀群众的**社会主义**意识,但它却是群众民主主义高涨的产物和征兆,甚至在某种程度上是这种高涨的表现。

民粹派和劳动派在俄国土地问题上,用来作为反对资本主义的手段的是,他们提出并推行最彻底最坚决的资本主义办法。这就是历史的辩证法。重分土地的"平均制"是乌托邦,但是**重分土地必须与一**切旧的,即地主的、份地的、"官家的"土地占有制完全决裂,这却是最需要的、经济上进步的、对于俄国这样的国家最迫切的资产阶级民主主义的办法。

应该记住恩格斯的名言:

"在经济学的形式上是错误的东西,在世界历史上却可以是正确的。"①

恩格斯的这个深刻论断是针对空想社会主义说的:这种社会主义在经济学的形式上是"错误的"。这种社会主义所以是"错误的",因为它认为从交换规律的观点来看,有剩余价值是**不公平的**。资产阶级政治经济学的理论家反对**这种**社会主义,在经济学的形式上则是正确的,因为由交换规律产生剩余价值是完全"自然的",完全"公平的"。

但是,空想社会主义在世界历史上却是**正确的**,因为它是由资本主义产生的那个阶级的征兆、表现和先声;现在,在20世纪初,这个阶级已成长为能够消灭资本主义并且正在为此坚决奋斗的巨大力量。

在评价俄国的(也许不仅是俄国一国的,而且是在20世纪发生

---

①见《马克思恩格斯全集》第1版第21卷第209页。——编者注

资产阶级革命的许多亚洲国家的）现代民粹派或劳动派的乌托邦的时候，必须记住恩格斯的这个深刻论断。

民粹派的**民主主义**在经济学的形式上是错误的，而在**历史**上却是正确的；**这种**民主主义作为社会主义乌托邦是错误的，但是，作为农民群众的特殊的、有历史局限性的民主主义斗争的表现，却是**正确的**，因为这种斗争是资产阶级改革不可或缺的因素，同时是这一改革获得全胜的条件。

自由派的乌托邦教农民群众放弃斗争。民粹派的乌托邦则反映了农民群众斗争的愿望，答应胜利以后让他们享受千万种福利，尽管这种胜利实际上只能给他们一百种福利。但是，世世代代处在闻所未闻的黑暗、匮乏、贫困、肮脏、被遗弃、被欺压的境遇中的奋起斗争的千百万民众，把可能得到的胜利果实夸大十倍，这难道不是很自然的吗？

自由派的乌托邦是对新剥削者企图与旧剥削者分享特权的这种私欲的掩饰。民粹派的乌托邦是千百万小资产阶级劳动者要求**根本**消灭封建旧剥削者的愿望的反映，也是他们要把资本主义新剥削者"一并"消灭掉的虚幻的冀望。

————

很明显，马克思主义者反对**一切**乌托邦，应当坚持本阶级的独立性。这个阶级之所以能够**奋不顾身地**反对封建制度，正是因为它丝毫没有"落入"那种使资产阶级不可能彻底反对封建主，而且往往同封建主结成联盟的私有制的"网"。而农民"落入了"小商品生产的"网"；他们在顺利的历史情况下，**能够**做到完全消灭封建制度，但他们**永远**在资产阶级与无产阶级之间，自由主义与马克思主义之间摇摆不定，却不是偶然的，而是必然的。

很明显,马克思主义者应当剔除民粹派乌托邦中的糟粕,细心剥取它所包含的农民群众的真诚的、坚决的、战斗的民主主义的健康而宝贵的内核。

从19世纪80年代老的马克思主义著作中,可以看到为取得这种宝贵的民主主义内核一贯所作的努力。总有一天,历史学家会系统地研究这种努力,并且考察出这种努力同20世纪前10年内被称为"布尔什维主义"的那种思潮的联系。

选自《列宁全集》第2版第22卷
第129—134页

资本主义社会的贫困化

（1912年11月30日〔12月13日〕）

资产阶级改良主义者，以及跟在他们后面的社会民主党队伍里的某些机会主义者硬说，资本主义社会没有发生群众的贫困化。所谓"贫困化的理论"是不正确的：群众的物质福利虽然增长很慢，但是在增长着；有产者同无产者之间的鸿沟不是在加深，而是在缩小。

近来，这类论断的谬误已经在大众面前暴露无遗了。生活费用在不断飞涨。**即使**在工人进行了最顽强而且**非常**成功的罢工斗争的情况下，工人工资的增加还是比劳动力必要费用的增加慢得多。与此同时，资本家的财富却在飞速地增长着。

就拿德国的某些材料来说吧。——那里工人的生活状况远胜于俄国，那是由于有比较高的文化水平，有**罢工**和结社的**自由**，有政治自由，以及由于有几百万工会会员和几百万工人报纸的读者。

根据资产阶级社会政治家从官方得来的材料，德国工人的工资，在最近30年中平均增加了25％。而在同一时期，生活费用**至少**上涨了40％！！

食品、衣服、燃料和住房的费用都涨了。工人的贫困化是**绝对的**，就是说，他们确实愈来愈穷，不得不生活得更坏，吃得更差，更吃不

列宁在本文中指出，资本主义社会的财富以难以置信的速度增长着，与此同时工人群众却日益贫困化。一方面，工人的贫困化是绝对的，另一方面，工人在社会收入中所得的份额日益减少，也就是说，工人的相对贫困化更为明显。

饱,更多的人栖身在地窖里和阁楼上。

但是,工人的**相对**贫困化,即他们在社会收入中所得**份额**的减少更为明显。工人在财富迅速增长的资本主义社会中的**比**重愈来愈小,因为百万富翁的财富增加得愈来愈快了。

在俄国没有所得税,没有关于社会富裕阶级财富增长情况的材料。我国更为悲惨的实际情况被一层帷幕,一层愚昧无知、没有公开性的帷幕遮盖起来了。

在德国有关于有产阶级财富的确切材料。例如,在普鲁士被列为**第一等**的、总数为100亿马克(50亿卢布)的应纳税财产,在1902年属于1 853人所有;而在1908年则属于1 108人所有。

最大富翁的数目减少了,他们的财富却增加了。1902年,他们每人的平均财产是500万马克(250万卢布),而1908年达到了900万马克(450万卢布)!

人们常谈到"1万个上层分子"。普鲁士"21 000个上层"富翁拥有财产135亿马克,而其余130万个应纳税的财产所有者总共只拥有30亿马克。

普鲁士4个特大的百万富翁(1个公爵、1个大公、2个伯爵)1907年共有财产14 900万马克,而1908年竟达48 100万马克。

资本主义社会的财富以难于置信的速度增长着,与此同时工人群众却日益贫困化。

选自《列宁全集》第2版第22卷
第239—240页

亚洲的觉醒

（1913年5月7日〔20日〕）

中国不是早就被公认为是长期完全停滞的国家的典型吗?但是现在中国的政治生活沸腾起来了,社会运动和民主主义高潮正在汹涌澎湃地发展。继俄国1905年的运动之后,民主革命席卷了整个亚洲——席卷了土耳其、波斯、中国。在英属印度,动乱也在加剧。

值得注意的是:革命民主运动现在又遍及荷属印度①,即爪哇岛及其他荷属殖民地,人口共达4 000万。

这个民主运动的代表者:第一是爪哇的人民群众,他们在伊斯兰教旗帜下掀起了民族主义运动;第二是资本主义在已经习惯了当地风土人情的欧洲人中间培养的当地知识分子,这些欧洲人主张荷属印度独立;第三是爪哇和其他岛上的数量很多的华侨,他们从本国带来了革命运动。

荷兰马克思主义者万拉维斯泰因在描述荷属印度的这种觉醒时指出,荷兰政府历来的暴政与专横现在正遭到土著居民群众的坚决反击和抗议。

革命前夕常见的现象出现了:各种社团和政党以惊人的速度在

列宁在本文中高度评价了亚洲被压迫被奴役国家的人民为争取人的起码权利、为争取民主而进行的斗争,指出亚洲的觉醒和欧洲先进无产阶级夺取政权斗争的开始,标志着20世纪初所开创的全世界历史的一个新阶段。

---

①即印度尼西亚。——编者注

产生。政府加以禁止,但却激起更大的怒火,激起运动更加蓬勃的发展。例如,不久前荷兰政府解散了"印度党"[33],因为该党的章程和纲领提出了争取**独立**的要求。荷兰的"杰尔席莫尔达"[34](顺便说说,教权派和自由派都是赞成他们的,因为欧洲自由主义已经腐朽了!)认为这是想脱离荷兰的罪恶要求!当然,被解散了的政党在改换了名称之后又恢复了活动。

在爪哇,产生了土著人的民族协会[35],这个协会已有8万名会员,并组织了群众大会。民主运动的发展是不可遏止的。

世界资本主义和俄国1905年的运动终于唤醒了亚洲。几万万受压制的、由于处于中世纪的停滞状态而变得粗野的人民觉醒过来了,他们走向新生活,为争取人的起码权利、为争取民主而斗争。

世界各先进国家的工人以关切、兴奋的心情注视着全球各地各种形式的世界解放运动的这种气势磅礴的发展。被工人运动的力量吓坏了的欧洲资产阶级,投到反动势力、军阀、僧侣主义和蒙昧主义的怀抱里去了。但是,欧洲各国的无产阶级以及亚洲各国年轻的、对自己力量充满信心、对群众充满信任的民主派,正在起来代替这些气息尚存但已日趋腐朽的资产阶级。

亚洲的觉醒和欧洲先进无产阶级夺取政权斗争的开始,标志着20世纪初所开创的全世界历史的一个新阶段。

选自《列宁全集》第2版第23卷
第160—161页

1924年12月20日《新青年》季刊第4号封面和该刊所载列宁《亚洲的觉醒》
和《落后的欧洲和先进的亚洲》两文的中译文

落后的欧洲和先进的亚洲

（1913年5月10日〔23日〕）

把标题中的这两个词组作对比，似乎是不合情理的。谁不知道欧洲先进，亚洲落后呢？但是用做本文标题的这两个词组却包含着一个辛辣的真理。

技术十分发达、文化丰富全面、实行立宪、文明又先进的欧洲，已经进入这样一个历史时期，这时当权的资产阶级由于惧怕日益成长壮大的无产阶级而支持一切落后的、垂死的、中世纪的东西。正在衰朽的资产阶级与一切已经衰朽的和正在衰朽的势力联合起来，以求保存摇摇欲坠的雇佣奴隶制。

在先进的欧洲，当权的是支持一切落后东西的资产阶级。当今欧洲之所以先进，并不是**由于**资产阶级的存在，而是由于**不顾**资产阶级的反对，因为只有无产阶级才能使争取美好未来的百万大军日益壮大起来，只有它才能保持和传播对落后、野蛮、特权、奴隶制和人侮辱人现象的无情的仇视心理。

在"先进的"欧洲，**只有**无产阶级才是**先进的**阶级。而活着的资产阶级甘愿干一切野蛮、残暴和罪恶的勾当，以维护垂死的资本主义奴

列宁在本文中高度评价亚洲国家的民主革命运动，痛斥欧洲资产阶级为了金融经纪人和资本家的自私目的而支持亚洲的反动势力；指出亚洲革命人民有一切文明国家里的无产阶级做他们的可靠同盟者，无产阶级的胜利一定能使欧洲各国人民和亚洲各国人民都获得解放。

隶制。

　　欧洲资产阶级为了金融经纪人和资本家骗子的自私目的而支持亚洲的**反动势力**,这可以说是**整个**欧洲资产阶级已经腐朽的一个最明显不过的例子。

　　在亚洲,强大的民主运动到处都在发展、扩大和加强。那里的资产阶级**还**在同人民一起反对反动势力。**数亿人正在觉醒起来**,追求生活,追求光明,追求自由。这个世界性的运动使一切懂得只有通过民主才能达到集体主义的觉悟工人多么欢欣鼓舞!一切真诚的民主主义者对年轻的亚洲是多么同情!

　　而"先进的"欧洲呢?它掠夺中国,帮助中国那些反对民主和自由的人!

　　请看一笔很简单而又很有教益的账吧。为了**反对**中国的民主派,已经签订向中国提供一笔新借款的契约,因为"欧洲"**支持**准备实行军事独裁的袁世凯。为什么它要支持袁世凯呢?因为这是一笔有利可图的生意。借款数目将近25 000万卢布,但要按100卢布折合84卢布的行市计算。这就是说,"欧洲"资产者**实际付给**中国人21 000万卢布;而他们向公众则要去22 500万卢布。你看,在几星期内,一下子就赚得**1 500万卢布**的纯利!这岂不确实是一笔很大的"**纯**"利吗?

　　要是中国人民不承认这笔借款呢?中国不是建立了共和制而国会中的多数又**反对**这笔借款吗?

　　啊,那时"先进的"欧洲就会大喊什么"文明"、"秩序"、"文化"和"祖国"!那时它就会出动**大炮**,并与那个冒险家、卖国贼、反动势力的朋友袁世凯勾结起来扼杀"落后的"亚洲的共和制!

　　整个欧洲的当权势力,整个欧洲的资产阶级,都是与中国的一切反动势力和中世纪势力**勾结在一起**的。

但整个年轻的亚洲,即亚洲数亿劳动者,却有着一切文明国家里的无产阶级做他们的可靠的同盟者。世界上没有任何力量能阻止无产阶级的胜利,而这一胜利一定能把欧洲各国人民和亚洲各国人民都解放出来。

选自《列宁全集》第2版第23卷
第165—167页

资本主义和工人移民

（1913年10月29日〔11月11日〕）

资本主义创造了一种特殊的移民方式。工业迅速发展的国家大量采用机器，把落后国家排挤出世界市场，同时又把工资提高到平均工资水平以上，从落后国家招收雇佣工人。

这样，数以万计的工人就奔向几百几千俄里以外的地方。先进的资本主义强行将他们纳入自己的发展轨道，使他们离开穷乡僻壤去参加全世界历史性的运动，使他们面对一个强大的联合起来的国际工业主阶级。

毫无疑问，只有极端的贫困才迫使人们背井离乡；毫无疑问，资本家剥削移民工人丧尽天良。但是，只有反动派才会无视当前这种移民的**进步**意义。不进一步发展资本主义，不在资本主义基地上进行阶级斗争，就谈不到也不可能摆脱资本的压迫。也正是资本主义吸引**全**世界劳动群众参加这场斗争，不断打破地方生活的沉寂和保守状态，消除民族间的隔阂和偏见，把来到美国、德国和其他国家最大的工厂和矿山的各国工人联合起来。

各国中以美国输入工人最多。下面是向美国移民的人数的

列宁在本文中指出，资本主义工业迅速发展，创造了一种特殊的移民方式，即从落后国家招收雇佣工人并强行将他们纳入自己的发展轨道。但这种移民也具有进步意义：这些移民被强迫去学习文明，加入先进的国际无产阶级大军行列，从而使各国工人团结成一支全世界的解放力量。

材料：

1821—1830年的10年间························ 99 000人
1831—1840年的10年间·······················496 000人
1841—1850年的10年间·····················1 597 000人
1851—1860年的10年间·····················2 453 000人
1861—1870年的10年间·····················2 064 000人
1871—1880年的10年间·····················2 262 000人
1881—1890年的10年间·····················4 722 000人
1891—1900年的10年间·····················3 703 000人
1901—1909年的 9年间·····················7 210 000人

移民增加，十分迅速，并且有增无减。1905—1909年的5年间，平均每年到美洲的移民(这里仅指美国)达**100万人以上**。

此外，值得注意的是移民(即移居美国的侨民)成分的变化。1880年以前，大部分是所谓**老**侨民，来自文明古国英国、德国、一部分来自瑞典。即使到了1890年，英德侨民的总数也还超过侨民总数的一半。

从1880年起，来自东欧和南欧即奥地利、意大利和俄国的所谓**新**侨民开始猛增。这三个国家在美国的侨民人数如下：

1871—1880年的10年间·······················201 000人
1881—1890年的10年间·······················927 000人
1891—1900年的10年间·····················1 847 000人
1901—1909年的 9年间·····················5 127 000人

因此，在整个生活制度中农奴制残余保留得最多的旧世界最落后的国家，可以说，被强迫去学习文明。美国资本主义使落后的东欧(其中包括俄国，1891—1900年它提供的移民为594 000人，1900—1909年则为1 410 000人)的数百万工人摆脱了半中世纪状态，加入了先进的国际无产阶级大军的行列。

去年出版了一本很有教益的英文书《移民与劳动》,该书作者古尔维奇作了很有意义的考察。1905年革命后,移居美国的人数激增(1905年是100万,1906年是120万,1907年是140万,1908—1909年达190万)。在俄国经历过各种罢工的工人,把更勇敢、更具有进攻性的群众性罢工的精神也带到了美国。

俄国把自己的一部分优秀工人送到国外,而本身却愈来愈落后了;美国由于从世界各国吸收了最积极、劳动力最强的工人而日益迅速向前发展[①]。

德国和美国的发展水平大体相同,它从一个输出工人的国家变成为招收他国工人的国家。1881—1890年的10年间,自德国移居美国的达1 453 000人,1901—1909年的9年,就减少到310 000人了。1910—1911年,在德国的外国工人是695 000人,而1911—1912年就有729 000人。如果我们看看这些人的职业和国籍的分布,就会得到下列情况:

1911—1912年德国的外籍工人(单位千)		
	在农业方面	在工业方面	共　计
来自俄国…………………… 274	34	308
来自奥地利………………… 101	162	263
来自其他国家……………… 22	135	157
共　计………………… 397	331	728

国家愈是落后,它所提供的未经训练的、"干粗活的"农业工人就

[①]除美国外,其他美洲国家也在迅速前进。去年,到美国去的移民将近25万,到巴西去的将近17万,到加拿大去的达20多万,全年共计62万。

愈多。先进的民族可以说总是捞取好的工种,把坏的工种留给半开化的国家。欧洲("其他国家")总共给德国提供了157 000名工人,其中 $\frac{8}{10}$ **以上**(157 000人中有135 000人)是产业工人。落后的奥地利提供的产业工人只占 $\frac{6}{10}$(263 000人中有162 000名产业工人)。最落后的俄国总共只提供 $\frac{1}{10}$ 的产业工人(308 000人中有34 000名产业工人)。

可见,俄国因为落后到处挨打。但是,俄国工人比起其他国家的人民来,就更加努力地摆脱这种落后和野蛮的状态,更能给祖国的这些"可爱"特征以坚决的反击,更能紧密地同各国工人团结成一支全世界的解放力量。

资产阶级唆使一个民族的工人反对另一个民族的工人,千方百计分裂他们。觉悟的工人懂得,消除资本主义所造成的各民族间的隔阂具有必然性和进步性,因此他们正在竭力帮助启发落后国家的同志,并使他们组织起来。

选自《列宁全集》第2版第24卷
第95—98页

关于无产阶级和战争的报告[36]（节选）

（1914年10月1日〔14日〕）

报　　道

当前的战争是帝国主义战争，这就是这场战争的基本性质。

为了弄清这种性质，必须研究一下以前的各次战争是怎么回事，帝国主义战争又是怎么回事。

列宁相当详细地分析了18世纪末和整个19世纪的各次战争的性质。这些战争都是**民族战争**，它们总是伴随着并且促进民族国家的建立。

这些战争标志着封建制度的崩溃，反映了新的资产阶级社会同封建社会的斗争。民族国家是资本主义发展中的一个必经阶段。争取民族自决、民族独立、语言自由和人民代议制的斗争，目的就是为了建立民族国家，建立这个在资本主义的一定阶段上发展生产力所必需的基础。

从法国大革命起直到意大利的和普鲁士的多次战争，其性质都是如此。

民族战争的这个任务，有的由民主派本身完成，有的在俾斯麦

列宁在报告中分析了第一次世界大战的性质，指出这场战争不是过去那种民族战争，而是帝国主义战争。资本主义已经达到自己的最高形式，在本国范围内已经容纳不下，所以要争夺地球上剩下的最后一些未被占据的地盘。因此，19世纪末和20世纪初的特征是帝国主义政治。

的帮助下完成，——这是不以战争参加者本身的意志和意识为转移的。使现代文明获得胜利，使资本主义繁荣昌盛，把全体人民和各个民族都吸引到资本主义方面来——这就是民族战争即资本主义初期的战争的目的。

帝国主义战争是另外一回事。在这一点上，一切国家和一切派别的社会党人之间过去没有什么意见分歧。在历次代表大会上讨论对可能爆发的战争应采取的态度的决议案时，大家都一致地认为这次战争将是**帝国主义战争**。所有欧洲国家都已经达到同等的资本主义发展阶段，它们都已经提供了资本主义所能提供的一切。资本主义已经达到自己的最高形式，输出的已经不是商品，而是资本了。资本主义在本国范围内已经容纳不下，所以现在便来争夺地球上剩下的最后一些未被占据的地盘。如果说18世纪和19世纪的民族战争曾标志着资本主义的开始，那么帝国主义战争则表明资本主义的终结。

整个19世纪末和20世纪初都充满了帝国主义的政治。

帝国主义给当前的战争打上完全不同的烙印，把它和以往所有的战争区别开来。

只有把这次战争同它的特殊历史环境联系起来加以考察，像马克思主义者必须做到的那样，我们才能弄清自己对它应采取的态度。否则我们就会搬用那些在另一种环境中、在旧的环境中使用的陈旧的概念和论据。关于祖国的概念和上面提到的把战争划分为防御性战争和进攻性战争，就属于这类陈腐的概念。

当然，就是在当前，在活生生的现实画面上也还残留着旧色彩的斑痕。例如，在所有交战国当中，唯有塞尔维亚人还在为民族生存而战。在印度和中国，觉悟的无产者也只能走民族的道路，因为他们的国家还没有形成为民族国家。如果中国为此而不得不进行进攻性战争的话，我们也只能加以支持，因为这在客观上将是进步的战争。马克思在1848年所以可以宣传对俄国的进攻性战争，道理也就在这里。

总之，19世纪末和20世纪初的特征是帝国主义政治。

帝国主义是资本主义完成了它所能完成的一切而转向衰落的这样一种状态。这是一个并非社会党人虚构，而是存在于实际关系之中的特殊的时代。当前的斗争就是为了瓜分剩下的一点地盘。这是资本主义的最后一项历史任务。这个时代将延续多久，我们无法断言。这样的战争可能会爆发若干次，但是必须清楚地认识到，这完全不是过去那种战争，因此，社会党人面临的任务也在发生变化。

选自《列宁全集》第2版第26卷
第34—36页

打着别人的旗帜[37]（节选）

（1915年1月以后）

二

　　亚·波特列索夫给自己的文章加的标题是：《在两个时代的交界点》。无可争辩，我们是生活在两个时代的交界点；因此，只有首先分析从一个时代转变到另一个时代的客观条件，才能理解我们面前发生的各种重大历史事件。这里谈的是大的历史时代。每个时代都有而且总会有个别的、局部的、有时前进、有时后退的运动，都有而且总会有各种偏离运动的一般型式和一般速度的情形。我们无法知道，一个时代的各个历史运动的发展会有多快，有多少成就。但是我们能够知道，而且确实知道，**哪一个阶级**是这个或那个时代的中心，决定着时代的主要内容、时代发展的主要方向、时代的历史背景的主要特点等等。只有在这个基础上，即首先考虑到各个"时代"的不同的基本特征（而不是个别国家的个别历史事件），我们才能够正确地制定自己的

　　这是列宁批判孟什维克首领波特列索夫的错误观点的文章。在节选的部分，列宁运用马克思主义观点科学判断时代特征，把法国大革命以来资本主义的发展划分为三个历史时代：第一个时代（1789—1871年）是资产阶级崛起并获得完全胜利的时代，是资产阶级的上升时期；第二个时代（1871—1914年）是资产阶级取得完全统治而走向衰落的时代，是新的阶级即现代民主派准备和慢慢聚集力量的时代；第三个时代（1914年以后）刚刚开始，是帝国主义时代，是帝国主义发生动荡和由帝国主义引起动荡的时代。

策略；只有了解了某一时代的基本特征，才能在这一基础上去考虑这个国家或那个国家的更具体的特点。

亚·波特列索夫和考茨基(他的文章[38]登在同一期的《我们的事业》杂志[39]上)的诡辩的根本之点，或者说，他们两人的、使他们两人得出了不是马克思主义的而是民族自由主义的结论的根本的历史性错误，正是在这一方面。

问题在于，亚·波特列索夫举出的1859年意大利战争这个他"特别有兴趣"的例子，以及考茨基列举的历史上的许多**类似的**例子，"**恰恰不属于**"我们生活于其"交界点"的"**两个**历史时代"。我们正在进入(或者说已经进入，但还处在开始阶段)的时代，我们可以把它叫做现代(或第三个时代)。我们刚刚走过的时代，叫做昨天的时代(或第二个时代)。这样，亚·波特列索夫和考茨基举出例子的那个时代，我们就得把它叫做前天的时代(或第一个时代)。亚·波特列索夫和考茨基的议论所以都是令人厌恶的诡辩和难以容忍的谎言，就因为它们用前天的时代(第一个时代)的条件来偷换现代(第三个时代)的条件。

下面就来说明一下。

通常把历史时代划分为：(1)1789—1871年；(2)1871—1914年；(3)1914—?。这种分期，在马克思主义的文献里被多次引用过，考茨基不止一次地重复过，亚·波特列索夫在自己的文章里也采用了。当然，这里的分界线也同自然界和社会中所有的分界线一样，是有条件的、可变的、相对的，而不是绝对的。我们只是大致地以那些特别突出和引人注目的历史事件作为重大的历史运动的里程碑。第一个时代是从法国大革命到普法战争；这是资产阶级崛起的时代，是它获得完全胜利的时代。这是资产阶级的上升时期，是一般资产阶级民主运动特别是资产阶级民族运动的时代，是已经过时的封建专制制度迅速崩溃的时代。第二个时代是资产阶级取得完全统治而走向衰落的时代，是从进步的资产阶级转变为反动的甚至最反动的金融资本的时代。这是新的阶级即现代民主派准备和慢慢聚集力量的时代。第三个时代刚刚开始；这个时代使资产阶级处于相当于封建主在第一个时代所处的同样的"地位"。这是帝国主义时代，是帝国主义发生动荡和由帝国主义引起动荡的时代。

正是考茨基自己在一系列文章和在《取得政权的道路》这本小册子里(1909年出版)，十分明确地描述了正在到来的第三个时代的基本特征，指出了这个时代同第二个时代(昨天的时代)的根本区别，承认由于客观历史条件的变化，现代民主派的当前任务以及斗争的条件和形式已经改变。现在，考茨基把自己过去崇拜的东西付之一炬[40]，而最令人难以置信地、最不体面地、最无耻地改变了立场。在上述的小册子里，他直截了当地谈到了战争临近的征兆，而且谈的正是在1914年成为事实的这种战争。只要把这本小册子的好些地方同考茨基今天的大作对比一下，就足以十分明显地看出考茨基已经背叛了他自己原来的信念和庄严声明。在这方面，考茨基并不是唯一的一个例子(甚至也不只是德国特有的例子)，而是在危机的时刻投到资产阶级方面去的现代民主派整个上层的典型代表。

亚·波特列索夫和考茨基所举的历史上的例子，全都属于第一个时代。不但在1855年、1859年、1864年、1866年、1870年的战争时期，而且在1877年(俄土战争)和1896—1897年(土希战争和亚美尼亚骚动)时期，作为历史现象的主要客观内容的，都是资产阶级民族运动，或资产阶级社会摆脱各种封建制度过程中的"痉挛"。那时，在许多先进国家里，还根本谈不上什么现代民主派的真正独立的、与资产阶级过度成熟和衰落的时代相适应的行动。资产阶级是当时的主要阶级,它在这些战争中,在参加这些战争的过程中,处于上升的阶段,唯有它能以压倒的力量去反对封建专制制度。当时,在不同国家里,以各种**有产的**商品生产者阶层为代表的资产阶级,在不同程度上是进步的,有时甚至是革命的(例如1859年时意大利的一部分资产阶级)。而作为这个时代的总的特点的,正是资产阶级的进步性,**就是说**,它同封建制度的斗争还没有完成,没有结束。因此,现代民主派以及他们的代表马克思,当时要遵循支持进步的资产阶级(能够进行斗争的资产阶级)反对封建制度这个无可争辩的原则,去解决"哪一方获胜"即**哪一国的**资产阶级获胜比较有利的问题,这是十分自然的。当时,在战争所涉及的一些主要国家里,人民运动是一般民主运动,也就是说,就其经济内容和阶级内容来说是资产阶级民主运动。因此,当时无法提出**别的**问题,而只能提出这样的问题:哪一国的资产阶级获胜,出现什么样的力量组合,哪一股反动的(阻碍资产阶级崛起的封建专制的)势力失败,才能给现代民主派开辟更广阔的"天地",这是十分自然的。

而且,正如亚·波特列索夫也不得不承认的那样,马克思在"估计"资产阶级民族解放运动而引起的国际冲突时,他所考虑的是:哪一方获胜更能有助于民族运动和一般人民民主运动的"发展"(亚·波特列索夫的文章的第74页)。这就是说,因某些民族中的资产阶级上升到执政地位而发生军事冲突时,马克思像在1848年那样,最关心的是吸引更广泛、更"卑微的"群众,吸引整个小资产阶级,特别是农民以及各贫苦阶级来参加资产阶级民主运动,以扩大和加强这一运动。马克思考虑的是如何扩大运动的社会基础,如何使运动得到发展,正是这种考虑使马克思的彻底民主主义的策略根本不同于拉萨尔的不彻底的、倾向于联合民族主义自由派的策略。

第三个时代的国际冲突,在**形式**上仍同第一个时代的国际冲突一样,但其社会**内容**和阶级**内容**已经根本改变了。客观的历史环境已经完全不同了。

上升的、争取民族解放的资本反对封建制度的斗争,已经被最反动的、衰朽的、过时的、走下坡路的、趋向没落的金融资本反对新生力量的斗争所取代。在第一个时代作为摆脱封建制度的人类**发展**生产力的支柱的资产阶级民族国家这个框子,现在到了第三个时代,已成为生产力进一步发展的**障碍**了。资产阶级从上升的、先进的阶级变成了下降的、没落的、内在死亡的、反动的阶级。现在,上升的阶级——在广阔的历史范围内——已经是全然不同的另一个阶级了。

亚·波特列索夫和考茨基抛弃了这个阶级的观点,向后倒退,重复资产阶级的欺人之谈:似乎资产阶级反对封建制度的进步运动**在今天依然**是历史进程的客观内容。而实际上,现在要**现代**民主派跟着**反动的**帝国主义资产阶级走,是根本办不到的,不管这个资产阶级带着什么样的"色彩"。

在第一个时代,客观上要完成的历史任务是:进步的资产阶级怎样在其反对衰亡的封建制度**主要**代表的斗争中,"利用"国际冲突使整个世界资产阶级民主派赢得最大的胜利。当时,在第一个时代,在半个多世纪以前,被封建制度奴役的资产阶级希望他们"自己的"封建压迫者失败,这是很自然的,也是必然的,况且,这种主要的、中心的、有全欧影响的封建堡垒是为数很少的。所以马克思才要作这样的"估计":在这种具体环境(形势)下,哪个国家的资产阶级解放运动获胜对于破坏**全欧**的封建堡垒**更为重要**。

现在,在第三个时代,全欧性的封建堡垒已经根本不存在了。当然,"利用"冲突也是现代民主派的任务,但是这种**国际性的**利用,与亚·波特列索夫和考茨基的看法相反,其目标不应当是反对某几个国家的金融资本,而应当是反对国际金融资本。而且从事利用的,也不应当是50—100年前处于上升地位的那个阶级。当时所谈的是最先进的资产阶级民主派的"国际行动"(亚·波特列索夫语);而现在,历史地产生的和客观情况提出的这种任务,已经摆在全然不同的另一个阶级面前了。

选自《列宁全集》第2版第26卷
第142—147页

帝国主义是资本主义的最高阶段

(通俗的论述)[41]

(1916年1—6月)

序　言

现在献给读者的这本小册子,是1916年春天我在苏黎世写成

这是列宁系统阐述关于帝国主义的理论的重要著作。在这部著作中,列宁根据马克思主义基本原理,总结了《资本论》问世半个世纪以来世界资本主义的新变化,指出资本主义已经发展到一个新的阶段——帝国主义阶段。列宁运用历史和逻辑统一的方法考察了资本主义垄断形成和发展的过程,把资本主义的新变化概括为五个基本特征,并在此基础上给帝国主义下了科学的定义:帝国主义是发展到垄断组织和金融资本的统治已经确立、资本输出具有突出意义、国际托拉斯开始瓜分世界、一些最大的资本主义国家已经把世界全部领土瓜分完毕这一阶段的资本主义。列宁指出,帝国主义最深厚的经济基础是垄断,但这种垄断不是纯粹的垄断,而是同竞争混合和并存的垄断,在垄断条件下竞争会更激烈、更残酷。在帝国主义阶段,资本主义表现出特有的寄生性和腐朽性,但是,如果以为这种腐朽趋势排除了资本主义的迅速发展,那就错了。实际上,资本主义的发展在这一阶段比从前要快得多,只是发展更加不平衡。帝国主义发展存在两种趋势:迅速发展的趋势和停滞腐朽的趋势。通过对帝国主义经济特征和历史地位的分析,列宁揭示了帝国主义时代资本主义经济和政治发展不平衡的规律,指出帝国主义是无产阶级社会主义革命的前夜。

的。在那里的工作条件下，我自然感到法文和英文的参考书有些不足，俄文参考书尤其缺乏。但是，论述帝国主义的一本主要英文著作，即约·阿·霍布森的书[42]，我还是利用了的，而且我认为是给了它应得的重视。

我写这本小册子的时候，是考虑到沙皇政府的书报检查的。因此，我不但要极严格地限制自己只作理论上的、特别是经济上的分析，而且在表述关于政治方面的几点必要的意见时，不得不极其谨慎，不得不用暗示的方法，用沙皇政府迫使一切革命者提笔写作"合法"著作时不得不采用的那种伊索式的——可恶的伊索式的——语言。

在目前这种自由的日子里，重读小册子里这些因顾虑沙皇政府的书报检查而说得走了样的、吞吞吐吐的、好像被铁钳子钳住了似的地方，真是感到十分难受。在谈到帝国主义是社会主义革命的前夜，谈到社会沙文主义（口头上的社会主义，实际上的沙文主义）完全背叛了社会主义、完全转到资产阶级方面，谈到工人运动的这种分裂是同帝国主义的客观条件相联系的等等问题时，我不得不用一种"奴隶的"语言，现在，只好请关心这类问题的读者去看我那些即将重新刊印的1914—1917年间在国外写的论文。这里要特别指出的是第119—120页①上的一段文字。当时为了用书报检查通得过的形式向读者说明，资本家以及转到资本家方面的社会沙文主义者（考茨基同他们进行的斗争是很不彻底的）怎样无耻地在兼并问题上撒谎，怎样无耻地**掩饰自己的**资本家的兼并政策，我不得不拿……日本做例子！细心的读者不难把日本换成俄国，把朝鲜换成芬兰、波兰、库尔兰、乌

---

① 见本书第207—208页。——编者注

克兰、希瓦、布哈拉、爱斯兰和其他非大俄罗斯人居住的地区。

我希望我这本小册子能有助于理解帝国主义的经济实质这个基本经济问题，不研究这个问题，就根本不会懂得如何去认识现在的战争和现在的政治。

作　者

1917年4月26日于彼得格勒

法文版和德文版序言[43]

一

我在俄文版序言里说过，1916年写这本小册子的时候，是考虑到沙皇政府的书报检查的。现在我不可能把全文改写一遍，而且改写也未必适当，因为本书的主要任务，无论过去或现在，都是根据无可争辩的资产阶级统计的综合材料和各国资产阶级学者的自白，来说明20世纪初期，即第一次世界帝国主义大战前夜，全世界资本主义经济在其国际相互关系上的**总的情况**。

不改写对于先进资本主义国家的许多共产党人来说，在某种程度上甚至不无益处，因为他们根据这本**被沙皇书报检查机关认为合法的**书的例子可以看到，甚至像在目前的美国或在法国，在不久以前几乎所有的共产党人都被逮捕之后，还是有可能和有必要利用共产党人还保有的一点点合法机会，来揭露社会和平主义观点和"世界民主"幻想的极端虚伪性。而在这篇序言中，我只想对这本经过检查的书作一些最必要的补充。

二

本书证明，1914—1918年的战争，从双方来说，都是帝国主义的（即侵略的、掠夺的、强盗的）战争，都是为了瓜分世界，为了瓜分和重新瓜分殖民地、金融资本的"势力范围"等等而进行的战争。

要知道，能够证明战争的真实社会性质，确切些说，证明战争的真实阶级性质的，自然不是战争的外交史，而是对**所有**交战大国统治**阶级**的**客观**情况的分析。为了说明这种客观情况，应当利用的，不是一些例子和个别的材料（社会生活现象极其复杂，随时都可以找到任何数量的例子或个别的材料来证实任何一个论点），而必须是关于**所有**交战大国和**全**世界的经济生活**基础**的材料的**总和**。

我在说明1876年和1914年**瓜分世界**的情况（第6章）以及说明1890年和1913年瓜分世界**铁路**的情况（第7章）时所引用的，正是这样一些驳不倒的综合材料。铁路是资本主义工业最主要的部门即煤炭工业和钢铁工业的结果，是世界贸易和资产阶级民主文明发展的结果和最显著的标志。本书前几章说明了铁路是怎样同大生产，同垄断组织，同辛迪加、卡特尔、托拉斯、银行，同金融寡头联系在一起的。铁路网的分布，这种分布的不平衡，铁路网发展的不平衡，是全世界现代资本主义即垄断资本主义造成的结果。这种结果表明，只要生产资料私有制还存在，在上述**这样的**经济基础上，帝国主义战争是绝对不可避免的。

建筑铁路似乎是一种普通的、自然的、民主的、文化的、传播文明的事业。在那些由于粉饰资本主义奴隶制而得到报酬的资产阶级教授看来，在小资产阶级庸人看来，建筑铁路就是这么一回事。实际上，资本主义的线索像千丝万缕的密网,把这种事业同整个生产资料私有制连结在一起,把这种建筑事业变成对10亿人(殖民地加半殖民地),即占世界人口半数以上的附属国人民,以及对"文明"国家资本的雇佣奴隶进行压迫的工具。

以小业主的劳动为基础的私有制,自由竞争,民主,——所有这些被资本家及其报刊用来欺骗工农的口号,都早已成为过去的东西。资本主义已成为极少数"先进"国对世界上绝大多数居民实行殖民压迫和金融扼杀的世界体系。瓜分这种"赃物"的是两三个世界上最强大的全身武装的强盗(美、英、日),他们把全世界卷入**他们**为瓜分**自己的**赃物而进行的战争。

三

君主制的德国强迫签订的布列斯特-里托夫斯克和约[44],以及后来美、法这些"民主的"共和国和"自由的"英国强迫签订的更残暴得多、卑鄙得多的凡尔赛和约[45],给人类做了一件天大的好事,它们把帝国主义雇用的文丐,把那些虽然自称为和平主义者和社会主义者,但是却歌颂"威尔逊主义"[46],硬说在帝国主义条件下可能得到和平和改良的反动小市民,全都揭穿了。

英德两个金融强盗集团争夺赃物的战争留下的几千万尸体和残废者,以及上述这两个"和约",空前迅速地唤醒了千百万受资产阶级压迫、蹂躏、欺骗、愚弄的民众。于是,在战争造成的全世界的经济破坏的基础上,世界革命危机日益发展,这个危机不管会经过多么长久而艰苦的周折,最后必将以无产阶级革命和这一革命的胜利而告终。

第二国际的巴塞尔宣言[47]在1912年所估计的正是1914年爆发的这样的战争,而不是一般战争(有各种各样的战争,也有革命的战争),——这个宣言现在仍是一个历史见证,它彻底揭露了第二国际英雄们的可耻破产和叛变行为。

因此,我现在把这篇宣言转载在本版的附录里,并且再次请读者注意:这篇宣言中确切、明白、直接地谈到这场即将到来的战争和无产阶级革命之间的联系的那些地方,第二国际的英雄们总是想方设法避开,就像小偷躲避他偷过东西的地方一样。

四

本书特别注意批判"考茨基主义"这一国际思潮,在世界各国代表这一思潮的是第二国际的"最有名的理论家"和领袖(在奥地利是奥托·鲍威尔及其一伙,在英国是拉姆赛·麦克唐纳等人,在法国是阿尔伯·托马等等,等等),以及一大批社会党人、改良主义者、和平主义者、资产阶级民主派和神父。

这个思潮,一方面是第二国际瓦解、腐烂的结果,另一方面是由于整个生活环境而被资产阶级偏见和民主偏见所俘虏的小资产者的意识形态的必然产物。

考茨基及其同伙的这类观点,正好完全背弃了这位著作家在几十年里,特别是在同社会主义运动中的机会主义(伯恩施坦、米勒兰、海德门、龚帕斯等人的机会主义)作斗争时所捍卫的那些马克思主义的革命原理。因此,现在"考茨基派"在全世界都同极端机会主义者

(通过第二国际即黄色国际[48])和资产阶级政府(通过有社会党人参加的资产阶级联合政府)在政治实践上联合起来,这并不是偶然的。

在全世界日益发展的一般无产阶级革命运动,特别是共产主义运动,不能不分析和揭露"考茨基主义"的理论错误。所以要这样做,尤其是因为和平主义和一般"民主主义"在全世界还十分流行,这些思潮虽然丝毫不想冒充马克思主义,但是完全同考茨基及其一伙一样,也在掩饰帝国主义矛盾的深刻性和帝国主义产生革命危机的必然性。所以,无产阶级的政党必须同这些思潮作斗争,把受资产阶级愚弄的小业主和程度不同地处在小资产阶级生活条件下的千百万劳动者从资产阶级那里争取过来。

五

关于第八章——《资本主义的寄生性和腐朽》,有必要说几句话。在本书正文中已经指出:过去是"马克思主义者"、现在是考茨基的战友和"德国独立社会民主党"[49]的资产阶级改良主义政策主要代表人之一的希法亭,在这个问题上,比**露骨的**和平主义者和改良主义者英国人霍布森还后退了一步。现在,整个工人运动的国际性的分裂已经完全暴露出来了(第二国际和第三国际)。这两派之间的武装斗争和国内战争的事实也同样暴露出来了:在俄国,孟什维克和"社会革命党人"[50]支持高尔察克和邓尼金,反对布尔什维克;在德国,谢德曼分子和诺斯克及其一伙同资产阶级一起反对斯巴达克派[51];在芬兰、波兰以及匈牙利等国也是如此。这个有世界历史意义的现象的经济基础是什么呢?

就是资本主义的寄生性和腐朽，而这是资本主义的最高历史阶段即帝国主义所特有的。正如本书所证明的，资本主义现在已经划分出**极少数**特别富强的国家（其人口不到世界人口的$\frac{1}{10}$，即使按最"慷慨"和最夸大的计算，也不到$\frac{1}{5}$），它们专靠"剪息票"来掠夺全世界。根据战前的价格和战前资产阶级的统计，资本输出的收入每年有80—100亿法郎。现在当然更多得多了。

很明显，这种大量的**超额利润**（因为它是在资本家从"自己"国家工人身上榨取的利润之外得来的）**可以**用来**收买**工人领袖和工人贵族这个上层。那些"先进"国家的资本家也确实在收买他们，用直接的和间接的、公开的和隐蔽的办法千方百计地收买他们。

这个资产阶级化了的工人阶层即"工人贵族"阶层，这个按生活方式、工资数额和整个世界观说来已经完全小市民化的工人阶层，是第二国际的主要支柱，现在则是**资产阶级的**主要**社会支柱**（不是军事支柱）。因为这是**资产阶级在工人**运动**中**的真正**代理人**，是资本家阶级的工人帮办（labor lieutenants of the capitalist class），是改良主义和沙文主义的真正传播者。在无产阶级同资产阶级的国内战争中，他们有不少人必然会站在资产阶级方面，站在"凡尔赛派"[52]方面来反对"公社战士"。

如果不懂得这个现象的经济根源，如果不充分认识这个现象的政治意义和社会意义，那么，在解决共产主义运动和即将到来的社会革命的实践任务方面，就会一步也不能前进。

帝国主义是无产阶级社会革命的前夜。从1917年起，这已经在全世界范围内得到了证实。

尼·列宁

1920年7月6日

在最近15—20年中,特别是在美西战争(1898年)[53]和英布战争(1899—1902年)[54]之后,新旧两大陆出版的经济学著作以及政治学著作,愈来愈多地用"帝国主义"这个概念来说明我们所处时代的特征了。1902年,在伦敦和纽约出版了英国经济学家约·阿·霍布森的《帝国主义》一书。作者所持的是资产阶级社会改良主义与和平主义的观点,这同过去的马克思主义者卡·考茨基今天的立场实质上是一样的,但是,他对帝国主义的基本经济特点和政治特点作了一个很好很详尽的说明。1910年,在维也纳出版了奥地利马克思主义者鲁道夫·希法亭的《金融资本》一书[55](俄译本1912年在莫斯科出版)。虽然作者在货币理论问题上有错误,并且书中有某种把马克思主义同机会主义调和起来的倾向,但是这本书对"资本主义发展的最新阶段"(希法亭这本书的副标题)作了一个极有价值的理论分析。实质上,近年来关于帝国主义问题的论述,特别是报刊上有关这个问题的大量文章中所谈的,以及各种决议,如1912年秋的开姆尼茨[56]和巴塞尔两次代表大会的决议中所谈的,恐怕都没有超出这两位作者所阐述的,确切些说,所总结的那些思想的范围……

下面,我们准备对帝国主义的**基本**经济特点的联系和相互关系,作一个简要的、尽量通俗的阐述。至于非经济方面的问题,我们就不谈了,尽管这还是值得一谈的。所引资料的出处及其他注释并不是所有的读者都感兴趣的,所以放在本书的最后。①

---

①在本书中,这些已分别移至当页正文下面作为脚注。——编者注

Империализмъ, какъ высшая стадія капитализма.

(Популярный очеркъ).

За послѣднія 15—20 лѣтъ, особенно послѣ испано-американской (1898) и англо-бурской (1899—1902) войны, экономическая, а также политическая, литература стараго и новаго свѣта все чаще и чаще останавливается на понятіи „империализмъ" для характеристики переживаемой нами эпохи. Въ 1902 году въ Лондонѣ и Нью-Іоркѣ вышло въ свѣтъ сочиненіе англійскаго экономиста Дж. А. Гобсона: „Империализмъ". Авторъ, стоящій на точкѣ зрѣнія буржуазнаго соціалъ-реформизма и пацифизма, — однородной, въ сущности, съ теперешней позиціей бывшаго марксиста К. Каутскаго, — далъ очень хорошее и обстоятельное описаніе основныхъ экономическихъ и политическихъ особенностей имперіализма. Въ 1910 году въ Вѣнѣ вышло въ свѣтъ сочиненіе австрійскаго марксиста Рудольфа Гильфердинга: „Финансовый капиталъ" (рус.

1916年列宁《帝国主义是资本主义的最高阶段》一书手稿第1页

（按原稿缩小）

一　生产集中和垄断

资本主义最典型的特点之一,就是工业蓬勃发展,生产集中于愈来愈大的企业的过程进行得非常迅速。现代工业调查提供了说明这一过程的最完备最确切的材料。

例如在德国,每1 000个工业企业中,雇用工人50人以上的大企业,1882年有3个,1895年有6个,1907年有9个。每100个工人中,这些企业的工人分别占22人、30人、37人。但是生产集中的程度要比工人集中的程度大得多,因为在大企业中劳动的生产率要高得多。蒸汽机和电动机的材料可以说明这一点。拿德国所谓广义的工业(包括商业和交通运输业等在内)来说,情况如下:在3 265 623个企业中,大企业有30 588个,只占0.9%。在1 440万工人中,它们的工人占570万,即占39.4%;在880万蒸汽马力中,它们占有660万马力,即占75.3%;在150万千瓦电力中,它们占有120万千瓦,即占77.2%。

不到1%的企业,竟占有总数$\frac{3}{4}$**以上的**蒸汽力和电力!而297万个小企业(雇佣工人不超过5人的),即占总数91%的企业,却只占有7%的蒸汽力和电力!几万个最大的企业就是一切,数百万个小企业算不了什么。

德国在1907年雇用工人1 000人和1 000人以上的企业,有586个。它们的工人几乎占总数的$\frac{1}{10}$(138万),它们的蒸汽力和电力几乎占总数的$\frac{1}{3}$(32%)。[①]下面我们可以看到,货币资本和银行使极少数最大企业的这种优势变成更强大的而且是名副其实的压倒优势,就是说,几百万中小"业主",甚至一部分大"业主",实际上完全受几百个金融富豪的奴役。

在另一个现代资本主义先进国家北美合众国,生产集中发展得更加迅猛。美国统计把狭义的工业单独列出,并且按全年产值的多少把这种企业分成几类。1904年,产值在100万美元和100万美元以上的最大的企业有1 900个(占企业总数216 180个的0.9%),它们有140万工人(占工人总数550万的25.6%),产值为56亿美元(占总产值148亿美元的38%)。5年之后,即1909年,相应的数字如下:3 060个企业(占企业总数268 491个的1.1%),有200万工人(占工人总数660万的30.5%),产值为90亿美元(占总产值207亿美元的43.8%)。[②]

美国所有企业的全部产值,差不多有一半掌握在仅占企业总数**百分之一**的企业手里!而这3 000个大型企业包括258个工业部门。由此可见,集中发展到一定阶段,可以说就自然而然地走到垄断。因为几十个大型企业彼此之间容易达成协议;另一方面,正是企业的规模巨大造成了竞争的困难,产生了垄断的趋势。这种从竞争到垄断的转变,不说是最新资本主义经济中最重要的现象,也是最重要的现象之一,所以我们必须比较详细地谈一下。但是,我们首先应当消除一个可能产生的误会。

美国的统计材料说:在250个工业部门中有3 000个大型企业。似乎每个部门只有12个规模最大的企业。

---

①数字是根据1911年《德意志帝国年鉴》[57]察恩的文章综合的。

②《美国统计汇编(1912年)》第202页。

但事实上并非如此。并不是每个工业部门都有大企业；另一方面，资本主义发展到了最高阶段，有一个极重要的特点，就是所谓**联合制**，即把不同的工业部门联合在一个企业中，这些部门或者是依次对原料进行加工（如把矿石炼成生铁，把生铁炼成钢，可能还用钢制造各种成品），或者是一个部门对另一个部门起辅助作用（如加工下脚料或副产品，生产包装用品，等等）。

希法亭写道："联合制把各种行情拉平，从而保证联合企业有更稳定的利润率。第二，联合制导致贸易的消除。第三，联合制使技术改进有可能实现，因而与'单纯'企业〈即没有联合的企业〉相比，能够得到更多的利润。第四，联合制使联合企业的地位比'单纯'企业巩固，使它在原料跌价赶不上成品跌价的严重萧条〈营业呆滞，危机〉时期的竞争中得到加强。"①

德国资产阶级经济学家海曼写了一部描述德国钢铁工业中"混合"（即联合）企业的专著，他说："单纯企业由于原料价格高、成品价格低而纷纷倒闭"。结果是：

"一方面剩下几个采煤量达几百万吨的大煤业公司，它们紧密地组成一个煤业辛迪加；其次，是同它们有密切联系的、组成钢铁辛迪加的一些大铸钢厂。这些大型企业每年生产40万吨〈一吨等于60普特〉钢，采掘大量的矿石和煤炭，生产钢制品，有1万个住在工厂区集体宿舍中的工人，有的还有自己专用的铁路和港口。这种大型企业是德国钢铁工业的典型代表。而且集中还在不断地发展。某些企业愈来愈大；同一工业部门或不同工业部门的企业结合为大型企业的愈来愈多，而且有柏林的6家大银行做它们的靠山和指挥者。德国采矿

---

① 《金融资本》俄译本第286—287页。

工业确切地证实了卡尔·马克思关于集中的学说是正确的；诚然，这里指的是用保护性的关税和运费率来保护采矿工业的国家。德国采矿工业已经成熟到可以被剥夺的地步了。"①

这就是一个诚实的(这是一个例外)资产阶级经济学家势必得出的结论。必须指出，他把德国似乎看得很特殊，因为德国工业受到高额保护关税的保护。但是这种情况只能加速集中，加速企业家垄断同盟卡特尔、辛迪加等等的形成。特别重要的是，在自由贸易的国家英国，集中**同样**导致垄断，尽管时间稍晚，形式也许有所不同。请看赫尔曼·莱维教授根据大不列颠经济发展材料写的专著《垄断组织——卡特尔和托拉斯》中的一段话：

"在大不列颠，正是企业的巨大规模和高度技术水平包含着垄断的趋势。一方面，由于集中的结果，对每一企业必须投入大量资本，因此，新企业在必要资本额方面面临着愈来愈高的要求，这就使新企业难以出现。另一方面(我们认为这一点更重要)，每个新企业要想同集中所造成的那些大型企业并驾齐驱，就必须生产大量的过剩产品，而这些产品只有在需求异常增加的时候才能有利地销售出去，否则这种产品过剩就会使价格跌到无论对新工厂或各垄断同盟都不利的程度。"英国和那些有保护关税促进卡特尔化的国家不同，在这里，企业家垄断同盟卡特尔和托拉斯，多半是在互相竞争的主要企业的数目缩减到"一两打"的时候才产生的。"集中对产生大工业垄断组织的影响，在这里表现得十分明显。"②

---

①汉斯·吉德翁·海曼《德国大钢铁工业中的混合企业》1904年斯图加特版第256、278—279页。

②赫尔曼·莱维《垄断组织——卡特尔和托拉斯》1909年耶拿版第286、290、298页。

在半个世纪以前马克思写《资本论》的时候，绝大多数经济学家都认为自由竞争是一种"自然规律"。官方学者曾经力图用缄默这种阴谋手段来扼杀马克思的著作，因为马克思对资本主义所作的理论和历史的分析，证明了自由竞争产生生产集中，而生产集中发展到一定阶段就导致垄断。现在，垄断已经成了事实。经济学家们正在写大堆大堆的著作，叙述垄断的某些表现，同时却继续齐声宣告："马克思主义被驳倒了。"但是，英国有句谚语说得好：事实是顽强的东西，不管你愿意不愿意，你都得重视事实。事实证明：某些资本主义国家之间的差别，例如实行保护主义还是实行自由贸易，只能在垄断组织的形式上或产生的时间上引起一些非本质的差别，而生产集中产生垄断，则是现阶段资本主义发展的一般的和基本的规律。

对于欧洲，可以相当精确地确定新资本主义**最终**代替旧资本主义的时间是20世纪初。在最近出版的一本关于"垄断组织的形成"的历史的综合性著作中，我们看到有下面几段话：

"我们可以从1860年以前的时代里举出资本主义垄断组织的个别例子；从这些例子可以看出现在极常见的那些形式的萌芽；但是这一切无疑还是卡特尔的史前时期。现代垄断组织的真正开始，最早也不过是19世纪60年代的事。垄断组织的第一个大发展时期，是从19世纪70年代国际性的工业萧条开始，一直延续到19世纪90年代初期。"

"如果从欧洲范围来看，60年代和70年代是自由竞争发展的顶点。当时，英国建成了它的那种旧式资本主义组织。在德国，这种组织同手工业和家庭工业展开了坚决的斗争，开始建立自己的存在形式。"

"大转变是从1873年的崩溃时期，确切些说，是从崩溃后的萧条时期开始的；这次萧条在欧洲经济史上持续了22年，只是在80年代初稍有间断，并在1889年左右出现过异常猛烈然而为时甚短的高涨。""在1889—1890年短促的高涨期间,人们大力组织卡特尔来利用行情。轻率的政策使价格比没有卡特尔时提高得更快更厉害,结果所有这些卡特尔差不多全都不光彩地埋葬在'崩溃这座坟墓'里了。后来又经过了5年不景气和价格低落的时期,但是这时笼罩在工业界的已经不是从前那种情绪了。人们已经不把萧条看成什么当然的事情,而认为它不过是有利的新行情到来之前的一种间歇。

于是卡特尔运动进入了第二个时期。卡特尔已经不是暂时的现象,而成了全部经济生活的基础之一。它占领一个又一个的工业部门,而首先是占领原料加工部门。早在19世纪90年代初,在组织焦炭辛迪加(后来的煤业辛迪加就是仿照它建立的)时,卡特尔就创造了后来基本上再没有发展的组织卡特尔的技术。19世纪末的巨大高涨和1900—1903年的危机,至少在采矿和钢铁工业方面,都是第一次完全在卡特尔的标志下发生的。当时人们还觉得这是一种新现象,而现在社会上则普遍认为,经济生活的重大方面通常不受自由竞争的支配,是一种不言而喻的事情了。"[1]

综上所述,对垄断组织的历史可以作如下的概括:(1)19世纪60年代和70年代是自由竞争发展的顶点即最高阶段。这时垄断组织还只是一种不明显的萌芽。(2)1873年危机之后,卡特尔有一段很长的发展时期,但卡特尔在当时还是一种例外,还不稳固,还是一种暂时现象。(3)19世纪末的高涨和1900—1903年的危机。这时卡特尔成了全部经济生活的基础之一。资本主义转化为帝国主义。

---

[1]泰·福格尔施泰因《资本主义工业的金融组织和垄断组织的形成》,见《社会经济概论》1914年蒂宾根版第6部分。参看同一作者所著《英美钢铁工业和纺织工业的组织形式》1910年莱比锡版第1卷。

卡特尔彼此商定销售条件和支付期限等等。它们彼此划分销售地区。它们规定所生产的产品的数量。它们确定价格。它们在各个企业之间分配利润,等等。

德国的卡特尔在1896年约有250个,在1905年有385个,参加卡特尔的企业约有12 000个[①]。但是,大家都承认,这是缩小了的数字。从上面引用的1907年的德国工业统计材料可以看出,单是这12 000个最大的企业,就集中了大约占总数一半以上的蒸汽力和电力。北美合众国的托拉斯在1900年是185个,在1907年是250个。美国的统计把所有的工业企业分为属于个人的和属于合伙商行、公司的。后者在1904年占企业总数的23.6%,在1909年占25.9%,即$\frac{1}{4}$以上。这些企业的工人,在1904年占工人总数的70.6%,在1909年占75.6%,即$\frac{3}{4}$;产值分别是109亿美元和163亿美元,即占总产值的73.7%和79%。

一个工业部门的生产总量,往往有十分之七八集中在卡特尔和托拉斯手中。莱茵—威斯特伐利亚煤业辛迪加在1893年成立时,集中了该地区总采煤量的86.7%,到1910年则已经达到95.4%[②]。这样造成的垄断,保证获得巨额的收入,并导致组成规模极大的技术生产单位。美国著名的煤油托拉斯(美孚油公司),是1900年成立的。"它的资本是15 000万美元。当时发行了1亿美元的普通股票和10 600万美元的优先股票。1900—1907年,每年支付的优先股票的股息分别为:48%、48%、45%、44%、36%、40%、40%、40%,共计36 700万

①里塞尔博士《德国大银行及其随着德国整个经济发展而来的集中》1912年第4版第149页;罗·利夫曼《卡特尔与托拉斯以及国民经济组织今后的发展》1910年第2版第25页。

②弗里茨·克斯特纳博士《强迫加入组织。卡特尔与局外人斗争情况的研究》1912年柏林版第11页。

美元。1882—1907年的纯利为88 900万美元,其中60 600万付股息,其余的作为后备资本。"[①]"钢铁托拉斯(美国钢铁公司)所有企业的职工,在1907年达210 180人。德国采矿工业中最大的企业盖尔森基兴矿业公司(Gelsenkirchener Bergwerksgesellschaft)在1908年有46 048名职工。"[②]钢铁托拉斯在1902年就生产了900万吨钢[③]。它的钢产量在1901年占美国全部钢产量的66.3%,在1908年占56.1%[④]。它的矿石开采量,在1901年占43.9%,在1908年占46.3%。

美国政府专门委员会关于托拉斯的报告中说:"它比竞争者优越,是因为它的企业规模大,技术装备优良。烟草托拉斯从创办的时候起,就竭力在各方面大规模地采用机器来代替手工劳动。为此目的,它收买了与烟草加工多少有关的一切发明专利权,在这方面花费了巨额款项。有许多发明起初是不适用的,必须经过在托拉斯供职的工程师的改进。在1906年年底设立了两个分公司,专门收买发明专利权。为了同一目的,托拉斯又设立了自己的铸造厂、机器厂和修理厂。设在布鲁克莱恩的一个这样的工厂有大约300名工人;这个厂对有关生产纸烟、小雪茄、鼻烟、包装用的锡纸和烟盒等等的发明进行试验,在这里还对各种发明进行改进。"[⑤]"其他托拉斯也雇有所谓技

---

①罗·利夫曼《参与和投资公司。对现代资本主义和有价证券业的研究》1909年耶拿第1版第212页。

②同上书,第218页。

③齐·契尔施基博士《卡特尔与托拉斯》1903年格丁根版第13页。

④泰·福格尔施泰因《组织形式》第275页。

⑤《专门委员会委员关于烟草工业联合公司的报告》1909年华盛顿版第266页。——引自保尔·塔弗尔博士《北美托拉斯及其对技术进步的影响》一书,1913年斯图加特版第48页。

术开发工程师(developping engineers),他们的任务就是发明新的生产方法,进行技术改良的试验。钢铁托拉斯给那些在提高技术或减少费用方面有发明创造的工程师和工人以高额奖金。"[1]

德国的大工业,例如近几十年来获得巨大发展的化学工业,也是这样组织技术改良工作的。到1908年,生产集中的过程已经在这个工业中造成了两大"集团",它们也都按自己的方式逐步走向垄断。起初,这两个集团都是由两对大工厂组成的"双边联盟",各有资本2 000—2 100万马克:一对是美因河畔赫希斯特的前行东……颜料厂和美因河畔法兰克福的卡塞拉公司;另一对是路德维希港苯胺苏打厂和爱北斐特的前拜尔公司。后来,一个集团在1905年,另一个集团在1908年,又各同另一个大工厂达成了协议。结果构成了两个"三边联盟",各有资本4 000—5 000万马克,而且这两个"联盟"已经开始"接近","商定"价格等等。[2]

竞争转化为垄断。生产的社会化有了巨大的进展。就连技术发明和技术改进的过程也社会化了。

从前是各个业主自由竞争,他们是分散的,彼此毫不了解,他们进行生产都是为了在情况不明的市场上去销售,现在则完全不同了。集中已经达到了这样的程度,可以对本国的,甚至像下面所说的,对许多国家以至全世界所有的原料来源(例如蕴藏铁矿的土地)作出大致的估计。现在不但进行这样的估计,而且这些来源完全操纵在一些大垄断同盟的手里。这些同盟对市场的容量也进行大致的估计,并且

---

①同上页脚注⑤,第48—49页。

②里塞尔的上述著作第3版第547页及以下各页。据报纸报道(1916年6月),新近又成立了一个把德国整个化学工业联合起来的大型托拉斯。

根据协议"瓜分"这些市场。它们垄断熟练的劳动力,雇用最好的工程师,霸占交通线路和交通工具,如美国的铁路、欧美的轮船公司。帝国主义阶段的资本主义紧紧接近最全面的生产社会化,它不顾资本家的愿望与意识,可以说是把他们拖进一种从完全的竞争自由向完全的社会化过渡的新的社会秩序。

生产社会化了,但是占有仍然是私人的。社会化的生产资料仍旧是少数人的私有财产。在形式上被承认的自由竞争的一般架子依然存在,而少数垄断者对其余居民的压迫却更加百倍地沉重、显著和令人难以忍受了。

德国经济学家克斯特纳写了一本专论"卡特尔与局外人斗争情况"的著作,所谓"局外人",就是未加入卡特尔的企业家。他给这本著作取名为《强迫加入组织》,其实,如果不粉饰资本主义,就应当说是强迫服从垄断者同盟。单是看看垄断者同盟为了这种"组织"而采取的种种现代的、最新的、文明的斗争手段,也是大有教益的。这些手段有:(1)剥夺原料("……强迫加入卡特尔的主要手段之一");(2)用"同盟"方法剥夺劳动力(即资本家和工会订立合同,使工会只接受卡特尔化企业的工作);(3)剥夺运输;(4)剥夺销路;(5)同买主订立合同,使他们只同卡特尔发生买卖关系;(6)有计划地压低价格(为了使"局外人"即不服从垄断者的企业破产,不惜耗费巨资,在一段时间内按低于成本的价格出售商品。在汽油工业中就有过这样的例子:把价格从40马克压到22马克,差不多压低了一半!);(7)剥夺信贷;(8)宣布抵制。

现在已经不是小企业同大企业、技术落后的企业同技术先进的企业进行竞争。现在已经是垄断者在扼杀那些不屈服于垄断、不屈服于垄断的压迫和摆布的企业了。下面就是这一过程在一位资产阶级经济学家意识中的反映。

克斯特纳写道:"甚至在纯粹经济的活动方面,也在发生某种转变,原先意义上的商业活动转变为投机组织者的活动。获得最大成就的,不是最善于根据自己的技术和商业经验来判断购买者需要,找到并且可以说是'开发'潜在需求的商人,而是那些善于预先估计到,或者哪怕只是嗅到组织上的发展,嗅到某些企业与银行可能发生某种联系的投机天才〈?!〉……"

译成普通人的语言,这就是说:资本主义已经发展到这样的程度,商品生产虽然依旧"占统治地位",依旧被看做全部经济的基础,但实际上已经被破坏了,大部分利润都被那些干金融勾当的"天才"拿去了。这种金融勾当和欺骗行为的基础是生产社会化,人类历尽艰辛所达到的生产社会化这一巨大进步,却造福于……投机者。下面我们会看到,那些对资本帝国主义作小市民式的反动批评的人,怎样"根据这一点"而梦想**开倒车**,恢复"自由的"、"和平的"、"诚实的"竞争。

克斯特纳说:"由卡特尔的组成引起的价格长期上涨,至今还只出现在最重要的生产资料方面,特别是煤、铁和钾碱等方面,而在成品方面则从来没有过。随之而来的收益的增加,同样也只限于生产生产资料的工业。对此还要作一点补充:原料(而不是半成品)加工工业不仅因组成卡特尔而获得高额利润,使那些进一步加工半成品的工业受到损失,而且它还取得了对这一工业的一定的**统治关系**,这是自由竞争时代所没有的。"①

我们作了着重标记的几个字,说明了问题的实质,这个实质是

①克斯特纳的上述著作第254页。

资产阶级经济学家很不愿意而且很少承认的，也是以卡·考茨基为首的当代的机会主义辩护士所竭力支吾搪塞、避而不谈的。统治关系和由此产生的强制，正是"资本主义发展的最新阶段"的典型现象，正是势力极大的经济垄断组织的形成所必然引起而且已经引起的结果。

我们再举一个说明卡特尔如何经营的例子。凡是可以把全部或主要的原料产地抓在手里的地方，卡特尔的产生和垄断组织的形成就特别容易。但是，如果以为在无法霸占原料产地的其他工业部门中不会产生垄断组织，那就错了。水泥工业的原料是到处都有的。但是在德国，就连这个工业也高度卡特尔化了。水泥厂联合成了区域性的辛迪加，如南德辛迪加、莱茵—威斯特伐利亚辛迪加等等。规定了垄断价格：成本为180马克的一车皮水泥，售价竟达230—280马克！企业支付12%—16%的股息，而且不要忘记，现代的投机"天才"除分得股息之外，还能使大量的利润滚进自己的腰包。为了从如此盈利的工业部门中排除竞争，垄断者甚至使用各种诡计：散布谣言，说水泥工业情况很坏；在报上登匿名广告说，"资本家们！当心，别在水泥业投资！"；最后是收买没有参加辛迪加的"局外人"的企业，付给他们6万、8万至15万马克的"出让费"①。垄断组织在一切地方用一切办法为自己开辟道路，从偿付"微薄的"出让费起，直到像美国那样"使用"炸药对付竞争者为止。

用卡特尔消除危机是拼命为资本主义涂脂抹粉的资产阶级经济学家的无稽之谈。相反，在**几个**工业部门中形成的垄断，使**整个**资本主义生产所特有的混乱现象更加厉害，更加严重。作为一般资本主义特点的农业和工业发展不相适应的现象，变得更加严重了。卡特尔

---

① 路·埃施韦格《水泥》，见1909年《银行》杂志58第1期第115页及以下各页。

化程度最高的所谓**重**工业,尤其是煤铁工业的特权地位,使其余工业部门"更加严重地缺乏计划性",正如论述"德国大银行与工业的关系"的最佳著作之一的作者耶德尔斯所承认的那样①。

资本主义的无耻的辩护士利夫曼说:"国民经济愈发展,就愈是转向更带冒险性的企业或国外的企业,转向需要长时间才能发展的企业,或者转向那些只有地方意义的企业。"②冒险性的增大,归根到底是同资本的大量增加有关,资本可以说是漫溢出来而流向国外,如此等等。同时,技术的加速发展,又使国民经济各部门不相适应的因素、混乱和危机的因素日益增加。同一个利夫曼不得不承认说:"大概在不久的将来,人类又会碰到技术方面的一些也会影响到国民经济组织的大变革"……如电力、航空……"在发生这种根本性的经济变动的时候,通常而且照例会有很厉害的投机事业发展起来……"③

危机(各种各样的危机,最常见的是经济危机,但不是只有经济危机)又大大加强了集中和垄断的趋势。我们知道,1900年的危机,是现代垄断组织史上的转折点。关于这次危机的意义,耶德尔斯有一段非常值得注意的论断:

"遭到1900年危机的,除了各主要工业部门的大型企业以外,还有许多在今天说来结构上已经过时了的'单纯'企业〈即没有联合起来的企业〉,它们是乘着工业高涨的浪头浮上来的。价格的跌落,需求的减少,使这些'单纯'企业陷于灾难的境地,这种情况,大型的联合

①耶德尔斯《德国大银行与工业的关系,特别是与冶金工业的关系》59 1905年莱比锡版第271页。

②利夫曼《参与和投资公司》第434页。

③同上书,第465—466页。

企业或者根本没有遇到过,或者仅仅在极短的时期内碰到过。因此,1900年的危机引起的工业集中,其程度远远超过了1873年的危机。1873年的危机虽然也起了一种淘汰作用,使一些较好的企业保存下来,但是在当时的技术水平下,这种淘汰并没有能够使那些顺利地渡过危机的企业获得垄断地位。长期地占据这种垄断地位的,是现在的钢铁工业和电力工业中的大型企业(因为它们的技术复杂,组织分布很广,资本雄厚),而且垄断程度很高;其次是机器制造业以及冶金工业、交通运输业等某些部门的企业,不过垄断程度较低。"[1]

垄断正是"资本主义发展的最新阶段"的最新成就。但是,如果我们不注意到银行的作用,那我们对于现代垄断组织的实际力量和意义的认识,就会是极不充分、极不完全和极其不足的。

二 银行和银行的新作用

银行基本的和原来的业务是在支付中起中介作用。这样,银行就把不活动的货币资本变为活动的即生利的资本,把各种各样的货币收入汇集起来交给资本家阶级支配。

随着银行业的发展及其集中于少数机构,银行就由中介人的普通角色发展成为势力极大的垄断者,它们支配着所有资本家和小业主的几乎全部的货币资本,以及本国和许多国家的大部分生产资料

①耶德尔斯的著作第108页。

和原料产地。为数众多的普通中介人成为极少数垄断者的这种转变，是资本主义发展成为资本帝国主义的基本过程之一，因此，我们应当首先来谈一谈银行业的集中。

在1907—1908年度，德国所有资本在100万马克以上的股份银行，共有存款70亿马克；到1912—1913年度，已达98亿马克。5年中增加了40％，而且这新增加的28亿马克中，有275 000万马克属于57家资本在1 000万马克以上的银行。存款在大小银行中的分配情形如下①：

在存款总额中所占的百分比

	柏　林 9　家 大银行	其余48家 资本在 1 000万马克 以上的银行	115家资本在 100—1 000万 马克的银行	资本不到 100万 马克的 小银行
1907—8年度……	47	32.5	16.5	4
1912—3年度……	49	36	12	3

小银行被大银行排挤，大银行当中仅仅9家银行就差不多集中了所有存款的一半。但是，这里还有许多情况没有考虑进去，例如有许多小银行实际上成了大银行的分行，等等。关于这些下面就要讲到。

据舒尔采-格弗尼茨计算，1913年底，存款总额约为100亿马克，而柏林9家大银行就占了51亿马克。[60]这位作者不仅注意到存款，而且注意到全部银行资本，他写道："1909年年底，柏林9家大银行**及其附属银行**，支配着113亿马克，即约占德国银行资本总额的83％。德

---

①阿尔弗勒德·兰斯堡《五年来的德国银行业》，见1913年《银行》杂志第8期第728页。

意志银行(Deutsche Bank)**及其附属银行**支配着约30亿马克,与普鲁士国有铁路管理局同为旧大陆上资本聚集最多、而且分权程度很高的企业。"①

我们在提到"附属"银行的地方用了着重标记,因为这是最新资本主义集中的最重要的特点之一。大企业,尤其是大银行,不仅直接吞并小企业,而且通过"参与"它们的资本、购买或交换股票,通过债务关系体系等等来"联合"它们,征服它们,吸收它们加入"自己的"集团,用术语说,就是加入自己的康采恩。利夫曼教授写了一本500页的大"著作",描述现代的参与和投资公司②,可惜,这本书里给那些往往未经消化的原始材料加上了十分低劣的"理论"推断。61关于这种"参与"制在集中方面造成的结果怎样,说得最清楚的是银行"活动家"里塞尔那本论德国大银行的著作62。但是,在引用他的材料之前,我们先举一个"参与"制的具体例子。

德意志银行集团,在所有大银行集团当中,不说是最大的集团,也是最大的集团之一。要弄清楚把这一集团所有的银行联系在一起的主要线索,应当区分第一级、第二级和第三级的"参与",或者说是第一级、第二级和第三级的依附(比较小的银行对德意志银行的依附)。具体情况如下③:

---

①舒尔采–格弗尼茨《德国信用银行》,见《社会经济概论》1915年蒂宾根版第12页和第137页。

②罗·利夫曼《参与和投资公司。对现代资本主义和有价证券业的研究》1909年耶拿第1版第212页。

③阿尔弗勒德·兰斯堡《德国银行业中的参与制》,见1910年《银行》杂志第1期第500页。

		第一级依附：	第二级依附：	第三级依附：
德意志银行	始终参与…………	17家银行；	其中有9家又参与34家银行；	其中有4家又参与7家银行
	不定期参与……	5家银行；	——	——
	间或参与…………	8家银行；	其中有5家又参与14家银行；	其中有2家又参与2家银行
	共　计…………	30家银行；	其中有14家又参与48家银行；	其中有6家又参与9家银行

在"间或"隶属于德意志银行的8家"第一级依附"的银行中,有3家国外银行:一家是奥地利的(维也纳的联营银行——Bankverein),两家是俄国的(西伯利亚商业银行和俄国对外贸易银行)。直接和间接地、全部和局部地加入德意志银行集团的,共有87家银行,这个集团所支配的资本,包括自己的和他人的,共有20—30亿马克。

一家银行既然领导着这样一个集团,并且同其他6家稍小一点的银行达成协议,来办理公债之类的特别巨大、特别有利的金融业务,那么很明显,这家银行已经不仅仅扮演"中介人"的角色,而成了极少数垄断者的同盟。

从下面我们简略地摘引的里塞尔的统计材料可以看出,正是在19世纪末和20世纪初,德国银行业的集中发展得多么迅速:

柏林6家大银行拥有的机构

年份	在德国的分　行	存款部和兑换所	始终参与的德国股份银行	机构总数[63]
1895……	16	14	1	42
1900……	21	40	8	80
1911……	104	276	63	450

我们看到,银行渠道的密网扩展得多么迅速,它布满全国,集中所有的资本和货币收入,把成千上万分散的经济变成一个统一的全

国性的资本主义经济,并进而变成世界性的资本主义经济。舒尔采-格弗尼茨在上面那段引文中代表现代资产阶级政治经济学所说的那个"分权",实际上却是愈来愈多的从前比较"独立的"、确切些说是地方性的同外界隔绝的经济单位,隶属于一个统一的中心。其实,这是**集权**,是垄断巨头的作用、意义和实力的加强。

在比较老的资本主义国家中,这种"银行网"更密。英国,包括爱尔兰,1910年所有银行的分行共有7 151个。其中4家大银行各有400个以上的分行(447个至689个),另外还有4家大银行各有200多个分行,11家银行各有100多个分行。

法国**三家**最大的银行里昂信贷银行、国民贴现银行和总公司[64]的业务和分行网发展的情形如下[①]:

	分 行 和 部 所 数 目			资 本 额 (单位百万法郎)	
	在地方上	在巴黎	共计	自有的	他人的
1870年……	47	17	64	200	427
1890年……	192	66	258	265	1 245
1909年……	1 033	196	1 229	887	4 363

为了说明现代大银行"联系"的特点,里塞尔引用了德国和全世界最大的银行之一贴现公司(Disconto-Gesellschaft)(它的资本在1914年已经达到3亿马克)收发信件的统计数字:

	信 件 数 目	
	收到的	发出的
1852年…………	6 135	6 292
1870年…………	85 800	87 513
1900年…………	533 102	626 043

---

①欧根·考夫曼《法国银行业》1911年蒂宾根版第356页和第362页。

巴黎大银行里昂信贷银行的账户数目：在1875年是28 535个，而在1912年就增加到633 539个。[1]

这些简单的数字，也许比长篇大论更能清楚地表明：随着资本的集中和银行周转额的增加，银行的作用根本改变了。分散的资本家合成了一个集体的资本家。银行为某些资本家办理往来账，似乎是在从事一种纯粹技术性的、完全辅助性的业务。而当这种业务的范围扩展到很大的时候，极少数垄断者就控制整个资本主义社会的工商业业务，就能通过银行的联系，通过往来账及其他金融业务，首先**确切地了解**各个资本家的业务状况，然后加以**监督**，用扩大或减少、便利或阻难信贷的办法来影响他们，以至最后**完全决定**他们的命运，决定他们的收入，夺去他们的资本，或者使他们有可能迅速而大量地增加资本等等。

我们刚才谈到柏林的贴现公司有3亿马克的资本。贴现公司资本增加的经过，是柏林两家最大的银行——德意志银行和贴现公司争夺霸权斗争中的一幕。在1870年，德意志银行还是一家新银行，资本只有1 500万马克，贴现公司有3 000万马克。在1908年，前者有资本2亿，后者有资本17 000万。到1914年，前者的资本增加到25 000万，后者因为同另一家第一流的大银行沙夫豪森联合银行合并，资本就增加到了3亿。当然，在进行这种争夺霸权的斗争的同时，这两家银行也订立愈来愈频繁、愈来愈巩固的"协定"。这种发展的进程，使得那些在观察经济问题时决不越出最温和、最谨慎的资产阶级改良主义范围的银行专家，也不得不作出如下的结论。

德国的《银行》杂志就贴现公司资本增加到3亿马克这一点写

---

[1] 让·莱斯居尔《法国储蓄业》1914年巴黎版第52页。

道："其他银行也会跟着走上这条道路的，现在在经济上统治着德国的300人，将会逐渐减到50人、25人甚至更少一些。不要以为最新的集中运动将仅限于银行业。各个银行间的紧密联系，自然会使这些银行所保护的工业家的辛迪加也接近起来……　会有一天，我们一觉醒来，将惊奇地发现我们面前尽是托拉斯，到那时我们必须以国家垄断来代替私人垄断。然而，除了听凭事情自由发展、让股票稍稍加速这种发展以外，我们实在是没有什么别的可以责备自己的。"[1]

这段话是资产阶级政论界束手无策的典型表现，而资产阶级学术界不同的地方，就在于后者不那么坦率，力图掩饰事情的本质，让人只见树木，不见森林。看见集中的后果而感觉"惊奇"，"责备"资本主义德国的政府或资本主义的"社会"（"我们"），害怕采用股票会"加速"集中，例如德国的一个"卡特尔问题"专家契尔施基就害怕美国托拉斯，"宁愿"要德国的卡特尔，因为德国的卡特尔似乎"不会像托拉斯那样过分地加速技术和经济的进步"[2]，——这难道不是束手无策的表现吗？

但是，事实终归是事实。德国没有托拉斯，"只"有卡特尔，但**统治**德国的，不超过300个资本巨头。而且这些巨头的人数还在不断地减少。在任何情况下，在一切资本主义国家，不管有什么样不同的银行法，银行总是大大地加强并加速资本集中和垄断组织形成的过程。

半个世纪以前马克思就在《资本论》里写过："银行制度造成了社会范围的公共簿记和生产资料的公共的分配的形式，但只是形式而

---

①阿·兰斯堡《一家有3亿资本的银行》，见1914年《银行》杂志第1期第426页。
②齐·契尔施基的上述著作第128页。

已。"(俄译本第3卷下册第144页①)我们所引用的关于银行资本的增长、关于最大银行的分支机构数目及其账户数目的增加等材料,都具体地让我们看到了**整个**资本家阶级的这种"公共簿记",而且不仅是资本家阶级的"公共簿记",因为银行所收集的(即使是暂时收集的),是各种各样的货币收入,其中也有小业主的,也有职员的,也有极少数上层工人的。"生产资料的公共的分配",从形式上看来,是从现代银行中**生长出来的**;这种最大的银行在法国不过3家到6家,在德国有6家到8家,它们支配着几十亿几十亿的款额。但是,生产资料的这种分配,就其**内容**来说,决不是"公共的",而是私人的,也就是说,是符合大资本(首先是最大的、垄断的资本)的利益的,因为大资本正是在民众挨饿,农业的整个发展无可救药地落后于工业的发展,工业中"重工业"向其他一切工业部门收取贡赋的条件下活动的。

在资本主义经济社会化方面,储金局和邮政机构开始同银行竞争,它们是更加"分权"的,也就是说,它们把更多的地区、更多的偏僻地方和更广大的居民群众纳入自己的势力范围。下面是美国的一个委员会收集的对比银行和储金局存款增加情况的统计材料②:

存款(单位十亿马克)

	英 国		法 国		德 国		
	银行 存款	储金局 存款	银行 存款	储金局 存款	银行 存款	信贷协 会存款	储金局 存款
1880年 ……………	8.4	1.6	?	0.9	0.5	0.4	2.6
1888年 ……………	12.4	2.0	1.5	2.1	1.1	0.4	4.5
1908年 ……………	23.2	4.2	3.7	4.2	7.1	2.2	13.9

①见《马克思恩格斯全集》第1版第25卷第686页。——编者注
②美国全国金融委员会的材料,见1910年《银行》杂志第2期第1200页。

储金局为了支付4%和4.25%的存款利息,就必须给自己的资本找到"有利的"投资场所,如从事票据、抵押等业务。银行和储金局之间的界限"日益消失"。例如波鸿和爱尔福特的商会,就要求"禁止"储金局经营票据贴现之类的"纯"银行业务,要求限制邮政机构经营"银行"业务①。银行大王好像是在担心国家垄断会不会从意料不到的地方悄悄地钻到他们身旁。不过,这种担心当然没有超出可以说是一个办事处的两个科长之间的竞争。因为储金局的几十亿资本,实际上归根到底是由**同一些**银行资本巨头们支配的,这是一方面;另一方面,在资本主义社会里,国家的垄断不过是提高和保证某个工业部门快要破产的百万富翁的收入的一种手段罢了。

自由竞争占统治地位的旧资本主义,被垄断占统治地位的新资本主义所替代,还表现在交易所作用的降低上面。《银行》杂志写道:"交易所早已不再是必要的流通中介人了,它过去曾经是,因为过去银行还不能把发行的大部分有价证券推销到自己的顾客中间去。"②

"'任何银行都是交易所',——这是一句现代的名言。银行愈大,银行业的集中愈有进展,这句名言所包含的真理也愈多。"③"从前,在70年代,像年轻人那样放荡的交易所〈这是对1873年交易所的崩溃65,对滥设投机公司的丑事66等等所作的一种"微妙的"暗示〉,开辟了德国的工业化时代,而现在银行和工业已经能'独立应付'了。我国大银行对交易所的统治……正表明德国是一个十分有组织的工业国。如果说这样就缩小了自动起作用的经济规律的作用范围,而大大

①美国全国金融委员会的材料,见1913年《银行》杂志第811、1022页;1914年第713页。

②1914年《银行》杂志第1期第316页。

③奥斯卡尔·施蒂利希博士《货币银行业》1907年柏林版第169页。

扩大了通过银行进行有意识的调节的范围,那么少数领导人在国民经济方面所负的责任也就因此而大大加重了。"[1]——德国教授舒尔采-格弗尼茨就是这样写的,这位教授是德国帝国主义的辩护士,是各国帝国主义者眼中的权威,他力图抹杀一件"小事情",即这种通过银行进行的"有意识的调节",就是由极少数"十分有组织的"垄断者对大众的掠夺。资产阶级教授的任务不是暴露全部内幕,不是揭穿银行垄断者的种种勾当,而是加以粉饰。

一位更有威望的经济学家和银行"活动家"里塞尔也完全一样,他用一些言之无物的空话来回避无可否认的事实:"交易所正在愈来愈失去为整个经济和有价证券流通所绝对必需的性能,即不仅作为汇集到它那里的各种经济运动的最准确的测量器,而且作为对这些经济运动几乎自动起作用的调节器。"[2]

换句话说,旧的资本主义,即绝对需要交易所作为自己的调节器的自由竞争的资本主义,正在成为过去。代替它的是新的资本主义,这种新的资本主义带有某种过渡性事物、某种自由竞争和垄断混合物的鲜明特征。人们自然要问,这种最新的资本主义是在**向哪里**"过渡"呢?但这个问题资产阶级学者是不敢提出的。

"在30年前,不属于'工人'体力劳动范围以内的经济工作,$\frac{9}{10}$都是由自由竞争的企业家来做的。现在,这种经济上的脑力工作$\frac{9}{10}$都是由**职员们**来担任了。在这一发展中处于领先地位的是银行业。"[3]

---

① 舒尔采-格弗尼茨《德国信用银行》,见《社会经济概论》1915年蒂宾根版第101页。

② 里塞尔的上述著作第4版第629页。

③ 舒尔采-格弗尼茨《德国信用银行》,见《社会经济概论》1915年蒂宾根版第151页。

舒尔采-格弗尼茨的这种供认,使人们又再次触及这样一个问题:最新的资本主义,即帝国主义阶段的资本主义,究竟是向哪里去的过渡呢?———

在少数几个经过集中过程而仍然在整个资本主义经济中处于领先地位的银行中间,达成垄断协议、组织**银行托拉斯**的倾向自然愈来愈明显,愈来愈强烈。美国现在已经不是9家,而是2家最大的银行,即亿万富翁洛克菲勒和摩根的银行,控制着110亿马克的资本[①]。在德国,我们上面指出的贴现公司吞并沙夫豪森联合银行的事实,引起了代表交易所利益的《法兰克福报》[67]如下的一段评论:

"随着银行的日益集中,只能向愈来愈少的机构请求贷款了,这就使大工业更加依赖于少数几个银行集团。在工业同金融界联系密切的情况下,需要银行资本的那些工业公司活动的自由受到了限制。因此,大工业带着错综复杂的感情看待银行的日益托拉斯化〈联合成或转变为托拉斯〉;的确,我们已经多次看到各大银行康采恩之间开始达成某种限制竞争的协议。"[②]

银行业发展的最新成就还是垄断。

说到银行和工业的密切联系,那么,正是在这一方面,银行的新作用恐怕表现得最明显。银行给某个企业主贴现票据,给他开立往来账户等等,这些业务单独地来看,一点也没有减少这个企业主的独立性,银行也没有越出普通的中介人作用的范围。可是,如果这些业务愈来愈频繁、愈来愈加强,如果银行把大量资本"收集"在自己手里,如果办理某个企业的往来账使银行能够愈来愈详细和充分地了解它

---

①1912年《银行》杂志第1期第435页。

②转引自舒尔采-格弗尼茨的著作,见《社会经济概论》第155页。

的顾客的经济状况（事实上也确实如此），那么，结果就是工业资本家愈来愈完全依赖于银行。

同时，银行同最大的工商业企业之间的所谓人事结合也发展起来，双方通过占有股票，通过银行和工商业企业的经理互任对方的监事（或董事），而日益融合起来。德国经济学家耶德尔斯搜集了关于这种形式的资本集中和企业集中的极为详细的材料。柏林6家最大的银行由经理做代表，参加了**344个**工业公司，又由董事做代表，参加了**407个**公司，一共参加了**751个**公司。它们在**289个**公司中各有两个监事，或者占据了监事长的位置。在这些工商业公司中，有各种各样的行业，如保险业、交通运输业、饭馆、戏院、工艺美术业等等。另一方面，在这6家银行的监事会中（在1910年）有51个最大的工业家，其中有克虏伯公司的经理、大轮船公司汉堡—美洲包裹投递股份公司（Hamburg——Amerika）的经理等等。在1895—1910年间，这6家银行中的每一家银行都参加了替数百个（281个至419个）工业公司发行股票和债券的工作①。

除银行同工业的"人事结合"以外，还有这些或那些公司同政府的"人事结合"。耶德尔斯写道："它们自愿把监事职位让给有声望的人物和过去的政府官吏，这些人可以使公司在同当局打交道的时候得到不少方便〈!!〉……""在大银行的监事会里，常有国会议员或柏林市议会的议员。"

可见，所谓大资本主义垄断组织正在通过一切"自然的"和"超自然的"途径十分迅速地创立和发展起来。现代资本主义社会中几百个金融大王之间的某种分工正在有步骤地形成：

①耶德尔斯的上述著作和里塞尔的上述著作。

　　"除了某些大工业家活动范围的这种扩大〈如加入银行董事会等等〉以及地方银行经理分别专管某一工业区以外,大银行领导人的专业化也有所加强。这样的专业化,只有在整个银行企业的规模很大,尤其是在银行同工业的联系很广的时候,才能设想。这种分工是在两个方面进行的:一方面,把联系整个工业界的事情交给一个经理去做,作为他的专职;另一方面,每个经理都负责监督几个企业或几组在行业上、利益上彼此相近的企业〈资本主义已经发展到可以有组织地**监督**各个企业的程度了〉。某个经理专门管德国工业,甚至专门管德国西部的工业〈德国西部是德国工业最发达的区域〉,另一些经理则专门负责同外国和外国工业联系,了解工业家等等的个人的情况,掌管交易所业务等等。此外,银行的每个经理又往往专管某个地方或某个工业部门:有的主要是在电力公司监事会里工作,有的是在化学工厂、啤酒厂或制糖厂里工作,有的是在少数几个孤立的企业中工作,同时又参加保险公司监事会……总而言之,在大银行里,随着银行业务的扩大和业务种类的增多,领导人的分工无疑也就更加细密,其目的(和结果)是使他们稍微超出纯银行业务的范围,使他们对工业的一般问题以及各个工业部门的特殊问题更有判断力,更加懂行,培养他们在银行势力所及的工业部门中进行活动的能力。除了这一套办法以外,银行还竭力挑选熟悉工业的人物,挑选企业家、过去的官吏、特别是在铁路和采矿部门中工作过的官吏,来参加本银行的监事会"等等。①

　　在法国银行业里,也有这一类的机构,不过形式稍微有点不同。例如,法国三家最大的银行之一里昂信贷银行,设立了一个专门的金

---

　　①耶德尔斯的上述著作第156—157页。

融情报收集部(service des études financières)。在那里工作的经常有50多个工程师、统计学家、经济学家和法学家等等。这个机构每年耗资60—70万法郎。它下面又分8个科:有的科专门收集工业企业情报,有的研究一般统计,有的研究铁路和轮船公司,有的研究证券,有的研究财务报告等等。[①]

这样,一方面是银行资本和工业资本日益融合,或者用尼·伊·布哈林的很恰当的说法,日益长合在一起,另一方面是银行发展成为具有真正"包罗一切的性质"的机构。我们认为有必要引用在这方面最有研究的作家耶德尔斯对这个问题的准确的说法:

"我们考察了全部工业联系,结果发现那些为工业工作的金融机构具有**包罗一切的性质**。大银行同其他形式的银行相反,同某些著作中提出的银行应当专门从事某一方面业务或某一工业部门工作,以免丧失立脚点这样的要求相反,力求在尽可能不同的地区和行业同工业企业发生联系,力求消除各个地方或各个工业部门因各个企业历史情况不同而形成的资本分配不均现象。""一种趋势是使银行同工业的联系成为普遍的现象,另一种趋势是使这种联系更加巩固和加强;这两种趋势在六大银行中虽然没有完全实现,但是已经在同样程度上大规模地实现了。"

在工商界经常听到有人抱怨银行的"恐怖主义"。既然大银行像下面的例子所表明的那样"发号施令",那么听到这样的抱怨也就不奇怪了。1901年11月19日,柏林所谓D字银行(4家最大银行的名称都是以字母D开头的)之一,给西北德—中德水泥辛迪加管理处写了这

①欧·考夫曼关于法国银行的文章,见1909年《银行》杂志第2期第851页及以下各页。

样一封信："兹阅贵处本月18日在某报上登载的通知,我们不得不考虑到贵辛迪加定于本月30日召开的全体大会,可能通过一些改革贵企业而为敝行所不能接受的决议。因此我们深感遗憾,不得不停发贵辛迪加所享有的贷款……　但如此次大会不通过敝行不能接受的决议,并向敝行提出将来也不通过这种决议的相应保证,敝行仍愿就给予贵辛迪加以新的贷款问题举行谈判。"①

其实,这也是小资本对大资本的压迫发出的抱怨,不过这里列入"小"资本的是整整一个辛迪加罢了!大小资本之间过去的那种斗争,又在一个新的、高得多的发展阶段上重演了。当然,拥有亿万巨资的大银行企业,也能用从前远不能相比的办法来推动技术的进步。例如,银行设立了各种专门的技术研究会,研究成果当然只能由"友好的"工业企业来享用。这一类机构有电气铁路问题研究会、中央科学技术研究所等等。

大银行的领导人自己不会看不到,国民经济中正在出现一些新的情况,但是他们在这些情况面前束手无策。

耶德尔斯写道:"凡是近几年来注意大银行经理和监事人选变更情形的人,都不会不觉察到,权力逐渐转到了一些认为积极干预工业的总的发展是大银行必要的、愈来愈迫切的任务的人物手中,于是这些人和老的银行经理在业务方面,往往也在个人方面意见愈来愈分歧。实质的问题是:银行这种信贷机构会不会因为干预工业生产过程而受到损失,会不会因为从事这种同信贷中介作用毫不相干的业务,从事这种会使它比从前更受工业行情的盲目支配的业务,而牺牲掉自己的稳固的原则和可靠的利润。许多老的银行领导人都说会这

① 奥斯卡尔·施蒂利希博士《货币银行业》1907年柏林版第147页。

样。但是,大部分年轻的领导人却认为积极干预工业问题是必然的,正像随着现代大工业的出现必然会产生大银行和最新的工业银行业一样。双方的意见只有一点相同,就是大家都认为大银行的新业务还没有什么固定的原则和具体的目的。"①

旧资本主义已经过时了。新资本主义是向某方面的过渡。想找到什么"固定的原则和具体的目的"来"调和"垄断和自由竞争,当然是办不到的事情。实践家的自白,听起来和舒尔采-格弗尼茨、利夫曼之流的"理论家"的颂扬完全不同,这些资本主义的辩护士是在用官场口吻颂扬"有组织的"资本主义的美妙。

大银行的"新业务"究竟是什么时候完全确立起来的,——对于这个重要问题,我们可以从耶德尔斯那里找到相当确切的答案:

"工业企业间的联系及其新的内容、新的形式、新的机构即既集权又分权的大银行,成为国民经济的有代表性的现象,大概不会早于19世纪90年代;在某种意义上,甚至可以把这个起点推到1897年,当时许多企业实行了大'合并',从而根据银行的工业政策第一次采用了分权组织的新形式。也许还可以把这个起点推到更晚一些的时候,因为只有1900年的危机才大大加速了工业和银行业的集中过程,巩固了这个过程,第一次把同工业的关系变成大银行的真正垄断,并大大地密切了和加强了这种关系。"②

总之,20世纪是从旧资本主义到新资本主义,从一般资本统治到金融资本统治的转折点。

---

①耶德尔斯的上述著作第183—184页。

②耶德尔斯的上述著作第181页。

三　金融资本和金融寡头

希法亭写道:"愈来愈多的工业资本不属于使用这种资本的工业家了。工业家只有通过银行才能取得对资本的支配权,对于工业家来说,银行代表这种资本的所有者。另一方面,银行也必须把自己愈来愈多的资本固定在工业上。因此,银行愈来愈变成工业资本家。通过这种方式实际上变成了工业资本的银行资本,即货币形式的资本,我把它叫做金融资本。""金融资本就是由银行支配而由工业家运用的资本。"[1]

这个定义不完全的地方,就在于它没有指出最重要的因素之一,即生产和资本的集中发展到了会导致而且已经导致垄断的高度。但是,在希法亭的整个叙述中,尤其是在我摘引这个定义的这一章的前两章里,着重指出了**资本主义垄断组织**的作用。

生产的集中;从集中生长起来的垄断;银行和工业日益融合或者说长合在一起,——这就是金融资本产生的历史和这一概念的内容。

现在我们应当来叙述一下,在商品生产和私有制的一般环境里,资本主义垄断组织的"经营"怎样必然变为金融寡头的统治。应当指出,德国(而且不只是德国)资产阶级学术界的代表人物,如里塞

---

[1] 鲁·希法亭《金融资本》1912年莫斯科版第338—339页。

尔、舒尔采-格弗尼茨、利夫曼等人,完全是帝国主义和金融资本的辩护士。对于寡头形成的"内幕",寡头所采用的手段,寡头所获得的"正当和不正当"收入的数量,寡头和议会的联系等等,他们不是去揭露,而是加以掩盖和粉饰。他们避开这些"棘手的问题",只讲一些堂皇而含糊的词句,号召银行经理们拿出"责任心",赞扬普鲁士官员们的"尽职精神",煞有介事地分析那些根本无关紧要的"监督"法案、"管理"法案的细枝末节,玩弄无谓的理论游戏,例如利夫曼教授居然写出了这样一个"科学的"定义:"……**商业**是**收集财富、保管财富、把财富供人支配的一种经营活动**"①(着重号和黑体是该教授著作中原有的)……　这样说来,商业在不知交换为何物的原始人那里就已经有了,而且在社会主义社会也将存在下去!

　　但是,有关金融寡头骇人听闻的统治的骇人听闻的事实是太触目惊心了,所以在一切资本主义国家,无论是美国、法国或德国,都出现了这样一些著作,这些著作虽然抱着**资产阶级的**观点,但毕竟还是对金融寡头作了近乎真实的描述和批评,当然是小市民式的批评。

　　应当作为主要之点提出来的是前面已经简略谈到的"参与制"。德国经济学家海曼大概是第一个注意到了这一点,请看他是怎样描述问题的实质的:

　　"领导人控制着总公司〈直译是"母亲公司"〉,总公司统治着依赖于它的公司〈"女儿公司"〉,后者又统治着'孙女公司',如此等等。这样,拥有不太多的资本,就可以统治巨大的生产部门。事实上,拥有50%的资本,往往就能控制整个股份公司,所以,一个领导人只要拥有100万资本,就能控制各孙女公司的800万资本。如果这样'交

――――――――
　　①罗·利夫曼的上述著作第476页。

织'下去,那么拥有100万资本就能控制1 600万、3 200万以至更多的资本。"①

其实经验证明,只要占有40%的股票就能操纵一个股份公司的业务②,因为总有一部分分散的小股东实际上根本没有可能参加股东大会等等。虽然资产阶级的诡辩家和机会主义的"也是社会民主党人"都期望(或者要别人相信他们期望)股票占有的"民主化"会造成"资本的民主化",会加强小生产的作用和意义等等,可是实际上它不过是加强金融寡头实力的一种手段而已。因此,在比较先进的或比较老、比较"有经验的"资本主义国家里,法律准许发行票额较小的股票。德国法律不准许发行1 000马克以下的股票,所以德国金融巨头看见英国法律准许发行一英镑(等于20马克,约合10卢布)的股票,就很羡慕。1900年6月7日,德国最大的工业家和"金融大王"之一西门子,在帝国国会中声称:"一英镑的股票是不列颠帝国主义的基础。"③这个商人对于什么是帝国主义这一问题的理解,同那位被认为是俄国马克思主义创始人的不光彩的作家[68]比起来,显然要深刻得多,"马克思主义"得多,那位作家竟把帝国主义看成是某个民族的劣根性……

但是,"参与制"不仅使垄断者的权力大大增加,而且还使他们可以不受惩罚地、为所欲为地干一些见不得人的龌龊勾当,可以盘剥公众,因为母亲公司的领导人在形式上,在法律上对女儿公司是不担负责任的,女儿公司算是"独立的",但是**一切事情都可以通过女儿公司**

---

①汉斯·吉德翁·海曼《德国大钢铁工业中的混合企业》1904年斯图加特版第268—269页。

②利夫曼《参与和投资公司》第1版第258页。

③舒尔采-格弗尼茨的话,见《社会经济概论》第5部分第2册第110页。

去"实施"。下面是我们从1914年德国《银行》杂志5月号抄下来的一个例子：

"卡塞尔的弹簧钢股份公司在几年以前算是德国最赚钱的企业之一。后来因为管理得很糟糕，股息从15%跌到0%。原来，董事会没有通知股东就出借了**600万马克**给自己的一个女儿公司哈西亚，而哈西亚的名义资本只有几十万马克。这笔几乎比母亲公司的股份资本大两倍的借款，根本没有记入母亲公司的资产负债表；在法律上，这样的隐瞒是完全合法的，而且可以隐瞒整整两年，因为这样做并不违反任何一条商业法。以负责人的资格在这种虚假的资产负债表上签字的监事长，至今仍旧是卡塞尔商会的会长。这笔借款被发现是个错误〈错误这两个字，作者应当加上引号〉，知道底细的人开始把'弹簧钢'的股票脱手而使股票价格几乎下跌了100%，在这以后很久，股东们才知道有借款给哈西亚公司这回事……

这个在股份公司里极常见的、在资产负债表上玩弄平衡把戏的典型例子，向我们说明为什么股份公司董事会干起冒险勾当来，心里要比私人企业家轻松得多。编制资产负债表的最新技术，不但使董事会能够把所干的冒险勾当瞒过普通的股东，而且使主要的当事人在冒险失败的时候，能够用及时出卖股票的办法来推卸责任，而私人企业家却要用自己的性命来为自己所做的一切事情负责……

许多股份公司的资产负债表，就跟中世纪一种有名的隐迹稿本一样，要先把上面写的字迹擦掉，才能发现下面的字迹，看出原稿的真实内容。"（隐迹稿本是涂掉原来的字迹、写上别的内容的一种羊皮稿本。）

"最简单、因而也是最常用的一种把资产负债表弄得令人捉摸不透的办法,是成立女儿公司或合并女儿公司,把一个统一的企业分成几部分。从各种合法的或非法的目的看来,这种办法的好处是十分明显的,所以现在不采用这种办法的大公司简直是一种例外。"①

作者举出了著名的电气总公司(即A.E.G.,这个公司我们以后还要讲到),作为极广泛地采用这种办法的最大垄断公司的例子。据1912年的计算,这个公司参与了175—200个公司,自然也就统治了这些公司,总共掌握了大约15亿马克的资本。②

好心的——即怀有维护和粉饰资本主义的好心的——教授和官员们用来吸引公众注意的种种有关监督、公布资产负债表、规定一定的资产负债表格式、设立监察机构等等的条例,在这里根本不能起什么作用。因为私有财产是神圣的,谁也不能禁止股票的买卖、交换和典押等等。

"参与制"在俄国大银行里发展到怎样的程度,可以根据欧·阿加德提供的材料作出判断。阿加德曾在俄华银行[70]任职15年,他在1914年5月出版了一本书,书名不十分贴切,叫做《大银行与世界市场》③。作者把俄国大银行分为两大类:(a)"参与制"下的银行,(b)"独立的"银行,然而他把"独立"任意地解释为不依附于**国外**银行。作者又把第一类分为三小类:(1)德国参与的,(2)英国参与的,(3)法国参与的,即指分别属于这三个国家的最大的国外银行的"参与"和统治。作者把银行资本分为"生产性"的投资(投入工商业的)和"投机性"的

---

①路·埃施韦格《女儿公司》,见1914年《银行》杂志第1期第545页。

②库尔特·海尼希《电力托拉斯之路》,见1912年《新时代》杂志[69]第30年卷第2册第484页。

③欧·阿加德《大银行与世界市场。从大银行对俄国国民经济和德俄两国关系的影响来看大银行在世界市场上的经济作用和政治作用》1914年柏林版。

投资(投入交易所业务和金融业务的),他抱着他那种小资产阶级改良主义的观点,认为在保存资本主义的条件下,似乎可以把第一种投资和第二种投资分开,并且消除第二种投资。

作者提供的材料如下:

各银行的资产(根据1913年10—11月的表报)
(单位百万卢布)

俄 国 银 行 种 类	所投的资本		
	生产性的	投机性的	共　计
(a1)4家银行:西伯利亚商业银行、俄罗斯银行、国际银行、贴现银行	413.7	859.1	1 272.8
(a2)2家银行:工商银行、俄英银行	239.3	169.1	408.4
(a3)5家银行:俄亚银行、圣彼得堡私人银行、亚速海—顿河银行、莫斯科联合银行、俄法商业银行	711.8	661.2	1 373.0
(11家银行)总　计……(a)=	1 364.8	1 689.4	3 054.2
(b)8家银行:莫斯科商人银行、伏尔加—卡马银行、容克股份银行、圣彼得堡商业银行(前瓦韦尔贝尔格银行)、莫斯科银行(前里亚布申斯基银行)、莫斯科贴现银行、莫斯科商业银行、莫斯科私人银行	504.2	391.1	895.3
(19家银行)共　计	1 869.0	2 080.5	3 949.5

从这些材料看来,在近40亿卢布的大银行"活动"资本当中,有$\frac{3}{4}$以上,即30多亿卢布属于实际上是作为国外银行的女儿公司的那些银行;它们主要是巴黎的银行(著名的三大银行:巴黎联合银行、巴黎荷兰银行、总公司)和柏林的银行(特别是德意志银行和贴现公司)。俄国两家最大的银行俄罗斯银行(俄国对外贸易银行)和国际银

行(圣彼得堡国际商业银行),在1906—1912年间,把资本由4 400万卢布增加到9 800万卢布,把准备金由1 500万卢布增加到3 900万卢布,"其中有$\frac{3}{4}$是德国的资本";前一家银行属于柏林德意志银行的康采恩,后一家银行属于柏林贴现公司的康采恩。善良的阿加德对于柏林的银行握有大部分股票而使俄国股东软弱无力,感到十分愤慨。自然,输出资本的国家总是捞到油水,例如柏林的德意志银行,在柏林发行西伯利亚商业银行的股票,把这些股票压存了一年,然后以193%的行情,即几乎高一倍的行情售出,"赚了"约600万卢布的利润,这就是希法亭所说的"创业利润"。

据该书作者计算,彼得堡各最大银行的全部"实力"为823 500万卢布,即将近82.5亿;同时作者又把各个国外银行的"参与",确切些说,各个国外银行的统治,划分如下:法国银行占55%,英国银行占10%,德国银行占35%。据作者计算,在这823 500万职能资本当中,有368 700万,即40%以上用于各辛迪加,即煤业公司、五金公司、石油工业辛迪加、冶金工业辛迪加、水泥工业辛迪加。可见,由于资本主义垄断组织的形成而造成的银行资本和工业资本的融合,在俄国也有了长足的进展。[71]

集中在少数人手里并且享有实际垄断权的金融资本,由于创办企业、发行有价证券、办理公债等等而获得大量的、愈来愈多的利润,巩固了金融寡头的统治,替垄断者向整个社会征收贡赋。下面是希法亭从美国托拉斯"经营"的无数实例中举出的一个例子:1887年哈夫迈耶把15个小公司合并起来,成立了一个糖业托拉斯。这些小公司的资本总额为650万美元,而这个托拉斯的资本,按美国的说法,是"掺了水"的,竟估定为5 000万美元。这种"过度资本化"是预计到了将来的垄断利润的,正像美国的钢铁托拉斯预计到将来的垄断利润,就购买愈来愈多的蕴藏铁矿的土地一样。果然,这个糖业托拉斯规定了垄断价格,获得了巨额的收入,竟能为"掺水"**7倍**的资本支付10%的股息,也就是**为创办托拉斯时实际投入的资本支付将近70%的股息**!到1909年,这个托拉斯的资本为9 000万美元。在22年内,资本增加了十倍以上。

法国的"金融寡头"的统治(《反对法国金融寡头》——利西斯一本名著的标题,1908年出了第5版),只是在形式上稍有不同。4家最大的银行在发行有价证券方面享有不是相对的垄断权,而是"绝对的垄断权"。事实上这是"大银行托拉斯"。垄断保证它们从发行证券获得垄断利润。在借债时,债务国所得到的通常不超过总额的90%;10%被银行和其他中介人拿去了。银行从4亿法郎的中俄债券中得到8%的利润,从8亿法郎的俄国债券(1904年)中得到10%的利润,从6 250万法郎的摩洛哥债券(1904年)中得到18.75%的利润。资本主义的发展是从小规模的高利贷资本开始,而以大规模的高利贷资本结束。利西斯说:"法国人是欧洲的高利贷者。"全部经济生活条件都由于资本主义的这种蜕化而发生深刻的变化。在人口、工商业和海运都发生停滞的情况下,"国家"却可以靠放高利贷发财。"**代表800万法郎资本的50个人,能够支配4家银行的20亿法郎。**"我们谈过的"参与"制度,也造成同样的结果:最大银行之一的总公司(Sociéte Générale)为女儿公司埃及精糖厂发行了64 000张债券。发行的行情是150%,就是说,银行在每一个卢布上赚了50个戈比。后来发现这个女儿公司的股息是虚拟的,这样就使"公众"损失了9 000万至1亿法郎;"总公司有一个经理是精糖厂的董事"。难怪这位作者不得不作出结论说:"法兰西共和国是金融君主国";"金融寡头统治一切,既控制着报刊,又控制着政府"。①

作为金融资本主要业务之一的有价证券发行业，赢利极大，对于金融寡头的发展和巩固起着重大的作用。德国的《银行》杂志写道："在发行外国债券的时候担任中介人，能够获得很高的利润，国内没有任何一种生意能够获得哪怕是同它相近的利润。"②

"没有任何一种银行业务能够获得像发行业务那么高的利润。"根据《德国经济学家》杂志的材料，发行工业企业证券的利润每年平均如下：

1895年——38.6%	1898年——67.7%
1896年——36.1%	1899年——66.9%
1897年——66.7%	1900年——55.2%

"在1891—1900年的10年间，仅靠发行德国工业证券'赚到'的钱就有10亿以上。"③

在工业高涨时期，金融资本获得巨额利润，而在衰落时期，小企业和不稳固的企业纷纷倒闭，大银行就"参与"贱价收买这些企业，或者"参与"有利可图的"整理"和"改组"。在"整理"亏本的企业时，"把股份资本降低，也就是按照比较小的资本额来分配收入，以后就按照这个资本额来计算收入。如果收入降低到零，就吸收新的资本，这种新资本同收入比较少的旧资本结合起来，就能获得相当多的收入。"

①利西斯《反对法国金融寡头》1908年巴黎第5版第11、12、26、39、40、48页。

②1913年《银行》杂志第7期第630页。

③施蒂利希的上述著作第143页和威·桑巴特《19世纪的德国国民经济》1909年第2版第526页，附录8。

希法亭又补充道:"而且,所有这些整理和改组,对于银行有双重的意义:第一,这是有利可图的业务;第二,这是使经济拮据的公司依附于自己的好机会。"[1]

请看下面的例子。多特蒙德的联合矿业股份公司,是在1872年创办的。发行的股份资本将近4 000万马克,而在第一个年度获得12%的股息时,股票行情就涨到170%。金融资本捞到了油水,稍稍地赚了那么2 800万马克。在创办这个公司的时候,起主要作用的就是那个把资本很顺利地增加到3亿马克的德国最大的银行贴现公司。后来联合公司的股息降到了零。股东们只好同意"冲销"资本,也就是损失一部分资本,以免全部资本损失。经过多次"整理",在30年中,联合公司的账簿上消失了7 300多万马克。"现在,这个公司原先的股东们手里的股票价值,只有票面价值的5%了"[2],而银行在每一次"整理"中却总是"赚钱"。

拿发展得很快的大城市近郊的土地来做投机生意,也是金融资本的一种特别盈利的业务。在这方面,银行的垄断同地租的垄断、也同交通运输业的垄断结合起来了,因为地价的上涨,以及土地能不能有利地分块出售等等,首先取决于同市中心的交通是否方便,而掌握交通运输业的,是通过参与制和分配经理职务同这些银行联系起来的大公司。结果就形成了《银行》杂志的撰稿人、专门研究土地买卖和抵押等业务的德国作家路·埃施韦格称做"泥潭"的局面:买卖城郊土地的狂热投机,建筑公司的倒闭(如柏林的波斯瓦—克诺尔公司的倒闭,这个公司靠了"最大最可靠的"德意志银行(Deutsche Bank)的帮

---

①《金融资本》第172页。

②施蒂利希的上述著作第138页和利夫曼的上述著作第51页。

助,弄到了1亿马克的巨款,而这家银行当然是通过"参与"制暗地里在背后进行了活动,结果银行"总共"损失了1 200万马克就脱身了),以及从空头的建筑公司那里一无所得的小业主和工人们的破产,同"廉洁的"柏林警察局和行政当局勾结起来把持颁发土地证和市议会建筑许可证的勾当,等等。①

欧洲的教授和善良的资产者一向装腔作势地对之表示痛心疾首的"美国风气",在金融资本时代简直成了各国各大城市流行的风气。

1914年初,在柏林传说要组织一个"运输业托拉斯",即由柏林的城市电气铁路公司、有轨电车公司和公共汽车公司这三个运输企业组成一个"利益共同体"。《银行》杂志写道:"当公共汽车公司的大部分股票转到其他两个运输公司手里的消息传出时,我们就知道有这种打算了。……完全可以相信,抱着这种目的的人希望通过统一调整运输业来节省一些费用,最终能使公众从中得到些好处。但是这个问题复杂化了,因为站在这个正在创建的运输业托拉斯背后的是这样一些银行,它们可以任意使自己所垄断的交通运输业服从自己的土地买卖的利益。只要回想一下下面这件事情,就会相信这种推测是十分自然的:在创办城市电气铁路公司的时候,鼓励创办该公司的那家大银行的利益就已经渗透进来了。就是说,这个运输企业的利益和土地买卖的利益交织在一起了。因为这条铁路的东线要经过银行的土地,当该路的建设已经有保证时,银行就把这些土地卖出去,使自己和几个合伙人获得了巨额的利润……"②

---

① 路·埃施韦格《泥潭》,见1913年《银行》杂志第952页;同上,1912年第1期第223页及以下各页。

② 《运输业托拉斯》,见1914年《银行》杂志第1期第89页。

　　垄断既然已经形成,而且操纵着几十亿资本,它就绝对不可避免地要渗透到社会生活的**各个**方面去,而不管政治制度或其他任何"细节"如何。在德国经济著作中,通常是阿谀地赞美普鲁士官员的廉洁,而影射法国的巴拿马案件[72]或美国政界的贿赂风气。但是事实是,**甚至**专论德国银行业务的资产阶级书刊,也不得不经常谈到远远越出纯银行业务范围的事情,例如,针对官员们愈来愈多地转到银行去服务这件事,谈到了"钻进银行的欲望":"暗地里想在贝伦街〈柏林街名,德意志银行的所在地〉钻营一个肥缺的官员,他们的廉洁情况究竟怎样呢?"[①]《银行》杂志出版人阿尔弗勒德·兰斯堡在1909年写了《曲意逢迎的经济影响》一文,其中谈到威廉二世的巴勒斯坦之行,以及"此行的直接结果,即巴格达铁路[73]的建筑,这一不幸的'德意志进取精神的大事件',对于德国受'包围'一事应负的责任,比我们所犯的一切政治错误应负的责任还要大"(所谓"包围"是指爱德华七世力图孤立德国、用帝国主义的反德同盟圈来包围德国的政策)[②]。我们已经提过的这个杂志的撰稿人埃施韦格,在1911年写了一篇《财阀和官吏》的文章,揭露了一位德国官员弗尔克尔的事情。弗尔克尔当过卡特尔问题委员会的委员,并且很卖力气,不久以后他却在最大的卡特尔——钢铁辛迪加中得到了一个肥缺。这类决非偶然的事情,迫使这位资产阶级作家不得不承认说,"德国宪法所保证的经济自由,在经济生活的许多方面,已经成了失去内容的空话",在现有的财阀统治下,"即使有最广泛的政治自由,也不能使我们免于变成非自由民的民族"[③]。

---

①《钻进银行的欲望》,见1909年《银行》杂志第1期第79页。

②同上书,第301页。

③1911年《银行》杂志第2期第825页;1913年第2期第962页。

说到俄国,我们只举一个例子:几年以前,所有的报纸都登载过一个消息,说信用局局长达维多夫辞去了政府的职务,到一家大银行任职去了,按照合同,他在几年里所得的薪俸将超过100万卢布。信用局是个"统一全国所有信用机关业务"的机关,它给了首都各银行总数达8—10亿卢布的津贴。①———

资本主义的一般特性,就是资本的占有同资本在生产中的运用相分离,货币资本同工业资本或者说生产资本相分离,全靠货币资本的收入为生的食利者同企业家及一切直接参与运用资本的人相分离。帝国主义,或者说金融资本的统治,是资本主义的最高阶段,这时候,这种分离达到了极大的程度。金融资本对其他一切形式的资本的优势,意味着食利者和金融寡头占统治地位,意味着少数拥有金融"实力"的国家处于和其余一切国家不同的特殊地位。至于这一过程进行到了怎样的程度,可以根据发行各种有价证券的统计材料来判断。

阿·奈马尔克在《国际统计研究所公报》②上发表了关于全世界发行证券的最详尽最完备的对照材料,后来这些材料曾屡次被经济学著作分别引用过。[75]现将4个10年中的总计分列如下:

10年证券发行额(单位十亿法郎)

1871—1880年	76.1
1881—1890年	64.5
1891—1900年	100.4
1901—1910年	197.8

---

① 欧·阿加德的上述著作第202页。

② 《国际统计研究所公报》[74]1912年海牙版第19卷第2册。第2栏关于各个小国家的材料,大致是按1902年的数目增加20%计算出来的。

在19世纪70年代,全世界证券发行总额增加了,特别是由于普法战争以及德国战后滥设投机公司时期发行债券而增加了。大体说来,在19世纪最后3个10年里,增加的速度比较起来还不算太快,直到20世纪的头10年才大为增加,10年之内差不多增加了一倍。可见,20世纪初,不仅在我们已经说过的垄断组织(卡特尔、辛迪加、托拉斯)的发展方面,而且在金融资本的增长方面,都是一个转折时期。

据奈马尔克计算,1910年全世界有价证券的总额大约是8 150亿法郎。他大致地减去了重复的数字,使这个数额缩小到5 750亿至6 000亿法郎。下面是这个数额在各国分布的情形(这里取的总额是6 000亿):

1910年有价证券数额(单位十亿法郎)

国家	数额		国家	数额
英国	142	} 479	荷兰	12.5
美国	132		比利时	7.5
法国	110		西班牙	7.5
德国	95	}	瑞士	6.25
俄国	31		丹麦	3.75
奥匈帝国	24		瑞典、挪威、罗马尼亚等国	2.5
意大利	14		**共计**	**600.0**
日本	12			

从这些数字一下子就可以看出,4个最富的资本主义国家是多么突出,它们各有约1 000亿至1 500亿法郎的有价证券。在这4个国家中有两个是最老的、殖民地最多的(这一点我们以下就要说到)资本主义国家——英国和法国,其余两个是在发展速度上和资本主义垄断组织在生产中的普及程度上领先的资本主义国家——美国和德国。这4个国家一共有4 790亿法郎,约占全世界金融资本的80%。世界上其他各国,差不多都是这样或那样地成为这4个国家、这4个国

际银行家、这4个世界金融资本的"台柱"的债务人和进贡者了。

现在,我们应当特别谈一下,资本输出在形成金融资本的依附和联系的国际网方面所起的作用。

四　资　本　输　出

对自由竞争占完全统治地位的旧资本主义来说,典型的是**商品**输出。对垄断占统治地位的最新资本主义来说,典型的则是**资本**输出。

资本主义是发展到最高阶段的商品生产,这时劳动力也成了商品。国内交换尤其是国际交换的发展,是资本主义的具有代表性的特征。在资本主义制度下,各个企业、各个工业部门和各个国家的发展必然是不平衡的,跳跃式的。起先,英国早于别国成为资本主义国家,到19世纪中叶,英国实行自由贸易,力图成为"世界工厂",由它供给各国成品,这些国家则供给它原料作为交换。但是英国的**这种**垄断,在19世纪最后的25年已经被打破了,因为当时有许多国家用"保护"关税来自卫,发展成为独立的资本主义国家。临近20世纪时,我们看到已经形成了另一种垄断:第一,所有发达的资本主义国家都有了资本家的垄断同盟;第二,少数积累了巨额资本的最富的国家处于垄断地位。在先进的国家里出现了大量的"过剩资本"。

假如资本主义能发展现在到处都远远落后于工业的农业,假如资本主义能提高在技术获得惊人进步的情况下仍然到处是半饥半饱、乞丐一般的人民大众的生活水平,那当然就不会有什么过剩资本了。用小资产阶级观点批评资本主义的人就常常提出这种"论据"。但是这样一来,资本主义就不成其为资本主义了,因为发展的不平衡和民众半饥半饱的生活水平,是这种生产方式的根本的、必然的条件和前提。只要资本主义还是资本主义,过剩的资本就不会用来提高本国民众的生活水平(因为这样会降低资本家的利润),而会输出国外,输出到落后的国家去,以提高利润。在这些落后国家里,利润通常都是很高的,因为那里资本少,地价比较贱,工资低,原料也便宜。其所以有输出资本的可能,是因为许多落后的国家已经卷入世界资本主义的流转,主要的铁路线已经建成或已经开始兴建,发展工业的起码条件已有保证等等。其所以有输出资本的必要,是因为在少数国家中资本主义"已经过度成熟","有利可图的"投资场所已经不够了(在农业不发达和群众贫困的条件下)。

下面是三个主要国家国外投资的大概数目[①]:

国外投资(单位十亿法郎)

年　　份	英国	法国	德国
1862	3.6	—	—
1872	15	10(1869年)	—
1882	22	15(1880年)	？
1893	42	20(1890年)	？
1902	62	27—37	12.5
1914	75—100	60	44

由此可见,资本输出是在20世纪初期才大大发展起来的。在大

①霍布森《帝国主义》1902年伦敦版第58页;里塞尔的上述著作第395页和第404页;保·阿恩特的文章,见1916年《世界经济文汇》[76]第7卷第35页;奈马尔克的文章,见公报;希法亭《金融资本》第492页;劳合-乔治1915年5月4日在下

战前夜,3个主要国家的国外投资已经达到1 750—2 000亿法郎。按5%的低利率计算,这笔款额的收入一年可达80—100亿法郎。这就是帝国主义压迫和剥削世界上大多数民族和国家的坚实基础,这就是极少数最富国家的资本主义寄生性的坚实基础!

这种国外投资在各国之间怎样分配,投在**什么地方**,对于这个问题只能作一个大概的回答,不过这个大概的回答也能说明现代帝国主义的某些一般的相互关系和联系:

国外投资在世界各洲分布的大概情况(1910年前后)

	英国	法国	德国	共计
		(单位十亿马克)		
欧洲……………	4	23	18	45
美洲……………	37	4	10	51
亚洲、非洲、澳洲……	29	8	7	44
总　计……	70	35	35	140

在英国,占第一位的是它的殖民地,它在美洲也有广大的殖民地(例如加拿大),在亚洲等地就更不必说了。英国资本的大量输出,同大量的殖民地有最密切的联系。关于殖民地对帝国主义的意义,我们以后还要讲到。法国的情况不同。它的国外投资主要是在欧洲,首先是在俄国(不下100亿法郎),并且多半是**借贷**资本即公债,而不是对工业企业的投资。法国帝国主义与英国殖民帝国主义不同,可以叫

院的演说,见1915年5月5日《每日电讯》[77];伯·哈尔姆斯《世界经济问题》1912年耶拿版第235页及其他各页;齐格蒙德·施尔德尔博士《世界经济发展趋势》1912年柏林版第1卷第150页;乔治·佩什《大不列颠……的投资》,见《皇家统计学会杂志》[78]第74卷(1910—1911)第167页及以下各页;乔治·迪乌里奇《德国银行在国外的扩张及其同德国经济发展的联系》1909年巴黎版第84页。

做高利贷帝国主义。德国又是另一种情况，它的殖民地不多，它的国外投资在欧美两洲之间分布得最平均。

资本输出在那些输入资本的国家中对资本主义的发展发生影响，大大加速这种发展。因此，如果说资本输出会在某种程度上引起输出国发展上的一些停滞，那也一定会有扩大和加深资本主义在全世界的进一步发展作为补偿的。

输出资本的国家几乎总有可能获得一定的"利益"，这种利益的性质也就说明了金融资本和垄断组织的时代的特性。例如柏林的《银行》杂志在1913年10月写道：

"在国际的资本市场上，近来正在上演一出可以和阿里斯托芬的作品相媲美的喜剧。国外的很多国家，从西班牙到巴尔干，从俄国到阿根廷、巴西和中国，都在公开或秘密地向巨大的货币市场要求贷款，有时还要求得十分急迫。现在货币市场上的情况并不怎么美妙，政治前景也未可乐观。但是没有一个货币市场敢于拒绝贷款，唯恐邻居抢先同意贷款而换得某种报酬。在缔结这种国际契约时，债权人几乎总要占点便宜：获得贸易条约上的让步，开设煤站，建设港口，得到利益丰厚的租让，接受大炮订货。"[1]

金融资本造成了垄断组织的时代。而垄断组织则到处实行垄断的原则：利用"联系"来订立有利的契约，以代替开放的市场上的竞争。最常见的是，规定拿一部分贷款来购买债权国的产品，尤其是军用品、轮船等等，作为贷款的条件。法国在最近20年中（1890—1910年）常常采用这种手段。资本输出成了鼓励商品输出的手段。在这种情况下，特别大的企业之间订立的契约，按照施尔德尔"婉转的"说法[2]，

[1] 1913年《银行》杂志第2期第1024—1025页。
[2] 施尔德尔的上述著作第346、350、371页。

往往"接近于收买"。德国的克虏伯、法国的施奈德、英国的阿姆斯特朗，就是同大银行和政府关系密切、在缔结债约时不容易"撇开"的公司的典型。

法国贷款给俄国的时候，在1905年9月16日缔结的贸易条约上"压了"一下俄国，使俄国直到1917年为止作出相当的让步；在1911年8月19日同日本缔结贸易条约时，也是如此。奥地利同塞尔维亚的关税战争从1906年开始，一直继续到1911年，中间只有7个月的休战，这次关税战争部分是由奥地利和法国在供应塞尔维亚军用物资方面的竞争引起的。1912年1月，保尔·德沙内尔在议会里说，法国公司在1908—1911年间供给塞尔维亚的军用物资，价值达4 500万法郎。

奥匈帝国驻圣保罗（巴西）领事在报告中说："巴西修筑铁路，大部分用的是法、比、英、德的资本；这些国家在办理有关修筑铁路的金融业务时已规定由它们供应铁路建筑材料。"

这样，金融资本的密网可以说确实是布满了全世界。在这方面起了很大作用的，是设在殖民地的银行及其分行。德国帝国主义者看到"老的"殖民国家在这方面特别"成功"，真是羡慕之至。在1904年，英国有50家殖民地银行和2 279个分行（1910年有72家银行和5 449个分行），法国有20家殖民地银行和136个分行，荷兰有16家殖民地银行和68个分行，而德国"总共只有"13家殖民地银行和70个分行。① 美国资本家则羡慕英德两国的资本家，他们在1915年诉苦说："在南美，5家德国银行有40个分行，5家英国银行有70个分行…… 最近25年来，英德两国在阿根廷、巴西和乌拉圭投资约40亿美元，从而支

---

① 里塞尔的上述著作第4版第375页和迪乌里奇的上述著作第283页。

配了这3个国家全部贸易的46%。"①

输出资本的国家已经把世界瓜分了,那是就瓜分一词的转义而言的。但是,金融资本还导致对世界的**直接的**瓜分。

五　资本家同盟瓜分世界

资本家的垄断同盟卡特尔、辛迪加、托拉斯,首先瓜分国内市场,把本国的生产差不多完全掌握在自己手里。但是在资本主义制度下,国内市场必然是同国外市场相联系的。资本主义早已造成了世界市场。所以随着资本输出的增加,随着最大垄断同盟的国外联系、殖民地联系和"势力范围"的极力扩大,这些垄断同盟就"自然地"走向达成世界性的协议,形成国际卡特尔。

这是全世界资本和生产集中的一个新的、比过去高得多的阶段。我们来看看这种超级垄断是怎样生长起来的。

电力工业是最能代表最新技术成就,代表19世纪**末**、20世纪初的资本主义的一个工业部门。它在美国和德国这两个最先进的新兴资本主义国家里最发达。在德国,1900年的危机对这个部门集中程

---

①1915年5月《美国政治和社会科学学院年刊》[79]第59卷第301页。在这卷第331页上又写着:据著名的统计学家佩什在最近一期的金融周报《统计学家报》[80]上的计算,英、德、法、比、荷5国输出的资本总额是400亿美元,等于2 000亿法郎。

度的提高发生了特别巨大的影响。在此之前已经同工业相当紧密地长合在一起的银行，在这个危机时期极大地加速和加深了较小企业的毁灭和它们被大企业吞并的过程。耶德尔斯写道："银行停止援助的正是那些最需要援助的企业，这样就使那些同银行联系不够密切的公司，起初虽有蓬勃的发展，后来却遭到了无法挽救的破产。"①

结果，在1900年以后，集中有了长足的进展。1900年以前，电力工业中有七八个"集团"，每个集团都由几个公司组成(总共有28个公司)，这些集团背后各有2至11家银行。到1908—1912年时，所有这些集团已合并成两个甚至一个集团了。这个过程如下：

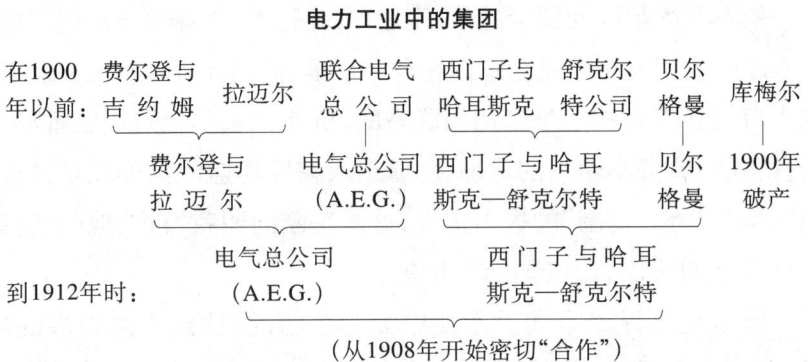

电力工业中的集团

在1900年以前：	费尔登与吉约姆	拉迈尔	联合电气总公司	西门子与哈耳斯克	舒克尔特公司	贝尔格曼	库梅尔
	费尔登与拉迈尔		电气总公司 (A.E.G.)	西门子与哈耳斯克—舒克尔特		贝尔格曼	1900年破产
到1912年时：	电气总公司 (A.E.G.)			西门子与哈耳斯克—舒克尔特			

(从1908年开始密切"合作")

这样生长起来的著名的电气总公司(A.E.G.)统治着175—200个公司(通过"参与"制度)，总共支配着约15亿马克的资本。单是它在国外的直接代表机构就有34个，其中有12个是股份公司，分设在10多个国家中。早在1904年，德国电力工业在国外的投资就有23 300万马克，其中有6 200万投在俄国。不言而喻，这个电气总公司是一个大型的"联合"企业，单是它的制造公司就有16个，制造各种各样的产品，

---

①耶德尔斯的上述著作第232页。

从电缆和绝缘体,直到汽车和飞行器为止。

但是,欧洲的集中也就是美国集中过程的一个组成部分。当时的情况如下:

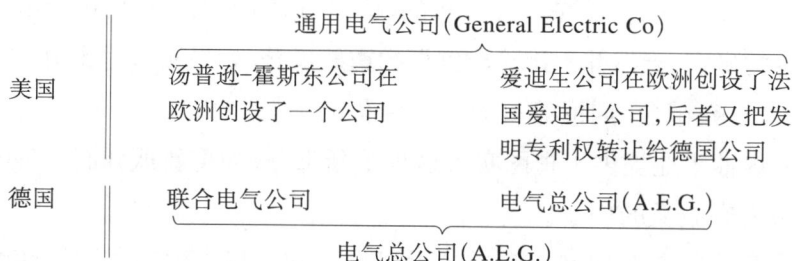

	通用电气公司(General Electric Co)	
美国	汤普逊-霍斯东公司在欧洲创设了一个公司	爱迪生公司在欧洲创设了法国爱迪生公司,后者又把发明专利权转让给德国公司
德国	联合电气公司	电气总公司(A.E.G.)
	电气总公司(A.E.G.)	

于是形成了**两个**电力"大国"。海尼希在他的《电力托拉斯之路》一文中写道:"世界上没有一个**完全**不依赖它们的电力公司。"关于这两个"托拉斯"的周转额和企业规模,下列数字可以使我们得到某种(远非完整的)概念:

	商品周转额 (单位百万马克)	职员人数	纯 利 (单位百万马克)
美国的通用电气公司 (G.E.C.)	1907年:252	28 000	35.4
	1910年:298	32 000	45.6
德国的电气总公司 (A.E.G.)	1907年:216	30 700	14.5
	1911年:362	60 800	21.7

1907年,美德两国的托拉斯订立了瓜分世界的协定。竞争消除了。通用电气公司(G.E.C.)"获得了"美国和加拿大,电气总公司(A.E.G.)"分得了"德国、奥地利、俄国、荷兰、丹麦、瑞士、土耳其和巴尔干。还就女儿公司渗入新的工业部门和"新的"即尚未正式被瓜分的国家问题,订立了单独的(当然是秘密的)协定。此外还规定要互相交

换发明和试验结果。①

　　这种实际上是统一的世界性托拉斯,支配着几十亿资本,在世界各地有"分支机构"、代表机构、代办处以及种种联系等等,要同这种托拉斯竞争,自然是十分困难的。但是,这两个强大的托拉斯瓜分世界的事实,当然并不排除对世界的**重新瓜分**,如果实力对比由于发展不平衡、战争、崩溃等等而发生变化的话。

　　煤油工业提供了企图实行这种重新瓜分,为重新瓜分而斗争的一个大有教益的例子。

　　耶德尔斯在1905年写道:"世界的煤油市场直到现在还被两大金融集团分占着:一个是洛克菲勒的美国煤油托拉斯(美孚油公司),一个是俄国巴库油田的老板路特希尔德和诺贝尔。这两个集团彼此有密切的联系,但是几年以来,它们的垄断地位一直受到五大敌人的威胁"②:(1)美国石油资源的枯竭;(2)巴库的曼塔舍夫公司的竞争;(3)奥地利的石油资源;(4)罗马尼亚的石油资源;(5)海外的石油资源,特别是荷兰殖民地的石油资源(极富足的塞缪尔公司和壳牌公司,它们同英国资本也有联系)。后面三个地区的企业是同最大的德意志银行为首的那些德国大银行有联系的。这些银行为了拥有"自己的"据点而有计划地独自发展煤油工业,例如在罗马尼亚。在罗马尼亚的煤油工业中,1907年有外国资本18 500万法郎,其中德国资本占7 400万。③

　　斗争开始了,这个斗争在经济著作中就叫做"瓜分世界"的斗

---

　　①里塞尔的上述著作,迪乌里奇的上述著作,第239页,库尔特·海尼希的上述文章。

　　②耶德尔斯的著作第192—193页。

　　③迪乌里奇的著作第245—246页。

争。一方面,洛克菲勒的煤油托拉斯想夺取**一切**,就在荷兰**本土**办了一个女儿公司,收买荷属印度①的石油资源,想以此来打击自己的主要敌人——英荷壳牌托拉斯。另一方面,德意志银行和其他柏林银行力求把罗马尼亚"保持"在"自己手里",使罗马尼亚同俄国联合起来反对洛克菲勒。洛克菲勒拥有大得多的资本,又拥有运输煤油和供应煤油给消费者的出色的组织。斗争的结果势必是德意志银行完全失败,它果然在1907年完全失败了,这时德意志银行只有两条出路:或者是放弃自己的"煤油利益",损失数百万;或者是屈服。结果德意志银行选择了后者,同煤油托拉斯订立了一项对自己很不利的合同。按照这项合同,德意志银行保证"不做任何损害美国利益的事情",但同时又规定,如果德国通过国家煤油垄断法,这项合同即告失效。

于是一出"煤油喜剧"开演了。德国金融大王之一、德意志银行的经理冯·格温纳,通过自己的私人秘书施陶斯发动了一场**主张**煤油垄断的宣传。这家最大的柏林银行的整个庞大机构、一切广泛的"联系"都开动起来了,报刊上一片声嘶力竭的反对美国托拉斯"压制"的"爱国主义"叫喊声。1911年3月15日,帝国国会几乎是一致地通过了请政府制定煤油垄断法案的决议。政府欣然接受了这个"受众人欢迎的"主张。于是,德意志银行旨在欺骗它的美国对手并用国家垄断来振兴自己业务的这场赌博,好像是已经赢了。德国煤油大王已经做着一种获得不亚于俄国糖厂主的大量利润的美梦…… 但是,第一,德国各大银行在分赃上彼此发生了争吵,贴现公司揭露了德意志银行的自私自利;第二,政府害怕同洛克菲勒斗争,因为德国是否能不通过洛克菲勒而获得煤油,还很成问题(罗马尼亚的生产率不高);第

①即今印度尼西亚。——编者注

三，1913年，正赶上德国要拨款10亿来准备战争。垄断法案搁下来了。斗争的结果是，洛克菲勒的煤油托拉斯暂时获得了胜利。

柏林的《银行》杂志关于这点写道，德国只有实行电力垄断，用水力发出廉价的电力，才能同煤油托拉斯斗争。这个杂志又说：但是，"电力垄断只有在生产者需要的时候才会实现，也就是说，只有在下一次电力工业大崩溃逼近、各私营电力工业康采恩现在在各处修建的已经从市政府和国家等等方面获得了某些垄断权的那些成本高的大电站不能获利的时候，才会实现。到那时候就只好使用水力；但是用水力发出廉价的电力也不能靠国家出钱来办，还是要交给'受国家监督的私人垄断组织'去经营，因为私营工业已经订立了许多契约……争得了巨额的补偿……　以前钾碱的垄断是如此，现在煤油的垄断是如此，将来电力的垄断也是如此。我们那些被美妙的原则迷住了的国家社会主义者，现在总该明白：德国的垄断组织从来没有抱定过这样的目的，也没有达到过这样的结果，即为消费者带来好处或者哪怕是交给国家一部分企业利润，它们仅仅是为了用国家的钱来振兴快要破产的私营工业罢了。"[①]

德国资产阶级经济学家不得不作出这种宝贵的供认。这里我们清楚地看到，在金融资本时代，私人垄断组织和国家垄断组织是交织在一起的，实际上这两种垄断组织都不过是最大的垄断者之间为瓜分世界而进行的帝国主义斗争中的一些环节而已。

在商轮航运业中，集中的巨大发展也引起了对世界的瓜分。德国形成了两个最大的公司，即汉堡——美洲包裹投递股份公司和北德劳埃德公司，它们各有资本2亿马克（股票和债券），各有价值18 500——

---

①1912年《银行》杂志第2期第629、1036页；1913年第1期第388页。

18 900万马克的轮船。另一方面，美国在1903年1月1日成立了所谓摩根托拉斯，即国际商轮公司，由美英两国的9个轮船公司合并而成，拥有资本12 000万美元（48 000万马克）。就在1903年，两家德国大公司和这个美英托拉斯签订了一项为瓜分利润而瓜分世界的合同。德国的公司在英美之间的航线上退出了竞争。合同明确地规定了哪些港口"归"谁"使用"，并且设立了一个共同的监察委员会等等。合同期定为20年，同时规定了一个附带条款：一旦发生战争，该合同即告废止。①

国际钢轨卡特尔形成的历史，也是大有教益的。早在1884年工业极为衰落的时候，英国、比利时、德国三国的钢轨制造厂就作过组织这种卡特尔的第一次尝试。它们议定不在缔约各国的国内市场上竞争，国外市场则按下列比例瓜分：英国占66%，德国占27%，比利时占7%。印度完全归英国。对于一个没有参加缔结协议的英国公司，它们就合力进攻，其耗费由出售总额中拿出一部分来补偿。但是到了1886年，有两个英国公司退出了同盟，这个同盟也就瓦解了。值得注意的是，在后来几次工业高涨时期，始终没有达成过协议。

1904年初，德国成立了钢铁辛迪加。1904年11月，国际钢轨卡特尔又按下列比例恢复起来了：英国占53.5%；德国占28.83%；比利时占17.67%。后来法国也加入了，它在第一、第二、第三年中所占份额分别为4.8%、5.8%、6.4%，这是在100%以外，即以104.8%等等为基数的。1905年，又有美国的钢铁托拉斯（钢铁公司）加入，随后奥地利和西班牙也加入了。福格尔施泰因在1910年写道："现在，地面已经分完了，于是那些大用户，首先是国营铁路——既然世界已经被瓜分

———————————
①里塞尔的上述著作第125页。

完毕而没有照顾它们的利益——，就可以像诗人一样生活在丘必特的天宫里了。"①

还要提一提1909年成立的国际锌业辛迪加，它把生产量在德、比、法、西、英五国的工厂集团之间作了明确的分配；还有国际火药托拉斯，用利夫曼的话来说，它是"德国所有炸药厂的最新式的紧密同盟，后来这些炸药厂与法美两国用同样的方法组织起来的代那买特炸药工厂一起，可以说是共同瓜分了整个世界"②。

据利夫曼统计，德国所参加的国际卡特尔，在1897年共有将近40个，到1910年就已经接近100个了。

有些资产阶级作家（现在卡·考茨基也加入了他们的行列，他完全背叛了像他在1909年所采取的那种马克思主义的立场）认为，国际卡特尔作为资本国际化的最突出的表现之一，给人们带来了在资本主义制度下各民族间实现和平的希望。这种意见在理论上是十分荒谬的，在实践上则是一种诡辩，是用欺骗的手段为最恶劣的机会主义辩护。国际卡特尔表明了现在资本主义垄断组织已经发展到怎样的程度，资本家同盟是**为了什么**而互相斗争。后面这一点是最重要的，只有它才能向我们说明当前发生的事情的历史经济意义，因为斗争的**形式**由于各种比较局部的和暂时的原因，可能发生变化，而且经常在发生变化，但是，只要阶级存在，斗争的**实质**，斗争的阶级**内容**，是始终**不会**改变的。很明显，掩饰现代经济斗争的**内容**（瓜分世界），而强调这个斗争的这种或那种**形式**，这是符合比如说德国资产阶级的利益的（考茨基在理论见解方面实质上已经转到德国资产阶级那

---

① 福格尔施泰因《组织形式》第100页。
② 利夫曼《卡特尔与托拉斯》第2版第161页。

边去了,这点我们以后还要说到)。考茨基也犯了同样的错误。这里所说的当然不是德国资产阶级,而是全世界的资产阶级。资本家瓜分世界,并不是因为他们的心肠特别狠毒,而是因为集中已经达到这样的阶段,使他们不得不走上这条获取利润的道路;而且他们是"按资本"、"按实力"来瓜分世界的,在商品生产和资本主义制度下也不可能有其他的瓜分方法。实力则是随经济和政治的发展而变化的;要了解当前发生的事情,就必须知道哪些问题要由实力的变化来解决,至于这些变化是"纯粹"经济的变化,还是**非**经济的(例如军事的)变化,却是次要的问题,丝毫不能改变对于资本主义最新时代的基本观点。拿资本家同盟互相进行斗争和订立契约的形式(今天是和平的,明天是非和平的,后天又是非和平的)问题来偷换斗争和协议的**内容**问题,就等于堕落成诡辩家。

最新资本主义时代向我们表明,资本家同盟之间**在**从经济上瓜分世界的**基础上**形成了一定的关系,而与此同时,与此相联系,各个政治同盟、各个国家之间在从领土上瓜分世界、争夺殖民地、"争夺经济领土"的基础上也形成了一定的关系。

六 大国瓜分世界

地理学家亚·苏潘在他的一本论述"欧洲殖民地的扩展"的书[①]

---

①亚·苏潘《欧洲殖民地的扩展》1906年版第254页。

中,对19世纪末的这种扩展情况,作了如下简短的总结:

属于欧洲殖民大国(包括美国在内)的土地面积所占的百分比

	1876年	1900年	增减数
在非洲……………	10.8%	90.4%	+79.6%
在波利尼西亚……	56.8%	98.9%	+42.1%
在亚洲…………	51.5%	56.6%	+5.1%
在澳洲…………	100.0%	100.0%	—
在美洲…………	27.5%	27.2%	−0.3%

苏潘得出结论说:"可见,这个时期的特点是瓜分非洲和波利尼西亚。"因为在亚洲和美洲,无主的土地,即不属于任何国家的土地已经没有了,所以应当扩大苏潘的结论,应当说,我们所考察的这个时期的特点是世界瓜分完毕。所谓完毕,并不是说不可能**重新瓜分**了——相反,重新瓜分是可能的,并且是不可避免的——,而是说在资本主义各国的殖民政策之下,我们这个行星上无主的土地都被霸占**完了**。世界已第一次被瓜分完毕,所以以后**只能**是重新瓜分,也就是从一个"主人"转归另一个"主人",而不是从无主的变为"有主的"。

可见,我们是处在一个同"资本主义发展的最新阶段"即金融资本密切联系的世界殖民政策的特殊时代。因此,首先必须较详细地研究一下实际材料,以便尽量确切地弄清楚这个时代和先前各个时代有什么不同,现在的情况究竟怎样。这里,首先就产生了两个事实问题:殖民政策的加强,争夺殖民地斗争的尖锐化,是不是恰好在金融资本时代出现的,在这方面,现在世界瓜分的情况究竟怎样。

周恩来读过的列宁著作

美国作家莫里斯在他写的一本关于殖民史的著作中 ①，对英、法、德三国在19世纪各个时期的殖民地面积的材料作了归纳。[81]现在把他所得出的结果简单列表如下：

殖 民 地 面 积

年　份	英　国 面积（单位百万平方英里）	英　国 人口（单位百万）	法　国 面积（单位百万平方英里）	法　国 人口（单位百万）	德　国 面积（单位百万平方英里）	德　国 人口（单位百万）
1815—1830年	?	126.4	0.02	0.5	—	—
1860年	2.5	145.1	0.2	3.4	—	—
1880年	7.7	267.9	0.7	7.5	—	—
1899年	9.3	309.0	3.7	56.4	1.0	14.7

英国特别加紧夺取殖民地是在1860—1880年这个时期，而且在19世纪最后20年还在大量地夺取。法德两国加紧夺取殖民地也正是在这20年间。我们在上面已经看到，垄断前的资本主义，即自由竞争占统治的资本主义，发展到顶点的时期是19世纪60年代和70年代。现在我们又看到，**正是在这个时期以后**，开始了夺取殖民地的大"高潮"，瓜分世界领土的斗争达到了极其尖锐的程度。所以，毫无疑问，资本主义向垄断资本主义阶段的过渡，即向金融资本的过渡，**是**同瓜分世界的斗争的尖锐化**联系着的**。

霍布森在论述帝国主义的著作中，把1884—1900年这个时期划为欧洲主要国家加紧"扩张"（扩大领土）的时期。据他计算，在这个时期，英国夺得了370万平方英里的土地和5 700万人口，法国360万平

---

①亨利·C.莫里斯《殖民史》1900年纽约版第2卷第88页，第1卷第419页，第2卷第304页。

方英里的土地和3 650万人口,德国100万平方英里的土地和1 470万人口,比利时90万平方英里的土地和3 000万人口,葡萄牙80万平方英里的土地和900万人口。在19世纪末,特别是自19世纪80年代以来,各资本主义国家拼命争夺殖民地,已是外交史和对外政策史上众所周知的事实。

在1840—1860年英国自由竞争最兴盛的时期,英国居于领导地位的资产阶级政治家是**反对**殖民政策的,他们认为殖民地的解放和完全脱离英国,是一件不可避免而且有益的事情。麦·贝尔在1898年发表的一篇论述"现代英国帝国主义"的文章[①]中指出,在1852年的时候,像迪斯累里这样一个一般说来是倾向于帝国主义的英国政治家,尚且说过:"殖民地是吊在我们脖子上的磨盘。"而到19世纪末,成为英国风云人物的,已经是公开鼓吹帝国主义、肆无忌惮地实行帝国主义政策的塞西尔·罗得斯和约瑟夫·张伯伦了!

值得注意的是,这些居于领导地位的英国资产阶级政治家当时就清楚地看到现代帝国主义的所谓纯粹经济根源和社会政治根源之间的联系。张伯伦鼓吹帝国主义是"正确、明智和经济的政策",他特别举出目前英国在世界市场上遇到的来自德国、美国、比利时的竞争。资本家说,挽救的办法是实行垄断,于是就创办卡特尔、辛迪加、托拉斯。资产阶级的政治领袖随声附和说,挽救的办法是实行垄断,于是就急急忙忙地去夺取世界上尚未瓜分的土地。据塞西尔·罗得斯的密友新闻记者斯特德说,1895年罗得斯曾经同他谈到自己的帝国主义的主张,罗得斯说:"我昨天在伦敦东头〈工人区〉参加了一个失业工人的集会。我在那里听到了一片狂叫'面包,面包!'的喊声。在回

---

①1898年《新时代》杂志第16年卷第1册第302页。

家的路上,我反复思考着看到的情景,结果我比以前更相信帝国主义的重要了……　我的一个夙愿就是解决社会问题,就是说,为了使联合王国4 000万居民免遭流血的内战,我们这些殖民主义政治家应当占领新的土地,来安置过剩的人口,为工厂和矿山生产的商品找到新的销售地区。我常常说,帝国就是吃饭问题。要是你不希望发生内战,你就应当成为帝国主义者。"①

　　百万富翁、金融大王、英布战争的罪魁塞西尔·罗得斯在1895年就是这样讲的。他对帝国主义的辩护只是比较粗俗,比较肆无忌惮,而实质上和马斯洛夫、休特古姆、波特列索夫、大卫诸先生以及那位俄国马克思主义创始人68等等的"理论"并没有什么不同。塞西尔·罗得斯是个比较诚实一点的社会沙文主义者……

　　为了对世界领土的瓜分情况和近几十年来这方面的变化作一个尽可能确切的描述,我们要利用苏潘在上述那部关于世界各大国殖民地问题的著作中提供的综合材料。苏潘选的是1876年和1900年,我们则选用1876年(这一年选得很恰当,因为正是到这个时候,垄断前阶段的西欧资本主义的发展,整个说来可以算是完成了)和1914年(用许布纳尔的《地理统计表》上的比较新的数字来代替苏潘的数字)。苏潘只列出了殖民地;我们认为,把关于非殖民国家和半殖民地的简略数字补充进去,对描绘瓜分世界的全貌是有益的。我们把波斯、中国和土耳其列入半殖民地,其中第一个国家差不多已经完全变成了殖民地,第二个和第三个国家正在变成殖民地。82

　　结果如下:

---

①1898年《新时代》杂志第16年卷第1册第304页。

大国的殖民地
（面积单位百万平方公里，人口单位百万）

	殖民地				宗主国		共计	
	1876年		1914年		1914年		1914年	
	面积	人口	面积	人口	面积	人口	面积	人口
英国………	22.5	251.9	33.5	393.5	0.3	46.5	33.8	440.0
俄国………	17.0	15.9	17.4	33.2	5.4	136.2	22.8	169.4
法国………	0.9	6.0	10.6	55.5	0.5	39.6	11.1	95.1
德国………	—	—	2.9	12.3	0.5	64.9	3.4	77.2
美国………	—	—	0.3	9.7	9.4	97.0	9.7	106.7
日本………	—	—	0.3	19.2	0.4	53.0	0.7	72.2
6个大国总计	40.4	273.8	65.0	523.4	16.5	437.2	81.5	960.6
其余大国（比利时、荷兰等）的殖民地 ……………………………							9.9	45.3
半殖民地（波斯、中国、土耳其）……………………………							14.5	361.2
其余国家 ……………………………							28.0	289.9
全　球 ……………………………							133.9	1 657.0

我们从这里清楚看到在19世纪和20世纪之交世界被瓜分"完毕"的情况。1876年以后，殖民地有极大的扩张：6个最大的大国的殖民地增加了一半以上，由4 000万平方公里增加到6 500万平方公里，增加了2 500万平方公里，比各宗主国的面积（1 650万）多一半。有3个大国在1876年根本没有殖民地，另一个大国法国，当时也差不多没有。到1914年，这4个大国获得的殖民地面积为1 410万平方公里，即大致比欧洲面积还大一半，这些殖民地的人口差不多有1亿。殖民地的扩张是非常不平衡的。例如拿面积和人口都相差不远的法、德、日三国来比较，就可以看出，法国的殖民地（按面积来说）几乎比德日两国殖民地的总和多两倍。不过在我们所谈的这个时代的初期，法国金融资本的数量大概也比德日两国的总和多几倍。除纯粹的经济条件而外，地理和其他条件也在这些经济条件的

基础上影响到殖民地的大小。近几十年来,在大工业、交换和金融资本的压力下,世界的均等化,即各国经济条件与生活条件的平均化,虽然进展得很快,但差别还是不小的。在上述6个国家中,我们看到,一方面有年轻的进步非常快的资本主义国家(美、德、日),另一方面有近来进步比前面几国慢得多的老的资本主义国家(法、英),另外还有一个经济上最落后的国家(俄国),这个国家的现代资本帝国主义可以说是被前资本主义关系的密网紧紧缠绕着。

除大国的殖民地以外,我们还列进了小国的小块殖民地。这些殖民地可以说是可能发生而且极可能发生的对殖民地的"重新瓜分"的最近目标。这些小国能够保持自己的殖民地,主要是因为大国之间存在着利益上的对立,存在着摩擦等等,妨碍了它们达到分赃的协议。至于"半殖民地"国家,它们是自然界和社会一切领域常见的过渡形式的例子。金融资本是一种存在于一切经济关系和一切国际关系中的巨大力量,可以说是起决定作用的力量,它甚至能够支配而且实际上已经支配着一些政治上完全独立的国家;这种例子我们马上就要讲到。不过,对金融资本最"方便"最有利的当然是使从属的国家和民族丧失政治独立**这样的**支配。半殖民地国家是这方面的"中间"形式的典型。显然,在金融资本时代,当世界上其他地方已经瓜分完毕的时候,争夺这些半附属国的斗争也就必然特别尖锐起来。

殖民政策和帝国主义在资本主义最新阶段以前,甚至在资本主义以前就已经有了。以奴隶制为基础的罗马就推行过殖民政策,实行过帝国主义。但是,"泛泛地"谈论帝国主义而忘记或忽视社会经济形态的根本区别,必然会变成最空洞的废话或吹嘘,就像把"大罗马和大不列颠"相提并论那样①。就是资本主义**过去**各阶段的资本主义殖民政策,同金融资本的殖民政策也是有重大差别的。

最新资本主义的基本特点是最大企业家的垄断同盟的统治。当这种垄断组织独自霸占了**所有**原料产地的时候,它们就巩固无比了。我们已经看到,资本家国际同盟怎样拼命地致力于剥夺对方进行竞争的一切可能,收买譬如蕴藏铁矿的土地或石油资源等等。只有占领殖民地,才能充分保证垄断组织自如地应付同竞争者的斗争中的各种意外事件,包括对方打算用国家垄断法来实行自卫这样的意外事件。资本主义愈发达,原料愈感缺乏,竞争和追逐全世界原料产地的斗争愈尖锐,抢占殖民地的斗争也就愈激烈。

施尔德尔写道:"可以作出一个在某些人看来也许是怪诞不经的论断,就是说,城市人口和工业人口的增长,在较近的将来与其说会遇到食品缺乏的障碍,远不如说会遇到工业原料缺乏的障碍。"例如木材(它变得日益昂贵)、皮革和纺织工业原料,都愈来愈缺乏。"工业家同盟企图在整个世界经济的范围内造成农业和工业的平衡;1904年几个主要工业国家的棉纺业工厂主同盟成立的国际同盟就是一个例子;后来在1910年,欧洲麻纺业厂主同盟也仿照它成立了一个同盟。"②

当然,资产阶级改良主义者,其中尤其是现在的考茨基主义者,总是企图贬低这种事实的意义,说不用"代价很大而且很危险的"殖民政策就"可以"在自由市场上取得原料,说"简单地"改善一下一般农业的条件就"可以"大大增加原料的供应。但是,这样说就成了替帝

①查·普·卢卡斯《大罗马和大不列颠》1912年牛津版,或克罗美尔伯爵《古代帝国主义和现代帝国主义》1910年伦敦版。

②施尔德尔的上述著作第38—42页。

国主义辩护,替帝国主义涂脂抹粉,因为这样说就是忘记了最新资本主义的主要特点——垄断。自由市场愈来愈成为过去的事情,垄断性的辛迪加和托拉斯一天天地缩小自由市场,而"简单地"改善一下农业条件,就得改善民众的处境,提高工资,减少利润。可是,除了在甜蜜的改良主义者的幻想里,哪里会有能够关心民众的处境而不关心夺取殖民地的托拉斯呢?

对于金融资本来说,不仅已经发现的原料产地,而且可能有原料的地方,都是有意义的,因为当代技术发展异常迅速,今天无用的土地,要是明天找到新的方法(为了这个目的,大银行可以配备工程师和农艺师等等去进行专门的考察),要是投入大量资本,就会变成有用的土地。矿藏的勘探,加工和利用各种原料的新方法等等,也是如此。因此,金融资本必然力图扩大经济领土,甚至一般领土。托拉斯估计到将来"可能获得的"(而不是现有的)利润,估计到将来垄断的结果,把自己的财产按高一两倍的估价资本化;同样,金融资本也估计到可能获得的原料产地,唯恐在争夺世界上尚未瓜分的最后几块土地或重新瓜分已经瓜分了的一些土地的疯狂斗争中落后于他人,总想尽量夺取更多的土地,不管这是一些什么样的土地,不管这些土地在什么地方,也不管采取什么手段。

英国资本家用尽一切办法竭力在**自己的**殖民地埃及发展棉花生产(1904年埃及的230万公顷耕地中,就有60万公顷,即$\frac{1}{4}$以上用来种植棉花),俄国资本家在**自己的**殖民地土耳其斯坦也这样做,因为这样他们就能较容易地打败外国的竞争者,较容易地垄断原料产地,成立一个实行"联合"生产、包揽棉花种植和加工的**各个**阶段的、更经济更盈利的纺织业托拉斯。

资本输出的利益也同样地在推动人们去夺取殖民地,因为在殖民地市场上,更容易(有时甚至只有在那里才可能)用垄断的手段排除竞争者,保证由自己来供应,巩固相应的"联系"等等。

在金融资本的基础上生长起来的非经济的上层建筑,即金融资本的政策和意识形态,加强了夺取殖民地的趋向。希法亭说得很对:"金融资本要的不是自由,而是统治。"有一个法国资产阶级作家好像是在发挥和补充上述塞西尔·罗得斯的思想①,他写道,现代殖民政策除经济原因外,还应当加上社会原因:"愈来愈艰难的生活不仅压迫着工人群众,而且压迫着中间阶级,因此在一切老的文明国家中都积下了'一种危及社会安定的急躁、愤怒和憎恨的情绪;应当为脱离一定阶级常轨的力量找到应用的场所,应当给它在国外找到出路,以免在国内发生爆炸'。"②

既然谈到资本帝国主义时代的殖民政策,那就必须指出,金融资本和同它相适应的国际政策,即归根到底是大国为了在经济上和政治上瓜分世界而斗争的国际政策,造成了许多**过渡的**国家依附形式。这个时代的典型的国家形式不仅有两大类国家,即殖民地占有国和殖民地,而且有各种形式的附属国,它们在政治上、形式上是独立的,实际上却被金融和外交方面的依附关系的罗网缠绕着。上面我们已经说过一种形式——半殖民地。而阿根廷这样的国家则是另一种形式的典型。

舒尔采-格弗尼茨在一本论不列颠帝国主义的著作中写道:"南美,特别是阿根廷,在金融上如此依附于伦敦,应当说是几乎成了英

---

① 见本书第166—167页。——编者注

② 瓦尔《法国在殖民地》,转引自昂利·吕西埃《大洋洲的瓜分》1905年巴黎版第165页。

国的商业殖民地。"①施尔德尔根据奥匈帝国驻布宜诺斯艾利斯的领事1909年的报告,确定英国在阿根廷的投资有875 000万法郎。不难设想,由于这笔投资,英国金融资本及其忠实"友人"英国外交,同阿根廷资产阶级,同阿根廷整个经济政治生活的领导人物有着多么巩固的联系。

葡萄牙的例子向我们表明了政治上独立而金融上和外交上不独立的另一种稍微不同的形式。葡萄牙是个独立的主权国家,但是实际上从西班牙王位继承战争(1701—1714年)起,这200多年来它始终处在英国的保护之下,英国为了加强它在反对自己的敌人西班牙和法国的斗争中的地位,保护了葡萄牙及其殖民地。英国以此换得了商业上的利益,换得了向葡萄牙及其殖民地输出商品、尤其是输出资本的优惠条件,换得了使用葡萄牙的港口、岛屿、电缆等等的便利。②某些大国和小国之间的这种关系过去一向就有,但是在资本帝国主义时代,这种关系成了普遍的制度,成了"瓜分世界"的全部关系中的一部分,成了世界金融资本活动中的环节。

为了结束关于瓜分世界问题的讨论,我们还要指出下面一点。不但美西战争以后的美国著作和英布战争以后的英国著作,在19世纪末和20世纪初十分公开而明确地提出了这个问题,不但最"忌妒地"注视着"不列颠帝国主义"的德国著作经常在估计这个事实,而且在法国资产阶级著作中,就资产阶级可以达到的程度来说,问题也提得相当明确而广泛。让我们来引证历史学家德里奥的一段话,他在

---

①舒尔采-格弗尼茨《20世纪初的不列颠帝国主义和英国自由贸易》1906年莱比锡版第318页,以及萨尔托里乌斯·冯·瓦尔特斯豪森《国外投资的国民经济制度》1907年柏林版第46页。

②施尔德尔的上述著作第1卷第160—161页。

《19世纪末的政治问题和社会问题》一书中论述"大国与瓜分世界"的一章里写道:"近年来世界上所有未被占据的地方,除了中国以外,都被欧洲和北美的大国占据了。在这个基础上已经发生了某些冲突和势力变动,这一切预示着最近的将来会有更可怕的爆发。因为大家都得急急忙忙地干:凡是没有及时得到一份的国家,就可能永远得不到它的一份,永远不能参加对世界的大规模开拓,而这将是下一世纪即20世纪最重要的事实之一。所以近来全欧洲和美国都充满了殖民扩张和'帝国主义'的狂热,'帝国主义'成了19世纪末最突出的特点。"作者又补充说:"在这种瓜分世界的情况下,在这种疯狂追逐地球上的宝藏和巨大市场的角斗中,这个世纪即19世纪建立起来的各个帝国之间的力量对比,是与建立这些帝国的民族在欧洲所占的地位完全不相称的。在欧洲占优势的大国,即欧洲命运的主宰者,**并非**在全世界也占有同样的优势。因为强大的殖民实力和占有尚未查明的财富的希望,显然会反过来影响欧洲大国的力量对比,所以殖民地问题(也可以说是"帝国主义")这个已经改变了欧洲本身政治局面的问题,一定还会日甚一日地改变这个局面。"[1]

七 帝国主义是资本主义的特殊阶段

现在我们应当试作一个总结,把以上关于帝国主义的论述归纳

---

[1] J.爱·德里奥《政治问题和社会问题》1900年巴黎版第299页。

一下。帝国主义是作为一般资本主义基本特性的发展和直接继续而生长起来的。但是，只有在资本主义发展到一定的、很高的阶段，资本主义的某些基本特性开始转化成自己的对立面，从资本主义到更高级的社会经济结构的过渡时代的特点已经全面形成和暴露出来的时候，资本主义才变成了资本帝国主义。在这一过程中，经济上的基本事实，就是资本主义的自由竞争为资本主义的垄断所代替。自由竞争是资本主义和一般商品生产的基本特性；垄断是自由竞争的直接对立面，但是我们眼看着自由竞争开始转化为垄断：自由竞争造成大生产，排挤小生产，又用更大的生产来代替大生产，使生产和资本的集中达到这样的程度，以致从中产生了并且还在产生着垄断，即卡特尔、辛迪加、托拉斯以及同它们相融合的十来家支配着几十亿资金的银行的资本。同时，从自由竞争中生长起来的垄断并不消除自由竞争，而是凌驾于这种竞争之上，与之并存，因而产生许多特别尖锐特别剧烈的矛盾、摩擦和冲突。垄断是从资本主义到更高级的制度的过渡。

如果必须给帝国主义下一个尽量简短的定义，那就应当说，帝国主义是资本主义的垄断阶段。这样的定义能包括最主要之点，因为一方面，金融资本就是和工业家垄断同盟的资本融合起来的少数垄断性的最大银行的银行资本；另一方面，瓜分世界，就是由无阻碍地向未被任何一个资本主义大国占据的地区推行的殖民政策，过渡到垄断地占有已经瓜分完了的世界领土的殖民政策。

过于简短的定义虽然方便（因为它概括了主要之点），但是要从中分别推导出应当下定义的现象的那些最重要的特点，这样的定义毕竟是不够的。因此，如果不忘记所有定义都只有有条件的、相对的意义，永远也不能包括充分发展的现象一切方面的联系，就应当给帝国主义下这样一个定义，其中要包括帝国主义的如下五个基本特征：

（1）生产和资本的集中发展到这样高的程度，以致造成了在经济生活中起决定作用的垄断组织；（2）银行资本和工业资本已经融合起来，在这个"金融资本的"基础上形成了金融寡头；（3）和商品输出不同的资本输出具有特别重要的意义；（4）瓜分世界的资本家国际垄断同盟已经形成；（5）最大资本主义大国已把世界上的领土瓜分完毕。帝国主义是发展到垄断组织和金融资本的统治已经确立、资本输出具有突出意义、国际托拉斯开始瓜分世界、一些最大的资本主义国家已把世界全部领土瓜分完毕这一阶段的资本主义。

下面我们还会看到，如果不仅注意到基本的、纯粹经济的概念（上述定义就只限于这些概念），而且注意到现阶段的资本主义同一般资本主义相比所占的历史地位，或者注意到帝国主义同工人运动中两个主要派别的关系，那就可以而且应当给帝国主义另外下一个定义。现在先必须指出，帝国主义，按上述意义来了解，无疑是资本主义发展的一个特殊阶段。为了使读者对于帝国主义有一个有充分根据的了解，我们故意尽量多引用了一些不得不承认最新资本主义经济中十分确凿的事实的**资产阶级**经济学家所发表的意见。为了同一目的，我们又引用了一些详细的统计材料，从中可以看出银行资本等究竟发展到了怎样的程度，看出量转化为质，发达的资本主义转化为帝国主义，究竟表现在什么地方。不用说，自然界和社会里的一切界限当然都是有条件的、变动的，如果去争论帝国主义究竟在哪一年或哪一个10年"最终"确立，那是荒唐的。

但是，我们不得不在帝国主义的定义问题上，首先同所谓第二国际时代（1889—1914年这25年间）主要的马克思主义理论家卡·考茨基进行争论。在1915年，甚至早在1914年11月，考茨基就十分坚决地反对我们给帝国主义下的定义所表述的基本思想，他说不应当把帝国主义了解为一个经济上的"时期"或阶段,而应当了解为一种政策,即金融资本"比较爱好的"政策;不应当把帝国主义和"现代资本主义""等同起来";如果把帝国主义了解为"现代资本主义的一切现象"(卡特尔、保护主义、金融家的统治、殖民政策),那么帝国主义是资本主义所必需的这个问题就成了"最乏味的同义反复",因为那样的话,"帝国主义就自然是资本主义生存所必需的了",等等。为了最确切地表述考茨基的思想,我们引用他给帝国主义所下的定义,这个定义是直接反对我们所阐述的那些思想的实质的(因为,考茨基早已知道,多年来贯彻类似思想的德国马克思主义者阵营中所提出的反驳,正是马克思主义的一个派别所提出的反驳)。

考茨基的定义说:

"帝国主义是高度发达的工业资本主义的产物。帝国主义就是每个工业资本主义民族力图吞并或征服愈来愈多的**农业**〈黑体是考茨基用的〉区域,而不管那里居住的是什么民族。"[1]

这个定义是根本要不得的,因为它片面地,也就是任意地单单强调了一个民族问题(虽然这个问题无论就其本身还是就其对帝国主义的关系来说,都是极其重要的),任意地和**错误地**把这个问题**单单**同兼并其他民族的那些国家的工业资本联系起来,又同样任意地和错误地突出了对农业区域的兼并。

帝国主义就是力图兼并,——考茨基的定义的**政治**方面归结起来就是这样。这是对的,但是极不完全,因为在政治方面,帝国主义是力图使用暴力和实行反动。不过在这里我们要研究的是考茨基**本人**

---

[1] 1914年《新时代》杂志第32年卷第2册(1914年9月11日)第909页;参看1915年第2册第107页及以下各页。

纳入**他的**定义中的**经济**方面。考茨基定义的错误是十分明显的。帝国主义的特点，恰好**不是**工业资本**而是**金融资本。在法国，恰好是在工业资本削弱的情况下**金融**资本特别迅速的发展，从上一世纪80年代开始使兼并政策(殖民政策)极度加强起来，这并不是偶然的。帝国主义的特点恰好**不只是**力图兼并农业区域，甚至还力图兼并工业极发达的区域(德国对比利时的野心，法国对洛林的野心)，因为第一，世界已经瓜分完了，在**重新瓜分**的时候，就不得不把手伸向**任何**一块土地；第二，帝国主义的重要特点，是几个大国争夺霸权，即争夺领土，其目的与其说是直接为了自己，不如说是为了削弱对方，破坏**对方的**霸权(比利时作为反英据点对德国来说特别重要，巴格达作为反德据点对英国来说也一样重要，如此等等)。

考茨基特地搬出、并且屡次搬出英国人来，似乎英国人确定的帝国主义一词的纯粹政治含义，是和他考茨基的意思相符的。现在就来看看英国人霍布森在他1902年出版的《帝国主义》一书中是怎样写的：

"新帝国主义和老帝国主义不同的地方在于：第一，一个日益强盛的帝国的野心，被几个互相竞争的帝国的理论和实践所代替，其中每个帝国都同样渴望政治扩张和贪图商业利益；第二，金融利益或投资利益统治着商业利益。"[1]

我们看到，考茨基笼统地搬出英国人来，是绝对没有事实根据的(他要搬的话，也只能是搬出那些庸俗的英国帝国主义者或帝国主义的公开辩护士)。我们看到，考茨基标榜自己在继续维护马克思主义，实际上比**社会自由主义者**霍布森还后退了一步，因为霍布森还**比**

---

① 霍布森《帝国主义》1902年伦敦版第324页。

较正确地估计到现代帝国主义的两个"历史的具体的"(考茨基的定义恰好是对历史的具体性的嘲弄!)特点:(1)**几个**帝国主义互相竞争;(2)金融家比商人占优势。如果主要是工业国兼并农业国的问题,那就把商人抬上首要地位了。

考茨基的定义不仅是错误的和非马克思主义的,而且还成了全面背离马克思主义理论和马克思主义实践的那一整套观点的基础,这一点以后还要讲到。考茨基挑起的那种字面上的争论,即资本主义的最新阶段应当叫做帝国主义还是叫做金融资本阶段,是毫无意义的争论。随便你怎样叫都是一样。关键在于考茨基把帝国主义的政治同它的经济割裂开了,把兼并解释为金融资本"比较爱好的"政策,并且拿同一金融资本基础上的另一种似乎可能有的资产阶级政策和它对立。照这样说来,经济上的垄断是可以同政治上的非垄断、非暴力、非掠夺的行动方式相容的。照这样说来,瓜分世界领土(这种瓜分恰巧是在金融资本时代完成的并成了最大的资本主义国家现在互相竞争的特殊形式的基础)也是可以同非帝国主义的政策相容的。这样一来,就不是暴露资本主义最新阶段最根本的矛盾的深刻性,而是掩饰、缓和这些矛盾;这样一来,就不是马克思主义,而是资产阶级改良主义。

考茨基同德国的一个帝国主义和兼并政策的辩护士库诺争论过。库诺笨拙而又无耻地推论说:帝国主义是现代资本主义;资本主义的发展是不可避免的和进步的,所以帝国主义也是进步的,所以必须跪在帝国主义面前歌功颂德!这种话就像民粹派在1894—1895年讽刺俄国马克思主义者的时候所说的那些话,说什么如果马克思主义者认为资本主义在俄国是不可避免的和进步的,那么他们就应当开起酒馆来培植资本主义。考茨基反驳库诺说:不对,帝国主义并不是现代资本主义,而只是现代资本主义政策的形式之一,我们可以而且应当同这种政策作斗争,同帝国主义,同兼并等等作斗争。

这种反驳好像很有道理,实际上却等于更巧妙更隐蔽地(因此是更危险地)宣传同帝国主义调和,因为同托拉斯和银行的政策"作斗争"而不触动托拉斯和银行的经济基础,那就不过是资产阶级的改良主义与和平主义,不过是一种善良而天真的愿望而已。不是充分暴露矛盾的深刻性,而是回避存在的矛盾,忘掉其中最重要的矛盾,——这就是考茨基的理论,它同马克思主义毫无共同之点。显然,这种"理论"只能用来维护同库诺之流保持统一的思想!

考茨基写道:"从纯粹经济的观点看来,资本主义不是不可能再经历一个新的阶段,即把卡特尔政策应用到对外政策上的超帝国主义的阶段"[1],也就是全世界各帝国主义彼此联合而不是互相斗争的阶段,在资本主义制度下停止战争的阶段,"实行国际联合的金融资本共同剥削世界"的阶段[2]。

关于这个"超帝国主义论",我们以后还要谈到,以便详细地说明这个理论背弃马克思主义到了何等彻底而无可挽回的地步。现在,按照本书的总的计划,我们要看一看有关这个问题的确切的经济材料。"从纯粹经济的观点看来",这个"超帝国主义"究竟是可能实现的呢,还是超等废话?

---

①1914年《新时代》杂志第32年卷第2册(1914年9月11日)第921页;参看1915年第2册第107页及以下各页。

②1915年《新时代》杂志第1册(1915年4月30日)第144页。

如果纯粹经济的观点指的是一种"纯粹的"抽象概念,那么,说到底只能归结为这样一个论点:发展的趋势是走向垄断组织,因而也就是走向一个全世界的垄断组织,走向一个全世界的托拉斯。这是不容争辩的,不过也是毫无内容的,就好像说:"发展的趋势"是走向在实验室里生产食物。在这个意义上,超帝国主义"论"就如同什么"超农业论"一样是荒唐的。

如果谈金融资本时代的"纯粹经济"条件,是指20世纪初这个历史的具体时代,那么对于"超帝国主义"这种僵死的抽象概念(它完全是为了一个最反动的目的,就是使人不去注意**现有**矛盾的深刻性)的最好回答,就是拿现代世界经济的具体经济现实同它加以对比。考茨基关于超帝国主义的毫无内容的议论还鼓舞了那种十分错误的、为帝国主义辩护士助长声势的思想,似乎金融资本的统治是在**削弱**世界经济内部的不平衡和矛盾,其实金融资本的统治是在**加剧**这种不平衡和矛盾。[83]

理·卡尔韦尔在他写的《世界经济导论》①这本小册子里,对可以具体说明19世纪和20世纪之交世界经济内部相互关系的最重要的纯粹经济材料,作了归纳的尝试。他把整个世界分为5个"主要经济区域":(1)中欧区(除俄国和英国以外的整个欧洲);(2)不列颠区;(3)俄国区;(4)东亚区;(5)美洲区。同时他把殖民地列入所属国的"区域"内,而"撇开了"少数没有按上述区域划分的国家,例如亚洲的波斯、阿富汗和阿拉伯,非洲的摩洛哥和阿比西尼亚等等。

现在把他所列出的这些区域的经济材料摘录如下:

---

①理·卡尔韦尔《世界经济导论》1906年柏林版。

世界主要经济区域	面积(单位百万平方公里)	人口(单位百万)	交通运输业		贸易(进出口共计)(单位十亿马克)	工 业		
			铁路(单位千公里)	商船(单位百万吨)		煤炭产量(单位百万吨)	生铁产量	棉纺织业纱锭数目(单位百万)
(1)中欧区	27.6 (23.6)①	388 (146)①	204	8	41	251	15	26
(2)不列颠区	28.9 (28.6)①	398 (355)①	140	11	25	249	9	51
(3)俄国区	22	131	63	1	3	16	3	7
(4)东亚区	12	389	8	1	2	8	0.02	2
(5)美洲区	30	148	379	6	14	245	14	19

我们看到,有三个区域是资本主义高度发达(交通运输业、贸易和工业都十分发达)的区域,即中欧区、不列颠区和美洲区。其中德、英、美三国是统治着世界的国家。它们相互间的帝国主义竞争和斗争是非常尖锐的,因为德国的地区很小,殖民地又少,而"中欧区"的形成还有待于将来,现时它正在殊死的斗争中逐渐产生。目前整个欧洲的特征是政治上分散。相反,在不列颠区和美洲区,政治上却高度集中,但是它们之间又有极大的差别:前者有广大的殖民地,后者的殖民地却十分少。在殖民地,资本主义刚刚开始发展。争夺南美的斗争愈来愈尖锐。

有两个区域是资本主义不发达的区域,即俄国区和东亚区。前者人口密度极小,后者极大;前者政治上很集中,后者不集中。瓜分中国才刚刚开始,日美等国争夺中国的斗争愈来愈激烈。

请把考茨基关于"和平的"超帝国主义那种愚蠢可笑的胡说,拿来同经济政治条件极不相同、各国发展速度等等极不一致、各帝国主

①括号里是殖民地的面积和人口。

义国家间存在着疯狂斗争的实际情形比较一下吧。难道这不是吓坏了的小市民想逃避可怕的现实的反动企图吗?难道被考茨基当做"超帝国主义"的胚胎的国际卡特尔(正像"可以"把在实验室里生产片剂说成是超农业的胚胎一样),不就是向我们表明瓜分世界**和重新瓜分**世界、由和平瓜分转为非和平瓜分、再由非和平瓜分转为和平瓜分的一个例子吗?难道从前同德国一起(例如在国际钢轨辛迪加或国际商轮航运业托拉斯里)和平地瓜分过整个世界的美国和其他国家的金融资本,现在不是在按照以完全**非**和平的方式改变着的新的实力对比**重新瓜分**世界吗?

金融资本和托拉斯不是削弱而是加强了世界经济各个部分在发展速度上的差异。既然实力对比发生了变化,那么**在资本主义制度下**,除了用**实力**来解决矛盾,还有什么别的办法呢?在铁路的统计中,我们可以看到说明整个世界经济中资本主义和金融资本发展速度不同的非常准确的材料。①在帝国主义发展的最近几十年中,铁路长度变更的情形如下:

	铁路长度(单位千公里)		
	1890年	1913年	增 加 数
欧洲	224	346	＋122
美国	268	411	＋143
所有殖民地	82 ⎫	210 ⎫	＋128 ⎫
亚美两洲的独立国和	⎬125	⎬347	⎬＋222
半独立国	43 ⎭	137 ⎭	＋ 94 ⎭
共 计	617	1 104	

可见,铁路发展得最快的是殖民地和亚美两洲的独立国(以及

①1915年《德意志帝国统计年鉴》[84];1892年《铁路业文汇》[85];关于1890年各国殖民地间铁路分布方面的某些详细情形,只能作一个大致的估计[86]。

半独立国）。大家知道,这里是由四五个最大的资本主义国家的金融资本统治着一切,支配着一切。在殖民地及亚美两洲其他国家建筑20万公里的新铁路,这意味着在特别有利的条件下,在收入有特别的保证、铸钢厂可以获得厚利订货等等的条件下,新投入400多亿马克的资本。

资本主义在殖民地和海外国家发展得最快。在这些国家中出现了**新的**帝国主义大国(如日本)。全世界帝国主义之间的斗争尖锐起来了。金融资本从特别盈利的殖民地企业和海外企业得到的贡款日益增加。在瓜分这种"赃物"的时候,有极大一部分落到了那些在生产力发展的速度上并不是常常占第一位的国家手里。各最大的强国及其殖民地的铁路总长度如下:

(单位千公里)

	1890年	1913年	
美国 ·························	268	413	＋145
不列颠帝国 ··················	107	208	＋101
俄国 ·························	32	78	＋46
德国 ·························	43	68	＋25
法国 ·························	41	63	＋22
5个大国共计··············	491	830	＋339

可见,将近80%的铁路集中在5个最大的强国手中,但是这些铁路的**所有权**的集中程度,金融资本的集中程度,还要高得多,例如美、俄及其他国家铁路的大量股票和债券都属于英法两国的百万富翁。

英国靠自己的殖民地,把"自己的"铁路网增加了10万公里,比德国增加的多3倍。但是,谁都知道,这一时期德国生产力的发展,特别是煤炭和钢铁生产的发展,其速度之快是英国无法比拟的,更不必说法国和俄国了。1892年,德国的生铁产量为490万吨,英国为680万吨；但是到1912年，已经是1 760万吨比900万吨，也就是说，德国永远地超过英国了！[①]试问，**在资本主义基础上**，要消除生产力发展和资本积累同金融资本对殖民地和"势力范围"的瓜分这两者之间不相适应的状况，除了用战争以外，还能有什么其他办法呢？

八　资本主义的寄生性和腐朽

现在我们还要来研究一下帝国主义的另一个非常重要的方面，大多数关于帝国主义的论述，对这个方面往往认识不足。马克思主义者希法亭的缺点之一，就是他在这一点上比非马克思主义者霍布森还后退了一步。我们说的就是帝国主义所特有的寄生性。

我们已经看到，帝国主义最深厚的经济基础就是垄断。这是资本主义的垄断，也就是说，这种垄断是从资本主义生长起来并且处在资本主义、商品生产和竞争的一般环境里，同这种一般环境始终有无法解决的矛盾。尽管如此，这种垄断还是同任何垄断一样，必然产生停滞和腐朽的趋向。在规定了（即使是暂时地）垄断价格的范围内，技术进步因而也是其他一切进步的动因，前进的动因，就在一定程度上消失了；其次**在经济上**也就有可能人为地阻碍技术进步。例如，美国有个姓欧文斯的发明了一种能引起制瓶业革命的制瓶机。德国制瓶

[①]并参看埃德加·克勒芒德《不列颠帝国同德意志帝国的经济关系》，该文载于1914年7月《皇家统计学会杂志》第777页及以下各页。

工厂主的卡特尔收买了欧文斯的发明专利权,可是却把这个发明束之高阁,阻碍它的应用。当然,在资本主义制度下,垄断决不能完全地、长久地排除世界市场上的竞争(这也是超帝国主义论荒谬的原因之一)。用改良技术的办法可能降低生产费用和提高利润,这种可能性当然是促进着各种变化的。但是垄断所固有的停滞和腐朽的**趋势**仍旧在发生作用,而且在某些工业部门,在某些国家,在一定的时期,这种趋势还占上风。

垄断地占有特别广大、富饶或地理位置方便的殖民地,也起着同样的作用。

其次,帝国主义就是货币资本大量聚集于少数国家,其数额,如我们看到的,分别达到1 000—1 500亿法郎(有价证券)。于是,以"剪息票"为生,根本不参与任何企业经营、终日游手好闲的食利者阶级,确切些说,食利者阶层,就大大地增长起来。帝国主义最重要的经济基础之一——资本输出,更加使食利者阶层完完全全脱离了生产,给那种靠剥削几个海外国家和殖民地的劳动为生的整个国家打上了寄生性的烙印。

霍布森写道:"在1893年,不列颠在国外的投资,约占联合王国财富总额的15%。"[1]我们要指出,到1915年,这种资本又增加了大约一倍半。霍布森又说:"侵略性的帝国主义,要纳税人付出很高代价,对于工商业者来说殊少价值,……然而对于寻找投资场所的资本家〈在英语里,这个概念是用"investor"一词来表示的,意即"投资者",食利者〉,却是大量利润的来源。""据统计学家吉芬计算,1899年大不列颠从全部对外贸易和殖民地贸易(输入和输出)得到的全部年收

---

① 霍布森的书第59、62页。

入是1 800万英镑〈约合17 000万卢布〉,这是按贸易总额8亿英镑的2.5%推算出来的。"尽管这个数目不小,它却不能说明大不列颠侵略性的帝国主义。能够说明它的是9 000—10 000万英镑从"投资"得到的收入,也就是食利者阶层的收入。

在世界上"贸易"最发达的国家,食利者的收入竟比对外贸易的收入高4倍!这就是帝国主义和帝国主义寄生性的实质。

因此,"食利国"(Rentnerstaat)或高利贷国这一概念,就成了论述帝国主义的经济著作中通用的概念。世界分为极少数高利贷国和极大多数债务国。舒尔采-格弗尼茨写道:"在国外投资中占第一位的,是对政治上附属的或结盟的国家的投资:英国贷款给埃及、日本、中国和南美。在必要时,英国的海军就充当法警。英国的政治力量保护着英国,防止债务人造反。"①萨尔托里乌斯·冯·瓦尔特斯豪森在他所著的《国外投资的国民经济制度》一书中,把荷兰当做"食利国"的典型,并且说现在英国和法国也正在成为这样的国家。②施尔德尔认为英国、法国、德国、比利时和瑞士这5个工业国家,是"明显的债权国"。他没有把荷兰算进去,只是因为荷兰"工业不大发达"③。而美国仅仅是美洲的债权人。

舒尔采-格弗尼茨写道:"英国逐渐由工业国变成债权国。虽然工业生产和工业品出口有了绝对的增加,但是,利息、股息和发行证券、担任中介、进行投机等方面的收入,在整个国民经济中的相对意义愈来愈大了。依我看来,这个事实正是帝国主义繁荣的经济基础。债权

---

①舒尔采-格弗尼茨《不列颠帝国主义》第320页及其他各页。
②萨·冯·瓦尔特斯豪森《国外投资的国民经济制度》1907年柏林版第4册。
③施尔德尔的著作第393页。

人和债务人之间的关系,要比卖主和买主之间的关系更巩固些。"①
关于德国的情形,柏林的《银行》杂志出版人阿·兰斯堡1911年在他
的《德国是食利国》一文中写了如下一段话:"德国人喜欢讥笑法国人
显露出来的那种渴望变为食利者的倾向。但是他们忘记了,就资产阶
级来说,德国的情况同法国是愈来愈相像了。"②

食利国是寄生腐朽的资本主义的国家,这不能不影响到这种国
家的一切社会政治条件,尤其是影响到工人运动的两个主要派别。为
了尽量把这一点说清楚,我们还是引用霍布森的话。他是一个最"可
靠的"证人,因为谁也不会疑心他偏袒"马克思主义的正统思想";另
一方面他又是英国人,很了解这个殖民地最广大、金融资本最雄厚、
帝国主义经验最丰富的国家的情况。

霍布森在对英布战争的印象很鲜明的情况下,描述了帝国主义
同"金融家"利益的联系,以及"金融家"从承包、供应等业务获得的利
润增加的情形,他说:"资本家是这一明显的寄生性政策的指挥者;但
是同一动机对工人中间的特殊阶层也起作用。在很多城市中,最重要
的工业部门都要依靠政府的订货;冶金工业和造船工业中心的帝国
主义,也在不小的程度上可以归因于这个事实。"这位作者认为,有两
种情况削弱了旧帝国的力量:(1)"经济寄生性";(2)用附属国的人民
编成军队。"第一种情况是经济寄生习气,这种习气使得统治国利用
占领地、殖民地和附属国来达到本国统治阶级发财致富的目的,来
收买本国下层阶级,使他们安分守己。"我们要补充一句:为了在经
济上有可能进行这样的收买,不管收买的形式如何,都必须有垄断

---

① 舒尔采-格弗尼茨《不列颠帝国主义》第122页。
② 1911年《银行》杂志第1期第10—11页。

高额利润。

关于第二种情况，霍布森写道："帝国主义盲目症的最奇怪的症候之一，就是大不列颠、法国等帝国主义国家走上这条道路时所抱的那种漫不经心的态度。在这方面走得最远的是大不列颠。我们征服印度帝国的大部分战斗都是我们用土著人编成的军队进行的；在印度和近来在埃及，庞大的常备军是由英国人担任指挥的；我们征服非洲的各次战争，除了征服南部非洲的以外，几乎都是由土著人替我们进行的。"

瓜分中国的前景，使霍布森作出了这样一种经济上的估计："到那时，西欧大部分地区的面貌和性质，都将同现在有些国家的部分地区，如英格兰南部、里夫耶拉以及意大利和瑞士那些游人最盛、富人最多的地方一样，也会有极少数从远东取得股息和年金的富豪贵族，连同一批人数稍多的家臣和商人，为数更多的家仆以及从事运输和易腐坏产品最后加工的工人。主要的骨干工业部门就会消失，而大批的食品和半成品会作为贡品由亚非两洲源源而来。""西方国家更广泛的同盟，即欧洲大国联邦向我们展示的前途就是，这个联邦不仅不会推进全世界的文明事业，反而有造成西方寄生性的巨大危险：产生出这样一批先进的工业国家，这些国家的上层阶级从亚非两洲获得巨额的贡款，并且利用这种贡款来豢养大批驯服的家臣，他们不再从事大宗的农产品和工业品的生产，而是替个人服务，或者在新的金融贵族监督下从事次要的工业劳动。让那些漠视这种理论〈应当说：前途〉、认为这个理论不值得研究的人，去思考一下已经处于这种状态的目前英格兰南部各区的经济条件和社会条件吧。让他们想一想，一旦中国受这种金融家、'投资者'及其政治方面和工商业方面的职员的经济控制，使他们能从这个世界上所知道的最大的潜在富源汲取利润，以便在欧洲消费，这套方式将会扩展到怎样巨大的程度。当然，情况是极为复杂的，世界上各种力量的变化也难以逆料，所以不能很有把握地对未来作出某种唯一的预测。但是，现在支配着西欧帝国主义的那些势力，是在向着这个方向发展的。如果这些势力不遇到什么抵抗，不被引上另一个方面，它们就确实会朝着完成这一过程的方向努力。"①

　　作者说得完全对：**如果**帝国主义的力量不遇到抵抗，它就确实会走向这种结局。这里对于目前帝国主义情况下的"欧洲联邦"的意义，作了正确的估计。要补充的只有一点，就是**在**工人运动**内部**，目前在大多数国家暂时获得胜利的机会主义者，**也是**经常地一贯地朝着这个方向"努力"的。帝国主义意味着瓜分世界而不只是剥削中国一个国家，意味着极少数最富的国家享有垄断高额利润，所以，它们在经济上就有可能去收买无产阶级的上层，从而培植、形成和巩固机会主义。不过不要把反对帝国主义、特别是反对机会主义的那些力量忘掉，这些力量，社会自由主义者霍布森自然是看不到的。

　　德国机会主义者格尔哈德·希尔德布兰德过去因为替帝国主义辩护而被开除出党，现在满可以充当德国所谓"社会民主"党的领袖，他给霍布森作了一个很好的补充，鼓吹"西欧联邦"（俄国除外），以便"共同"行动……反对非洲黑人、反对"大伊斯兰教运动"，以便维持"强大的陆海军"，对付"中日联盟"②，等等。

　　舒尔采－格弗尼茨对"不列颠帝国主义"的描绘，向我们揭示了同

---

①霍布森的著作第103、205、144、335、386页。
②格尔哈德·希尔德布兰德《工业统治地位和工业社会主义的动摇》1910年版第229页及以下各页。

样的寄生性特征。从1865年到1898年,英国的国民收入增加了大约1倍,而这一时期"来自国外"的收入却增加了**8倍**。如果说帝国主义的"功劳"是"教育黑人去劳动"(不用强制手段是不行的……),那么帝国主义的"危险"就在于,"欧洲将把体力劳动,起初把农业劳动和矿业劳动,然后把比较笨重的工业劳动,推给有色人种去干,自己则安然地当食利者,也许这样就为有色人种的经济解放以及后来的政治解放作好了准备"。

在英国,愈来愈多的土地不再用于农业生产,而成了专供富人运动作乐的场所。人们谈到苏格兰这个最贵族化的、用做打猎和其他运动的地方时,都说"它是靠自己的过去和卡内基先生〈美国亿万富翁〉生活的"。英国每年单是花在赛马和猎狐上面的费用,就有1 400万英镑(约合13 000万卢布)。英国食利者的人数约有100万。从事生产的人口的百分比日益下降:

	英国人口	主要工业部门的 工人人数	工人在人口总数中 所占的百分比
	（ 单 位 百 万 ）		
1851年……	17.9	4.1	23%
1901年……	32.5	4.9	15%

这位研究"20世纪初的不列颠帝国主义"的资产阶级学者谈到英国工人阶级的时候,不得不经常把工人"**上层**"和"**真正的无产阶级下层**"加以区别。上层中间有大批人参加合作社、工会、体育团体和许多教派。选举权是同这个阶层的地位相适应的,这种选举权在英国"还有**相当多的限制,以排除真正的无产阶级下层**"!!为了粉饰英国工人阶级的状况,人们通常只谈论在无产阶级中占**少数**的这个上层,例如,"失业问题主要是涉及伦敦和无产阶级下层,**这个下层是政治**

家们很少重视的……"① 应当说资产阶级政客和"社会党人"机会主义者们很少重视。

从帝国主义国家移往国外的人数逐渐减少,从比较落后的、工资比较低的国家移入帝国主义国家的人数(流入的工人和移民)却逐渐增加,这也是与上面描述的一系列现象有关的帝国主义特点之一。据霍布森说,英国移往国外的人数从1884年起开始减少:1884年有242 000人,而1900年只有169 000人。德国移往国外的人数,在1881—1890年的10年中达到了最高峰,有1 453 000人,但是在后来的两个10年里,又减少到544 000人和341 000人。同时,从奥、意、俄及其他国家移入德国的工人却增加了。根据1907年的人口调查,德国有1 342 294个外国人,其中产业工人有440 800人,农业工人有257 329人。②法国的采矿工业工人"很大一部分"是外国人——波兰人、意大利人和西班牙人③。在美国,从东欧和南欧移入的侨民做工资最低的工作,在升为监工和做工资最高的工作的工人中,美国工人所占的百分比最大。④帝国主义有一种趋势,就是在工人中间也分化出一些特权阶层,并且使他们脱离广大的无产阶级群众。

必须指出:在英国,帝国主义分裂工人、加强工人中间的机会主义、造成工人运动在一段时间内腐化的这种趋势,在19世纪末和20世纪初以前很久,就已经表现出来了。因为英国从19世纪中叶起,就具备了帝国主义的两大特点:拥有广大的殖民地;在世界市场上占垄

---

① 舒尔采-格弗尼茨《不列颠帝国主义》第301页。

② 《德意志帝国统计》第211卷。

③ 亨盖尔《法国的投资》1913年斯图加特版。

④ 古尔维奇《移民与劳动》1913年纽约版。

断地位。马克思和恩格斯在几十年中一直密切注视着工人运动中的机会主义和英国资本主义的帝国主义特点之间的这种联系。例如,恩格斯在1858年10月7日给马克思的信中说:"英国无产阶级实际上日益资产阶级化了,因而这一所有民族中最资产阶级化的民族,看来想把事情最终导致这样的地步,即**除了**资产阶级,还要有资产阶级化的贵族和资产阶级化的无产阶级。自然,对一个剥削全世界的民族来说,这在某种程度上是有道理的。"过了将近$\frac{1}{4}$世纪,恩格斯又在1881年8月11日写的信里说到了"被中产阶级收买了的,或至少是领取中产阶级报酬的人所领导的最坏的英国工联"。恩格斯在1882年9月12日给考茨基的信中又说:"您问我:英国工人对殖民政策的想法如何?这和他们对一般政策的想法一样。这里没有工人政党,有的只是保守党和自由激进党,而工人十分安然地同他们共享英国的殖民地垄断权和英国在世界市场上的垄断权。"[①](恩格斯在1892年为《英国工人阶级状况》第2版所写的序言中,也叙述了同样的看法。[②])

这里已经把原因和后果明白地指出来了。原因是:(1)这个国家剥削全世界;(2)它在世界市场上占有垄断地位;(3)它拥有殖民地垄

---

①《马克思和恩格斯通信集》第2卷第290页;第4卷第433页(见《马克思恩格斯全集》第1版第29卷第344—345页;第35卷第18页。——编者注)。卡·考茨基《社会主义与殖民政策》1907年柏林版第79页;这本小册子是考茨基在很早很早以前,当他还是马克思主义者的时候写的(书中所引的恩格斯1882年9月12日给考茨基的信,见《马克思恩格斯全集》第1版第35卷第351—354页。——编者注)。

②见《马克思恩格斯选集》第4卷人民出版社1972年版第271—287页。——编者注

断权。后果是：（1）英国一部分无产阶级已经资产阶级化了；（2）英国一部分无产阶级受那些被资产阶级收买或至少是领取资产阶级报酬的人领导。在20世纪初，帝国主义完成了极少数国家对世界的瓜分，其中每个国家现在都剥削着（指榨取超额利润）"全世界"的一部分，只是比英国在1858年剥削的地方稍小一点；每一个国家都由于托拉斯、卡特尔、金融资本以及债权人对债务人的关系等等而在世界市场上占有垄断地位；每个国家都在一定程度上拥有殖民地垄断权（我们已经看到，世界上7 500万平方公里的**全部**殖民地中，有**6 500万**平方公里，即86%集中在6个大国手里；有**6 100万**平方公里，即81%集中在3个大国手里）。

　　现在局势的特点在于形成了以下这些经济政治条件：帝国主义已经从萌芽状态生长为统治的体系，资本主义垄断组织在国民经济和政治中居于首要地位，世界已经瓜分完毕；另一方面我们看到，作为整个20世纪初期特征的已经不是英国独占垄断权，而是少数帝国主义大国为分占垄断权而斗争。这些经济政治条件，不能不使机会主义同工人运动总的根本的利益更加不可调和。现在，机会主义已经不能像在19世纪后半期的英国那样，在一个国家的工人运动里取得完全胜利达几十年之久，但是它在许多国家里已经成熟，已经过度成熟，已经腐烂，并且作为社会沙文主义而同资产阶级的政策完全融合起来了。①

①波特列索夫之流、契恒凯里之流、马斯洛夫之流等等先生们所代表的俄国社会沙文主义，无论是它的公开形式，或是它的隐蔽形式（如齐赫泽、斯柯别列夫、阿克雪里罗得、马尔托夫等先生），都是从机会主义的俄国变种即从取消主义87生长起来的。

1925—1949年我国出版的列宁《帝国主义是资本主义的最高阶段》的部分中译本

九　对帝国主义的批评

这里所说的对帝国主义的批评是指广义的批评，是指社会各阶级根据自己的一般意识形态对帝国主义政策所采取的态度。

集中在少数人手里的大量金融资本，建立了非常广泛而细密的关系和联系网，从而不仅控制了大批中小资本家，而且控制了大批最小的资本家和小业主，这是一方面；另一方面，同另一些国家的金融家集团为瓜分世界和统治其他国家而进行着尖锐的斗争，——这一切使所有的有产阶级全都转到帝国主义方面去了。"普遍"迷恋于帝国主义的前途，疯狂地捍卫帝国主义，千方百计地美化帝国主义，——这就是当代的标志。帝国主义的意识形态也渗透到工人阶级里面去了。工人阶级和其他阶级之间并没有隔着一道万里长城。德国现在的所谓"社会民主"党的领袖，被人们公正地称为"社会帝国主义者"，即口头上的社会主义者，实际上的帝国主义者，而霍布森早在1902年，就已经指出英国存在着属于机会主义"费边社"[88]的"费边帝国主义者"了。

资产阶级的学者和政论家替帝国主义辩护，通常都是采用比较隐蔽的方式，掩盖帝国主义的完全统治和帝国主义的深刻根源，竭力把局部的东西和次要的细节放在主要的地位，拼命用一些根本无关紧要的"改良"计划，诸如由警察监督托拉斯或银行等等，来转移人们对实质问题的注意。至于那些肆无忌惮的露骨的帝国主义者的言论却比较少见,这些人倒敢于承认改良帝国主义的基本特性的想法是荒谬的。

举个例子来说吧。一些德国帝国主义者在《世界经济文汇》这一刊物中,力图考察殖民地的民族解放运动,当然特别是那些非德属殖民地的民族解放运动。他们提到了印度的风潮和抗议运动,纳塔尔(南部非洲)的运动,荷属印度的运动等等。其中有人在评论一家英国刊物有关亚、非、欧三洲受外国统治的各民族代表于1910年6月28—30日举行的从属民族和种族代表会议的报道时,对会议上的演说作了这样的评价,他说:"据称,必须同帝国主义作斗争;统治国应当承认从属民族的独立权;国际法庭应当监督大国同弱小民族订立的条约的履行。除了表示这些天真的愿望以外,代表会议并没有继续前进。我们看不出他们对下面这个真理有丝毫的了解:帝国主义同目前形式的资本主义有不可分割的联系,所以〈!!〉同帝国主义作直接的斗争是没有希望的,除非仅限于反对某些特别可恶的过火现象。"①因为用改良主义的方法修改帝国主义的基础不过是一种欺骗,是一种"天真的愿望",因为被压迫民族的资产阶级代表没有"继续"前进,所以压迫民族的资产阶级代表就"继续"**后退**了,后退到在标榜"科学性"的幌子下向帝国主义卑躬屈膝的地步。这也是一种"逻辑"!

能不能用改良主义的方法改变帝国主义的基础?是前进,去进一步加剧和加深帝国主义所产生的种种矛盾呢,还是后退,去缓和这些矛盾?这些问题是对帝国主义批评的根本问题。帝国主义在政治上的特点,是由金融寡头的压迫和自由竞争的消除引起的全面的反动和民族压迫的加强,所以在20世纪初期,几乎在所有帝国主义国家

————

①《世界经济文汇》杂志第2卷第193页。

中都出现了反对帝国主义的小资产阶级民主派反对派。考茨基以及考茨基主义这一广泛的国际思潮背离马克思主义的地方,就在于考茨基不仅没有设法、没有能够使自己同这个经济上根本反动的小资产阶级改良主义反对派对立起来,反而在实践上和它同流合污。

1898年对西班牙的帝国主义战争,在美国引起了"反帝国主义者",即资产阶级民主派的最后的莫希干人[89]的反对。他们把这次战争叫做"罪恶的"战争,认为兼并别国土地是违背宪法的,认为对菲律宾土著人领袖阿奎纳多的行为是"沙文主义者的欺骗"(先答应阿奎纳多给菲律宾以自由,后来又派美国军队登陆,兼并了菲律宾),并且引用了林肯的话:"白人自己治理自己是自治;白人自己治理自己同时又治理别人,就不是自治而是专制。"[①]但是,既然这全部批评都不敢承认帝国主义同托拉斯、也就是同资本主义的基础有不可分割的联系,不敢同大资本主义及其发展所造成的力量站在一起,那么这种批评就始终是一种"天真的愿望"。

霍布森批评帝国主义的时候所采取的基本立场也是如此。霍布森否认"帝国主义的不可避免性",呼吁必须"提高"居民的"消费能力"(在资本主义制度下!),比考茨基还早。用小资产阶级的观点批评帝国主义,批评银行支配一切,批评金融寡头等等的,还有我们屡次引用过的阿加德、阿·兰斯堡、路·埃施韦格,在法国作家中有《英国与帝国主义》这本肤浅的书(1900年出版)的作者维克多·贝拉尔。所有这些人丝毫不想冒充马克思主义者,他们用自由竞争和民主来反对帝国主义,谴责势必引起冲突和战争的建筑巴格达铁路的计划,表示了维护和平的"天真的愿望"等等。最后还有从事国际证券发行统计

---

① 约·帕图叶《美国帝国主义》1904年第戎版第272页。

的阿·奈马尔克,他在1912年计算出"国际"有价证券数达几千亿法郎的时候,不禁叫了起来:"难道可以设想和平会受到破坏吗?……有了这样大的数字,还会去冒险挑起战争吗?"①

资产阶级经济学家这样天真,倒没有什么奇怪,而且他们显得这样天真,"郑重其事地"谈论帝国主义制度下的和平,对他们反而**是有利的**。可是考茨基在1914年、1915年、1916年也采取了这种资产阶级改良主义的观点,硬说在和平问题上,"大家〈帝国主义者、所谓社会党人和社会和平主义者〉意见都是一致的",试问他还有一点马克思主义的气味吗?这不是分析和揭露帝国主义矛盾的深刻性,而不过是抱着一种改良主义的"天真的愿望",想撇开这些矛盾,回避这些矛盾。

下面是考茨基从经济上对帝国主义进行批评的典型例子。他举出1872年和1912年英国对埃及进出口的统计材料,看到这方面的进出口额比英国总的进出口额增长得慢。于是考茨基得出结论说:"我们没有任何根据认为,不用武力占领埃及而依靠单纯的经济因素的作用,英国同埃及的贸易就会增长得慢些。""资本扩张的意图""不通过帝国主义的暴力方法,而通过和平的民主能够实现得最好"。②

考茨基的这个论断,被他的俄国随从(也是俄国的一个为社会沙文主义者打掩护的人)斯佩克塔托尔先生用各种各样的调子重弹过的论断,是考茨基主义对帝国主义的批评的基础,所以我们必须较详细地谈一谈。我们从引证希法亭的言论开始,因为考茨基曾经多次

---

①《国际统计研究所公报》第19卷第2册第225页。

②考茨基《民族国家、帝国主义国家和国家联盟》1915年纽伦堡版第72页和第70页。

(包括1915年4月那次在内)声称,希法亭的结论是"所有社会党人理论家一致同意的"。

希法亭写道:"无产阶级不应当用自由贸易时代的和敌视国家的那种已经落后的政策去反对向前发展了的资本主义政策。无产阶级对金融资本的经济政策的回答,对帝国主义的回答,不可能是贸易自由,而只能是社会主义。现在无产阶级政策的目的不可能是恢复自由竞争这样的理想(这种理想现在已经变成反动的理想了),而只能是通过消除资本主义来彻底消灭竞争。"①

考茨基维护对金融资本时代来说是"反动的理想",维护"和平的民主"和"单纯的经济因素的作用",从而背离了马克思主义,因为这个理想**在客观上**是开倒车,是从垄断资本主义倒退到非垄断资本主义,是一种改良主义的骗局。

如果**不用**武力占领,如果没有帝国主义,没有金融资本,那么英国同埃及(或者同其他殖民地或半殖民地)的贸易"就会增长得"快些。这是什么意思?这是不是说,如果自由竞争没有受到任何垄断的限制,没有受到金融资本的"联系"或压迫(这也是垄断)的限制,没有受到某些国家垄断地占有殖民地的限制,那么资本主义就会发展得快些呢?

考茨基的论断不可能有别的意思,而**这个**"意思"却是毫无意思的。就假定**会这样**,如果没有任何垄断,自由竞争**会**使资本主义和贸易发展得更快些。但是,要知道贸易和资本主义发展得愈快,**产生**垄断的生产和资本的集中就愈是加强。况且垄断**已经**产生了,恰好是**从**自由竞争中产生出来的!即使现在垄断开始延缓发展,这也不能成为

---

①《金融资本》第567页。

主张自由竞争的论据，因为在产生垄断以后自由竞争就不可能了。

不管你怎样把考茨基的论断翻来覆去地看，这里面除了反动性和资产阶级改良主义以外，没有任何别的东西。

即使把这种论断修改一下，像斯佩克塔托尔说的那样，现在英属殖民地同英国的贸易，比英属殖民地同其他国家的贸易发展得慢些，——这也挽救不了考茨基。因为打击英国的**也是**垄断，**也是**帝国主义，不过是其他国家的(美国的、德国的)垄断和帝国主义。大家知道，卡特尔导致了一种新型的、独特的保护关税，它所保护的(这一点恩格斯在《资本论》第3卷上就已经指出来了[①])恰好是那些可供出口的物品。其次，大家知道，卡特尔和金融资本有一套"按倾销价格输出"的做法，也就是英国人所说的"抛售"的做法：卡特尔在国内按垄断的高价出卖产品，而在国外却按极低廉的价格销售，以便打倒自己的竞争者，把自己的生产扩大到最大限度等等。即使同英属殖民地的贸易，德国比英国发展得快些，那也只能证明德国帝国主义比英国帝国主义更新、更强大、更有组织、水平更高，而决不能证明自由贸易的"优越"，因为这里并不是自由贸易同保护主义或殖民地附属关系作斗争，而是一个帝国主义同另一个帝国主义、一个垄断组织同另一个垄断组织、一个金融资本同另一个金融资本作斗争。德国帝国主义对英国帝国主义的优势，比殖民地疆界的屏障或保护关税的壁垒更厉害。如果由此得出**主张**自由贸易与"和平的民主"的"论据"，那是庸俗的，是忘掉帝国主义的基本特点和特性，是用小市民的改良主义来代替马克思主义。

有趣的是，甚至资产阶级经济学家阿·兰斯堡，虽然也同考茨基

---

① 见《马克思恩格斯全集》第1版第25卷第137—138页。——编者注

一样对帝国主义作了小市民式的批评，但是他对贸易统计材料毕竟作了比较科学的整理。他并不是随便拿一个国家，也不是单拿一个殖民地来同其余国家比较，而是拿一个帝国主义国家的两种输出作比较：第一种是对在金融上依附于它、向它借钱的国家的输出，第二种是对在金融上独立的国家的输出。结果如下：

德国的输出（单位百万马克）

		1889年	1908年	增加的百分数
对在金融上依附于德国的国家的输出	罗马尼亚	48.2	70.8	+47%
	葡萄牙	19.0	32.8	+73%
	阿根廷	60.7	147.0	+143%
	巴西	48.7	84.5	+73%
	智利	28.3	52.4	+85%
	土耳其	29.9	64.0	+114%
	总计	234.8	451.5	+92%
对在金融上不依附于德国的国家的输出	大不列颠	651.8	997.4	+53%
	法国	210.2	437.9	+108%
	比利时	137.2	322.8	+135%
	瑞士	177.4	401.1	+127%
	澳大利亚	21.2	64.5	+205%
	荷属印度	8.8	40.7	+363%
	总计	1 206.6	2 264.4	+87%

兰斯堡没有作**总结**，所以他令人奇怪地没有察觉：**如果**这些数字能够证明什么的话，那只能证明他自己**不对**，因为对在金融上不独立的国家的输出，**毕竟**要比对在金融上独立的国家的输出增加得**快些**，虽然快得并不多（我们把"如果"两字加上着重标记，是因为兰斯堡的统计还是很不完全的）。

兰斯堡在考察输出和贷款的关系时写道：

"在1890—91年度，罗马尼亚通过几家德国银行签订了一项债约。其实在前几年,这些德国银行就已经在提供这笔贷款了。这笔贷款主要是用来向德国购买铁路材料的。1891年德国对罗马尼亚的输出是5 500万马克。下一年就降到3 940万马克;以后断断续续地下降,到1900年一直降到2 540万马克。直到最近几年,因为有了两笔新的贷款,才又达到了1891年的水平。

德国对葡萄牙的输出,由于1888—89年度的贷款而增加到2 110万马克(1890年),在以后两年内,又降到1 620万马克和740万马克,直到1903年才达到原先的水平。

德国同阿根廷贸易的材料更为明显。由于1888年和1890年的两次贷款,德国对阿根廷的输出在1889年达到了6 070万马克。两年后,输出只有1 860万马克,还不到过去的$\frac{1}{3}$。直到1901年,才达到并超过1889年的水平,这是同发行新的国家债券和市政债券,同出资兴建电力厂以及其他信贷业务有关的。

德国对智利的输出,由于1889年的贷款,增加到4 520万马克(1892年),一年后降到了2 250万马克。1906年通过德国几家银行签订了一项新的债约以后,输出又增加到8 470万马克(1907年),而到1908年又降到了5 240万马克。"[1]

兰斯堡从这些事实中得出了一种可笑的小市民说教:同贷款相联系的输出是多么不稳定、不均衡;把资本输出国外而不用来"自然地"、"和谐地"发展本国工业,是多么不好;办理外国债券时,克虏伯要付出几百万的酬金,代价是多么"巨大",等等。但是事实清楚地说明:输出的增加,**恰好**是同金融资本的骗人勾当相联系的,金融资本并不关心什么资产阶级的说教,它要从一头牛身上剥下两张皮来:第

---

①1909年《银行》杂志第2期第819页及以下各页。

一张皮是从贷款取得的利润,第二张皮是在**同一笔**贷款被用来购买克虏伯的产品或钢铁辛迪加的铁路材料等等时取得的利润。

再说一遍,我们决不认为兰斯堡的统计是完备的,但是必须加以引用,因为它比考茨基和斯佩克塔托尔的统计科学一些,因为兰斯堡提供了对待问题的正确方法。要议论金融资本在输出等等方面的作用,就要善于着重地、专门地说明输出同金融家骗人勾当的联系,同卡特尔产品的销售等等的联系。简单地拿殖民地同非殖民地比较,拿一个帝国主义同另一个帝国主义比较,拿一个半殖民地或殖民地(如埃及)同其余一切国家比较,那就正是回避和掩饰问题的**实质**。

考茨基在理论上对帝国主义进行的批评,其所以同马克思主义毫无共同之点,其所以只能用来鼓吹同机会主义者和社会沙文主义者保持和平和统一,就是因为这种批评恰恰回避和掩饰了帝国主义最深刻、最根本的矛盾:垄断同与之并存的自由竞争的矛盾,金融资本的庞大"业务"(以及巨额利润)同自由市场上"诚实的"买卖的矛盾,卡特尔、托拉斯同没有卡特尔化的工业的矛盾等等。

考茨基胡诌出来的那个臭名昭著的"超帝国主义"论,也具有完全相同的反动性质。请把考茨基在1915年关于这个问题的论断同霍布森在1902年的论断比较一下。

考茨基说:"……现在的帝国主义的政策会不会被一种新的超帝国主义的政策所取代,这种新的超帝国主义的政策,将以实行国际联合的金融资本共同剥削世界来代替各国金融资本的相互斗争。不管怎样,资本主义的这样一个新阶段是可以设想的。至于它能否实现,现在还没有足够的前提对此作出判断。"①

①1915年4月30日《新时代》杂志第144页。

霍布森说："基督教在各自占有若干未开化的属地的少数大联邦帝国里已经根深蒂固了，很多人觉得基督教正是现代趋势的最合理的发展，并且是这样一种发展，它最有希望在国际帝国主义的巩固的基础上达到永久的和平。"

被考茨基叫做超帝国主义的东西，也就是霍布森比他早13年叫做国际帝国主义的那个东西。除了用一个拉丁语词头代替另一个词头，编造出一个深奥的新词以外，考茨基的"科学"见解的唯一的进步，就是企图把霍布森所描写的东西，实质上是英国牧师的伪善言词，冒充为马克思主义。在英布战争以后，英国牧师这一高贵等级把主要力量用来**安慰**那些在南部非洲作战丧失了不少生命，并且为保证英国金融家有更高的利润而交纳了更高捐税的英国小市民和工人，这本来是很自然的。除了说帝国主义并不那么坏，说它很快就要成为能够保障永久和平的国际（或超）帝国主义，还能有什么更好的安慰呢？不管英国的牧师或甜蜜的考茨基抱着什么样的善良意图，考茨基的"理论"的客观即真正的社会意义只有一个，就是拿资本主义制度下可能达到永久和平的希望，对群众进行最反动的安慰，其方法就是使人们不去注意现代的尖锐矛盾和尖锐问题，而去注意某种所谓新的将来的"超帝国主义"的虚假前途。在考茨基的"马克思主义"理论里，除了对群众的欺骗以外，没有任何别的东西。

其实只要同那些人人皆知的不容争辩的事实好好对比一下，就会清楚地知道，考茨基硬要德国工人（和各国工人）相信的那种前途是多么虚假。拿印度、印度支那和中国来说吧。谁都知道，这三个共有6—7亿人口的殖民地和半殖民地的国家，是受英、法、日、美等几个帝国主义大国的金融资本剥削的。假定这些帝国主义国家组成了几个彼此敌对的联盟，以保持或扩大它们在上述亚洲国家中的领地、利益和"势力范围",这将是一些"国际帝国主义的"或"超帝国主义的"联盟。假定**所有**帝国主义大国组成一个联盟来"和平"瓜分上述亚洲国家,这将是一种"实行国际联合的金融资本"。在20世纪的历史上就有这种联盟的实际例子,如列强共同对付中国[90]就是这样。试问,在保存着资本主义的条件下(考茨基正是以这样的条件为前提的),"可以设想"这些联盟不是暂时的联盟吗?"可以设想"这些联盟会消除各种各样的摩擦、冲突和斗争吗?

只要明确地提出问题,就不能不给以否定的回答。因为在资本主义制度下,瓜分势力范围、利益和殖民地等等,除了以瓜分者的**实力**,也就是以整个经济、金融、军事等等的实力为根据外,**不可能设想**有其他的根据。而这些瓜分者的实力的变化又各不相同,因为在资本主义制度下,各个企业、各个托拉斯、各个工业部门、各个国家的发展不可能是**平衡的**。如果拿半个世纪以前德国的资本主义实力同当时英国的实力相比,那时德国还小得可怜;日本同俄国相比,也是如此。是否"可以设想"一二十年之后,帝国主义大国的实力对比依然**没有**变化呢?绝对不可以。

所以,资本主义现实中的(而不是英国牧师或德国"马克思主义者"考茨基的庸俗的小市民幻想中的)"国际帝国主义的"或"超帝国主义的"联盟,不管形式如何,不管是一个帝国主义联盟去反对另一个帝国主义联盟,还是**所有**帝国主义大国结成一个总联盟,都**不可**避免地只会是两次战争之间的"喘息"。和平的联盟准备着战争,同时它又是从战争中生长出来的,两者互相制约,在世界经济和世界政治的帝国主义联系和相互关系这个**同一**基础上,形成和平斗争形式与非和平斗争形式的彼此交替。聪明绝顶的考茨基为了安定工人,使他们同投到资产阶级方面去的社会沙文主义者调和,就把一条链子上的这一环节同另一环节**割开**,把今天**所有**大国为了"安定"中国(请回忆一下对义和团起义的镇压)而结成的和平的(而且是超帝国主义的,甚至是超而又超的帝国主义的)联盟,同明天的、非和平的冲突割开,而这种非和平的冲突,又准备着后天"和平的"总联盟来瓜分譬如说土耳其,**如此等等**。考茨基不提帝国主义和平时期同帝国主义战争时期之间的活生生的联系,而把僵死的抽象概念献给工人,是为了使工人同他们那些僵死的领袖调和。

美国人希尔在他的《欧洲国际关系发展中的外交史》一书序言中,把现代外交史分为以下几个时期:(1)革命时代;(2)立宪运动;(3)当今的"商业帝国主义"时代[1]。另一个作家则把1870年以来的大不列颠"世界政策"史分为四个时期:(1)第一个亚洲时期(反对俄国在中亚朝印度方向扩张);(2)非洲时期(大约在1885—1902年),为了瓜分非洲而同法国斗争(1898年的"法索达"事件[91],——差一点同法国作战);(3)第二个亚洲时期(与日本缔约反对俄国);(4)"欧洲"时期,主要是反对德国[2]。早在1905年,银行"活动家"里塞尔就说过:"政治前哨战是在金融的基础上开展起来的。"他指出,法国金融资本在意大利进行活动,为法意两国的政治联盟作了准备;德英两国为了争夺波斯以及所有欧洲国家的资本为了贷款给中国而展开了斗争,等等。这就是"超帝国主义的"和平联盟同普通帝国主义的冲突有不可分割的联系的活生生的现实。

考茨基掩盖帝国主义的最深刻的矛盾,就必然会美化帝国主义,这在他对帝国主义政治特性的批评中也表现出来了。帝国主义是

---

[1]戴维·杰恩·希尔《欧洲国际关系发展中的外交史》第1卷第Ⅹ页。
[2]施尔德尔的上述著作第178页。

金融资本和垄断组织的时代,金融资本和垄断组织到处都带有统治的趋向而不是自由的趋向。这种趋势的结果,就是在一切政治制度下都发生全面的反动,这方面的矛盾也极端尖锐化。民族压迫、兼并的趋向即破坏民族独立的趋向(因为兼并正是破坏民族自决)也变本加厉了。希法亭很正确地指出了帝国主义和民族压迫加剧之间的联系,他写道:"在新开辟的地区,输入的资本加深了各种矛盾,引起那些有了民族自觉的人民对外来者的愈来愈强烈的反抗;这种反抗很容易发展成为反对外国资本的危险行动。旧的社会关系发生了根本的变革,各'史外民族'千年来的农村闭塞状态日益被破坏,他们正被卷到资本主义的漩涡中去。资本主义本身在逐渐地为被征服者提供解放的手段和方法。于是他们也就提出了欧洲民族曾经认为是至高无上的目标:建立统一的民族国家,作为争取经济自由和文化自由的手段。这种独立运动,使欧洲资本在它那些最有价值的、最有光辉前途的经营地区受到威胁;因此,欧洲资本只有不断地增加自己的兵力,才能维持自己的统治。"①

对此还要补充的是,帝国主义不仅在新开辟的地区,而且在原有地区也实行兼并,加紧民族压迫,因而也使反抗加剧起来。考茨基表示反对帝国主义加强政治上的反动,然而他不去说明在帝国主义时代决不能同机会主义者统一这个变得十分迫切的问题。他表示反对兼并,然而采取的却是毫不触犯机会主义者、最容易为机会主义者接受的方式。他是直接对德国听众说话的,然而他恰恰把最重要、最有现实意义的事实,例如德国兼并阿尔萨斯-洛林的事实掩盖起来。为了评价考茨基的这种"思想倾向",我们来举一个例子。假定日本人

①《金融资本》第487页。

指责美国人兼并菲律宾,试问会不会有很多人相信这是因为他根本反对兼并,而不是因为他自己想要兼并菲律宾呢?是不是应当承认,只有日本人起来反对日本兼并朝鲜,要求朝鲜有从日本分离的自由,才能认为这种反对兼并的"斗争"是真挚的,政治上是诚实的呢?

考茨基对帝国主义的理论分析,以及他在经济上和政治上对帝国主义的批评,都**始终**贯穿着一种同马克思主义绝不相容的、掩饰和缓和最根本矛盾的精神,一种尽力把欧洲工人运动中同机会主义的正在破裂的统一保持下去的意图。

十 帝国主义的历史地位

我们已经看到,帝国主义就其经济实质来说,是垄断资本主义。这就决定了帝国主义的历史地位,因为在自由竞争的基础上、而且正是从自由竞争中生长起来的垄断,是从资本主义社会经济结构向更高级的结构的过渡。必须特别指出能够说明我们研究的这个时代的垄断的四种主要形式,或垄断资本主义的四种主要表现。

第一,垄断是从发展到很高阶段的生产集中生长起来的。这指的是资本家的垄断同盟卡特尔、辛迪加、托拉斯。我们看到,这些垄断同盟在现代经济生活中起着多么大的作用。到20世纪初,它们已经在各先进国家取得了完全的优势。如果说,最先走上卡特尔化道路的,是那些实行高额保护关税制的国家(德国和美国),那么实行自由贸易制的英国也同样表明了垄断由生产集中产生这个基本事实,不过稍微迟一点罢了。

第二,垄断导致加紧抢占最重要的原料产地,尤其是资本主义社会的基础工业部门,即卡特尔化程度最高的工业部门,如煤炭工业和钢铁工业所需要的原料产地。垄断地占有最重要的原料产地,大大加强了大资本的权力,加剧了卡特尔化的工业和没有卡特尔化的工业之间的矛盾。

第三,垄断是从银行生长起来的。银行已经由普通的中介企业变成了金融资本的垄断者。在任何一个最先进的资本主义国家中,为数不过三五家的最大银行实行工业资本同银行资本的"人事结合",集中支配着占全国资本和货币收入很大部分的几十亿几十亿资金。金融寡头给现代资产阶级社会中所有一切经济机构和政治机构罩上了一层依附关系的密网,——这就是这种垄断的最突出的表现。

第四,垄断是从殖民政策生长起来的。在殖民政策的无数"旧的"动机以外,金融资本又增加了争夺原料产地、争夺资本输出、争夺"势力范围"(即进行有利的交易、取得租让、取得垄断利润等等的范围)直到争夺一般经济领土的动机。例如,当欧洲大国在非洲的殖民地占非洲面积十分之一的时候(那还是1876年的情况),殖民政策可以用非垄断的方式,用所谓"自由占领"土地的方式发展。但是,当非洲十分之九的面积已经被占领(到1900年时)、全世界已经瓜分完毕的时候,一个垄断地占有殖民地、因而使瓜分世界和重新瓜分世界的斗争特别尖锐起来的时代就不可避免地到来了。

垄断资本主义使资本主义的一切矛盾尖锐到什么程度,这是大家都知道的。只要指出物价高涨和卡特尔的压迫就够了。这种矛盾的尖锐化,是从全世界金融资本取得最终胜利时开始的过渡历史时期的最强大的动力。

垄断,寡头统治,统治趋向代替了自由趋向,极少数最富强的国家剥削愈来愈多的弱小国家,——这一切产生了帝国主义的这样一些特点,这些特点使人必须说帝国主义是寄生的或腐朽的资本主义。帝国主义的趋势之一,即形成为"食利国"、高利贷国的趋势愈来愈显著,这种国家的资产阶级愈来愈依靠输出资本和"剪息票"为生。如果以为这一腐朽趋势排除了资本主义的迅速发展,那就错了。不,在帝国主义时代,某些工业部门,某些资产阶级阶层,某些国家,不同程度地时而表现出这种趋势,时而又表现出那种趋势。整个说来,资本主义的发展比从前要快得多,但是这种发展不仅一般地更不平衡了,而且这种不平衡还特别表现在某些资本最雄厚的国家(英国)的腐朽上面。

论述德国大银行的那本著作的作者里塞尔谈到德国经济发展的速度时说:"德国前一个时代(1848—1870年)的进步并不太慢,但是同德国现时代(1870—1905年)整个经济特别是银行业发展的速度比起来,就好像拿旧时邮车的速度同现代汽车的速度相比一样;现代汽车行驶之快,对于不小心的行人和坐汽车的人都是很危险的。"这个已经异常迅速地生长起来的金融资本,正因为生长得这样迅速,所以它不反对转向比较"安稳地"占有殖民地,而这些殖民地是要用不单是和平的手段从更富有的国家手里夺取的。美国近几十年来经济的发展比德国还要快,正**因为**如此,最新的美国资本主义的寄生性特征就表现得特别鲜明。另一方面,就拿共和派的美国资产阶级同君主派的日本或德国的资产阶级作比较,也可以看出:在帝国主义时代,它们之间极大的政治差别大大减弱了,这倒不是因为这种差别根本不重要,而是因为在所有这些场合谈的都是具有明显寄生性特征的资产阶级。

许多工业部门中的某一部门、许多国家中的某一国家的资本家获得了垄断高额利润,在经济上就有可能把工人中的某些部分,一时甚至是工人中数量相当可观的少数收买过去,把他们拉到该部门或该国家的资产阶级方面去反对其他一切部门或国家。帝国主义国家因瓜分世界而加剧的对抗,更加强了这种趋向。于是形成了帝国主义同机会主义的联系,这种联系在英国表现得最早而且最鲜明,因为某些帝国主义发展特点的出现,在英国比在其他国家早得多。有些作家,例如尔·马尔托夫,爱用一种"官场的乐观主义的"(同考茨基、胡斯曼一样)论断,来回避帝国主义同工人运动中的机会主义相联系这个现在特别引人注目的事实,说什么假如正是先进的资本主义会加强机会主义,或者,假如正是待遇最好的工人倾向于机会主义,那么反对资本主义的人们的事业就会没有希望了,等等。不要看错了这种"乐观主义"的意义:这是对机会主义的乐观主义,这是用来掩护机会主义的乐观主义。其实,机会主义特别迅速和特别可恶的发展,决不能保证机会主义取得巩固的胜利,正像健康的身体上的恶性脓疮的迅速发展,只能加速脓疮破口而使身体恢复健康一样。在这方面最危险的是这样一些人,他们不愿意了解:反对帝国主义的斗争,如果不同反对机会主义的斗争密切联系起来,就是空话和谎言。

根据以上对帝国主义的经济实质的全部论述可以得出一个结论,即应当说帝国主义是过渡的资本主义,或者更确切些说,是垂死的资本主义。在这一方面特别耐人寻味的是,资产阶级经济学家在描述最新资本主义时也常用"交织"、"不存在孤立状态"等等这样一些说法;他们也说什么银行"就其任务和发展而言,不是带有单纯私有经济性质的企业,而是日益超出单纯私有经济调节范围的企业"。而就是讲这话的里塞尔,却又非常郑重地宣称,马克思主义者关于"社会化"的"预言""并没有实现"!

"交织"这个说法说明了什么呢?它只抓住了我们眼前发生的这个过程的最引人注目的一点。它表明观察者只看到一棵棵的树木而看不到森林。它盲目地复写表面的、偶然的、紊乱的现象。它暴露出观察者被原始材料压倒了,完全没有认识这些材料的含义和意义。股票的占有,私有者的关系,都是"偶然交织在一起的"。但是隐藏在这种交织现象底下的,构成这种交织现象的基础的,是正在变化的社会生产关系。既然大企业变得十分庞大,并且根据对大量材料的精确估计,有计划地组织原料的供应,其数量达几千万居民所必需的全部原料的 $\frac{2}{3}$ 甚至 $\frac{3}{4}$,既然运送这些原料到最便利的生产地点(有时彼此相距数百里数千里)是有步骤地进行的,既然原料的依次加工直到制成许多种成品的所有工序是由一个中心指挥的,既然这些产品分配给数千万数万万的消费者是按照一个计划进行的(在美、德两国,煤油都是由美国煤油托拉斯销售的),那就看得很清楚,摆在我们面前的就是生产的社会化,而决不是单纯的"交织";私有经济关系和私有制关系已经变成与内容不相适应的外壳了,如果人为地拖延消灭这个外壳的日子,那它就必然要腐烂,——它可能在腐烂状态中保持一个比较长的时期(在机会主义的脓疮迟迟不能治好的最坏情况下),但终究不可避免地要被消灭。

德国帝国主义的狂热崇拜者舒尔采-格弗尼茨惊叹道:

"如果领导德国银行的责任归根到底是落在十来个人身上,那么现在他们的活动对于人民福利说来,就比大多数国务大臣的活动还要重要〈在这里,把银行家、大臣、工业家和食利者"交织"的情形忘掉,是更有利的……〉…… 如果把我们所看到的那些趋势的发展情况彻底想一番,那么结果就会是:一国的货币资本汇集在银行手里;

银行又互相联合为卡特尔；一国寻找投资场所的资本都化为有价证券。到那时就会实现圣西门的天才预言：'现在生产的无政府状态是同经济关系的发展缺乏统一的调节这个事实相适应的，这种状态应当被有组织的生产所代替。指挥生产的将不是那些彼此隔离、互不依赖、不知道人们经济要求的企业家；这种事情将由某种社会机构来办理。有可能从更高的角度去观察广阔的社会经济领域的中央管理委员会，将把这种社会经济调节得有利于全社会，把生产资料交给适当的人运用，尤其是将设法使生产和消费经常处于协调的状态。现在有一种机构已经把某种组织经济工作的活动包括在自己的任务以内了，这种机构就是银行。'我们现在还远远没有实现圣西门的这些预言，但是我们已经走在实现这一预言的道路上：这是和马克思本人所设想的马克思主义不同的马克思主义，不过只是形式上不同。"①

这真是对马克思的一个绝妙的"反驳"，这样就从马克思的精确科学分析倒退到圣西门的猜测上去了，那虽然是天才的猜测，但终究只是猜测而已。

选自《列宁全集》第2版第27卷
第323—439页

---

①《社会经济概论》第146页。

大难临头，出路何在？[92]（节选）

（1917年9月10—14日〔23—27日〕）

监督办法是众所周知和轻而易举的

这里可能发生一个问题：也许监督的办法和措施是一种极端复杂困难、没有经过试验、甚至人们都不知道的事情吧？也许监督之所以迟迟没有实行，是因为立宪民主党[7]、工商业阶级、孟什维克和社会革命党[50]中的国家要人虽然已经累得满头大汗，用了半年的时间来探求、研究、发现监督的措施和办法，但这个任务过于困难而仍然没有得到解决吧？

唉！的确有人竭力想"蒙蔽"那些不识字的闭塞无知的农民以及那些不动脑筋而轻信别人的庸人，就把事情说成这样。其实，甚至沙

列宁在本文中阐述了布尔什维克党的经济纲领以及将资产阶级民主革命转变为社会主义革命的前景。在节选的部分，列宁详细论证了克服帝国主义战争所造成的经济破坏的办法：工人对生产和分配实行监督，银行和辛迪加国有化，取消商业秘密，没收地主土地和全部土地国有化等。这些措施在资本主义制度下虽然没有改变资本主义生产关系，然而它们是走向社会主义的步骤。列宁指出，帝国主义战争是社会主义革命的前夜，这不仅因为战争带来的灾难促成了无产阶级的起义，而且因为国家垄断资本主义是社会主义的最充分的物质准备，是社会主义的前阶，是历史阶梯上的一级，在这一级和叫做社会主义的那一级之间，没有任何中间级。

皇政府，甚至"旧统治当局"在建立军事工业委员会[93]时就**已经知道**监督的基本措施、主要办法和途径：把居民按各种职业、工作目的、劳动部门等等联合起来。可是沙皇政府**害怕**居民联合起来，所以极力限制和故意排斥这种众所周知、轻而易举、完全可行的监督办法和途径。

各交战国在遭到极端严重的战争灾难和不同程度的经济破坏和饥荒时，早已拟出、决定、采用并试行过**一系列的**监督办法。这些办法归结起来，总不外是把居民联合起来，建立或鼓励各种各样的团体，这些团体由国家派代表参加，受国家的监察等等。所有这些监督办法都是众所周知的，并且讲过许多，写过许多。各个参战的先进国家所颁布的有关监督的法律已经译成俄文，或者在俄国报刊上已作详细介绍。

假如我们的国家真正**想**切实认真地实行监督，假如它的机关不是甘当资本家奴才而注定"不起任何作用"，那么国家只要从大量可供选用的监督办法中把已经知道、已经采用过的办法随手拿来就行了。这里的唯一障碍，也是立宪民主党人、社会革命党人和孟什维克向人民所隐瞒的障碍，始终在于：实行监督就会暴露资本家的骇人听闻的利润，就会损害这些利润。

为了把这个非常重要的问题（实质上就是**任何一个**愿意把俄国从战争和饥荒中拯救出来的真正革命政府的纲领问题）解释得更加明白，我们把这些最主要的监督办法列举出来，逐一加以考察。

我们可以看到，如果这个政府不是为了开玩笑才叫做革命民主政府，那它只要在成立的头一星期中，颁布法令（作出决定、发布命令）来实施最主要的监督办法，规定认真的而不是儿戏的惩罚办法，来处分那些用欺骗手段逃避监督的资本家，并号召居民自己来监视资本家，监视他们是否诚实执行有关监督的各项命令，只要这样，监督早就在俄国实现了。

以下便是最主要的监督办法：

（1）把所有银行合并成一个银行，并由国家监督它的业务，或者说实行银行国有化；

（2）把各个辛迪加即资本家最大的垄断组织（糖业、石油业、煤业、冶金业等等辛迪加）收归国有；

（3）取消商业秘密；

（4）强迫工业家、商人以及所有企业主辛迪加化（即强迫他们参加各种联合组织）；

（5）强迫居民加入消费合作社，或者说鼓励加入并且对此实行监督。

现在我们把这些办法逐一地加以考察，看看它们在用革命民主手段来实行的条件下究竟具有什么意义。

银行国有化

大家都知道，银行是现代经济生活的中心，是整个资本主义国民经济体系的神经中枢。谈"调节经济生活"而避开银行国有化问题，就等于暴露自己的极端无知，或者是用华丽的词句和事先就拿定主意不准备履行的漂亮诺言来欺骗"老百姓"。

要监督和调节粮食的运送以至食品的生产和分配，而不监督和调节银行的业务，那是荒谬可笑的。这就像只抓偶然碰到的"几个戈比"，而闭眼不看成百万的卢布。现代银行同商业（粮食及其他一切商业）和工业如此密不可分地长合在一起，以致不"插手"银行，就绝对不能做出任何重大的、任何"革命民主的"事情来。

然而，国家"插手"银行也许是一种非常困难复杂的事情吧？有人常常就是竭力拿这一点来吓唬庸人，而这样做的当然是资本家及其辩护人，因为这样对他们有利。

其实，银行国有化决不剥夺任何一个"产权人"的一个戈比，也绝对没有任何技术上和文化上的困难，障碍**完全**来自一小撮富人谋求卑鄙的私利。人们常常把银行国有化同没收私有财产混为一谈，这应当归咎于散布这种混乱概念的资产阶级报刊，因为它们一心想欺骗公众。

银行所支配和银行所汇集的那些资本的所有权，是有印制和书写的凭据为证的，这些凭据就叫做股票、债券、期票、收据等等。在实行银行国有化，即把所有银行合并为一个国家银行时，这些凭据一个也不会作废，一个也不会改变。谁的存折上有15个卢布，在银行国有化以后，他仍旧是15卢布的所有者，谁有1 500万卢布，在银行国有化以后，他仍然握有1 500万卢布的股票、债券、期票、货单等等。

那么，银行国有化的意义究竟何在呢？

在于对各单个银行及其业务不可能实行任何真正的监督（即使取消了商业秘密等等），因为无法查出它们在编制资产负债表、虚设企业、成立分行、冒名顶替等等时所采取的种种极复杂、极纷繁、极狡猾的手段。只有把所有银行合并成一个银行（这种合并本身丝毫也不改变财产关系，再说一遍，不剥夺任何一个产权人的一个戈比），**才有可能**实行真正的监督，当然，同时还要采取上述其他各种措施。只有实行银行国有化，**才能使**国家知道几百万以至几十亿卢布流动的来去方向、流动的方式和时间。只有监督银行，监督这个资本主义周转过程的中枢、轴心和基本机构，才能在行动上而不是口头上做好对全部经济生活的监督，做好对最重要产品的生产和分配的监督，才能做到"调节经济生活"，否则这必将仍然是欺骗老百姓的一句部长式的空话。只有把各个银行合并为一个国家银行，对它的业务进行监督，再采取一系列简单易行的措施，才能真正征收到所得税，才不致发生隐瞒财产和收入的事情，而现在的所得税在极大程度上都落空了。

银行国有化只需颁布一项法令，银行经理和职员自己就会付诸实施。不需要国家设立任何特别机构和采取任何特别的准备步骤，这项措施只要下一道命令，就可以"一举"实现。因为资本主义既然发展到了通用期票、股票、债券等等的程度，那它也就恰好在经济上造成了实行这种措施的可能性。这里剩下的事情**只是合并账务**。如果革命民主国家作出决定：立刻用电报通知在每个城市中召开银行经理职员会议，在各州和全国范围内召开银行经理职员代表大会，以便立刻把所有银行合并为一个国家银行，那么这一改革在几星期内就可以完成。当然，那些经理和高级职员会进行抗拒，竭力欺骗国家，故意拖延等等，因为这班老爷将会失去他们收入特别多的职位，再不能施展他们获利特别大的欺诈手段，**全部实质就在于此**。可是，合并银行并不会有丝毫技术上的困难，如果国家政权不只在口头上是革命的（即不怕破除一切因循守旧的积习），不只在口头上是民主的（即维护大多数人民的利益，而不是维护一小撮富人的利益），那么，只要颁布一项法令，用没收财产和监禁的办法来惩治那些对事情稍有拖延和企图隐瞒文据报表的银行经理、董事和大股东；只要——比如说——把那些穷职员**单独**组织起来，并给他们中揭发富人的欺骗和拖延行为的人发奖金，银行国有化就可以极顺利极迅速地实行。

银行国有化对于全体人民，特别是对于农民和小手工业者大众，而**不是**对于工人（因为工人很少同银行有来往），好处是非常大的。劳动将大大节省，假定国家仍保持银行原有职员的数量，那就是说，在使银行得到普遍利用方面，即在增加分行数目，银行业务便利公众等等方面会有极大的进步。正是对**小业主**，对农民来说，信贷将变得非常方便和容易。国家也就第一次有可能首先是**考察**一切主要的金融业务，不准加以隐瞒，接着**监督**这种业务，然后**调节**经济生活，最后是**获得**几百万以至几十亿的巨款，用于国家经办的大规模的业务，而不必再向资本家老爷们支付巨额"佣金"，作为他们的"酬劳"。正因为这样，而且只因为这样，一切资本家、一切资产阶级教授、整个资产阶级以及所有为它效劳的普列汉诺夫之流和波特列索夫之流，都怒火万丈地叫嚣反对银行国有化，臆造出几千个借口来反对这个极简单而又极必要的办法，这个办法**即使**从国家"防御"的观点，即从军事的观点来看，也有极大的好处，它可以大大地加强国家的"军事实力"。

这里也许会有人反驳说：像德国和美国这样的先进国家在"调节经济生活"方面做得非常好，为什么却没有想要实行银行国有化呢？

我们回答说：因为，这两个国家虽然一个是君主国，一个是共和国，可是**二者**都不仅是资本主义国家，而且是帝国主义国家。它们既然是这样的国家，在实行它们所必需的改革时就要采用反动官僚的手段，而我们在这里说的则是革命民主的手段。

　　这个"小小的差别"有极重大的意义。关于这个差别，人们在大多数情况下是"照例不"想的。"革命民主"一语在我国（特别在社会革命党人和孟什维克那里）几乎成了一句口头禅，就像"感谢上帝"这句话一样，即使不是愚昧到相信上帝的人也常常会说的，或者像"可敬的公民"这个称呼，有时甚至也用来称呼那些《日报》[94]或《统一报》[95]的撰稿人，虽然几乎人人都看得出来，这些报纸是资本家为了自身利益而创办和出钱维持的，因而所谓的社会党人参加这些报纸本身是很少有"可敬"之处的。

　　如果不是把"革命民主"当做公式化的装饰门面的词句，当做口头禅来用，而**考虑到**它的意义，那么要做一个民主主义者，就要真正重视大多数人民的利益，而不是只顾少数人的利益，要做一个革命者，就要最坚决最无情地打破一切有害的过时的东西。

　　无论在美国或德国，无论是政府或统治阶级，就我们所知，根本不追求"革命民主"这个称号，而我国的社会革命党人和孟什维克，却追求这个称号（其实是玷污这个称号）。

　　在德国一共只有**四个**全国性的私人大银行，在美国只有**两个**。对于这些银行的金融大王来说，用私下的、秘密的、反动的手段而不是革命手段，用官僚手段而不是民主手段来实行联合，比较容易，比较方便，比较有利；他们收买国家的官吏（这无论在美国**或德国**都成了通例），保持银行的私有性质，这正是为了保守业务秘密，正是为了从国家那里赚取亿万"超额利润"，正是为了确保金融诈骗勾当。

　　无论美国或德国，"调节经济生活"的结果都是给工人（在某种程度上也给农民）建立了**军事苦役营**，给银行家和资本家建立了**天堂**。这些国家的调节就是把工人"勒紧"到挨饿的地步，就是保证（在私下用反动官僚手段）资本家获得比战前**更高**的利润。

这种办法在共和制的帝国主义的俄国也完全可能实行，而且正在实行，不仅米留可夫之流和盛加略夫之流在实行，克伦斯基同捷列先科、涅克拉索夫、别尔纳茨基、普罗柯波维奇等等也在实行，他们**也是**用反动官僚手段来**掩护**银行的"不可侵犯"，**掩护**它们获取暴利的神圣权利。最好还是说**真话**吧：有人想在共和制的俄国用反动官僚手段来调节经济生活，可是，由于"苏维埃"的存在，"常常"难以实行，第一个科尔尼洛夫曾想驱散"苏维埃"，没有成功，第二个科尔尼洛夫又会竭力设法来驱散它的……

这就是真话。这句朴实的真话虽然很辛辣，但对人民的启发却比说什么"我们的"、"伟大的"、"革命的"民主等等动听的谎话要有益得多。

*　　　*　　　*

银行国有化将会大大有助于保险事业的一并国有化，也就是把一切保险公司合并成一个，把它们的活动集中起来，受国家的监督。只要革命民主国家颁布一项有关法令，责令各保险公司的董事长和大股东各自认真负责地毫不迟延地实行这种合并，那么，通过保险公司职员代表大会就可以毫不费力地立刻实现这种合并。保险事业方面的几亿资金是资本家投入的，全部工作是由职员进行的。把这一事业统一起来，就可以减低保险金，使所有投保者能够获得许多便利，并大大减轻他们的负担，在原有人力和资金的条件下可以增加投保者的数目。除占据肥缺的一小撮人的因循守旧和自私自利以外，决没有任何其他东西阻碍这种改革，而这种改革又能提高国家的"防御能力"，节省国民劳动，为真正的而不是口头上的"调节经济生活"又开辟一些极为重要的途径。

辛迪加国有化

资本主义与资本主义前的旧的国民经济体系不同,它使国民经济各部门之间形成了一种极密切的联系和相互依存的关系。顺便说一句,要是没有这一点,任何走向社会主义的步骤在技术上都是不能实现的。由银行统治生产的现代资本主义,又使国民经济各部门之间的这种相互依存关系发展到了最高峰。银行和各大工商业部门不可分割地长合在一起。一方面就是说,不采取步骤对工商业辛迪加(糖业、煤业、铁业、石油业等等辛迪加)实行国家垄断,不把这些辛迪加收归国有,而只把银行收归国有是行不通的。另一方面就是说,要认真调节经济生活,就要把银行和辛迪加同时收归国有。

就举糖业辛迪加这个例子来说吧。这个辛迪加在沙皇制度下就已经建立起来,那时已把许多设备好的工厂合并为一个极大的资本主义联合组织,自然,这个联合组织充满了最反动的、官僚的气息,它保证资本家获得骇人听闻的高额利润,使职员和工人处于绝对无权的、卑贱的、受压制的、奴隶的地位。国家在那时就已经对生产实行监督和调节——有利于资本巨头和富人的监督和调节。

这里要做的事情,**只是**发布一些简单的法令,规定召开职员、工程师、经理、股东的代表大会,采用统一的报表,由工会实行监督等等,从而把反动官僚方式的调节变为革命民主方式的调节。这是最简单不过的事情,然而正是这件事情至今还没有做!!**事实上**在民主共和制度下，在制糖业方面仍旧用反动官僚方式进行调节，一切都是老样子，浪费国民劳动，因循守旧，停滞不前，让鲍勃凌斯基之流和捷列先科之流大发其财。应当号召发挥独立主动精神，向民主派而不是向官僚号召，向工人和职员而不是向"糖业大王"号召，要不是社会革命党人和孟什维克用"联合"这些糖业大王的计划来模糊人民的意识，这本来是能够而且一定会在几天之内一举做到的。然而正因为同富人实行联合，政府在调节经济生活方面"不起任何作用"也就完全不可避免了。①

再拿石油业来说吧。资本主义先前的发展已经使石油业在极大程度上"社会化"了。两三个石油大王——就是他们操纵着几百万以至几亿资金，靠剪息票为生，从那个在事实上、技术上、社会意义上都**已经**在全国范围内组织起来并且**已经**由数百数千个职员、工程师等经营着的"事业"中获取惊人的利润。石油工业国有化是可以**立即**实行的，而且是革命民主国家必须做的事情，在国家经受极大的危机，必须千方百计节省国民劳动和增加燃料生产的时候，尤其如此。当然，官僚式的监督在这里不会有丝毫结果，丝毫不会改变情况，因为"石油大王"无论对付捷列先科之流、克伦斯基之流、阿夫克森齐耶夫之流或斯柯别列夫之流，都像对付沙皇的大臣一样容易，对付的办法就是拖延、推托、许诺，以至直接和间接地收买资产阶级报刊(这就是所谓"舆论"，而这种"舆论"是为克伦斯基之流和阿夫克森齐耶夫之流所"重视的")，收买官吏(那些在原封未动的旧国家机构中被克伦

---

①写到这里时，我在报纸上看到克伦斯基政府正在实行糖业垄断，实行的方式自然是反动官僚的方式，不召开职员和工人的代表大会，不明文公布，也不制裁资本家!!

斯基之流和阿夫克森齐耶夫之流留任原职的官吏)。

要想做些实实在在的事情,就必须从官僚制度转到民主制度,而且要用真正革命的手段来实行这种转变,就是说,要向石油大王和股东宣战,用法令规定,如果他们拖延石油业国有化,隐瞒收入或报表,暗中破坏生产,不采取增产措施,就要没收他们的财产并处以监禁。应当唤起工人和职员的主动性,立刻召集**他们**开会和举行代表大会,只要建立起全面的监督并增加了生产,就分出一部分利润给**他们**。如果能在1917年4月立刻就采取这种革命民主的步骤,那么作为世界上液体燃料储量最丰富国家之一的俄国,就能够在夏季利用水运在供给人民必需数量的燃料方面做出许许多多的事情。

无论是资产阶级的政府,或者是社会革命党人、孟什维克和立宪民主党人的联合政府,都什么事也没有做,只是玩弄了一套官僚主义的改良把戏,连一个革命民主的步骤也不敢采取。仍然是那些石油大王,仍然是那种停滞,仍然是工人和职员对剥削者的憎恨,仍然是这一基础上的瓦解,仍然是对国民劳动的侵占,一切都和沙皇制度下一样,改变的只是"共和国"各办公厅发文和收文上的**名称**!

至于煤炭工业,它在技术上和文化上同样"具备"了实现国有化的"条件";掠夺人民的煤业大王在管理上也同样卑鄙无耻,工业家公然怠工、公然**破坏**和停止生产的桩桩**事实**有目共睹。甚至孟什维克部长的报纸《工人报》[96]也承认了这些事实。那又怎么样呢?除了举行几次工人代表和煤业辛迪加强盗的代表各占"半数"的旧的反动官僚式的会议,什么事情也没有做!!连一个革命民主的步骤也没有采取,丝毫也没有想到要建立唯一切实的**来自下面的**监督,即通过职员联合会,通过工人,用恐怖手段来对付那些危害国家、停止生产的煤炭工业家!怎么可以这样呢?要知道,我们"大家"都主张"联合",不是同立宪民主党人"联合"，就是同工商界"联合"，而联合就意味着把政权留在资本家手里，让他们横行无忌，让他们阻碍事业，把一切都归罪于工人，使经济破坏加剧，**从而**准备新的科尔尼洛夫叛乱！

取消商业秘密

如果不取消商业秘密，对生产和分配的监督，要么仍旧是空洞的诺言——立宪民主党人用它来愚弄社会革命党人和孟什维克，而社会革命党人和孟什维克又用它来愚弄劳动阶级；要么可能完全用反动官僚的办法和措施来实现。尽管这一点对任何不抱成见的人来说十分明显，尽管《真理报》[97]一直坚持取消商业秘密①（为资本效劳的克伦斯基政府封闭《真理报》，很大程度上就是为了这件事），但无论是我们的共和政府或是"革命民主派的全权机关"，对真正监督的这一**首要条件**连想也没有想过。

这正是实行任何监督的关键。这一点正是那些掠夺人民并暗中破坏生产的资本家的最敏感之处。正因为这样，社会革命党人和孟什维克也就害怕触及这一点。

资本家通常提出的、小资产阶级不假思索一再重复的理由，就是资本主义经济绝对不容许取消商业秘密，因为生产资料的私有制，

①参看《列宁全集》第2版第30卷第171—172、285、286—288、364—366、367—369、370—372页。——编者注

各企业对市场的依赖,使商业账目和商业周转(当然银行周转也在内)必须保持"神圣不可侵犯"。

凡是这样或那样地重复这种理由或类似理由的人,都是自己甘愿受骗,又在欺骗人民,他们闭眼不看现代经济生活中两个众所周知的极其重大的基本事实。第一个事实就是大资本主义,这是银行、辛迪加、大工厂等等的经济特点。第二个事实就是战争。

现代大资本主义到处都在向垄断资本主义转变,正是它消除了商业秘密的任何合理性,使商业秘密成为虚伪的东西,成为只是掩盖大资本的金融诈骗行为和惊人利润的手段。大资本主义经济,就其技术本性来说,是社会化的经济,就是说,它为千百万人工作,它通过自己的各种业务把成百、成千、成万个家庭直接或间接地连在一起。这并不是小手工业者或一般农民的经济,他们根本不记商业账,所以取消商业秘密同他们没有关系!

在大经济中,它的业务反正有几百人以至更多的人知道。保护商业秘密的法律在这里并不是为生产或交换的需要服务的,而是为投机买卖和用极不正当的手段牟取暴利,以及真正的诈骗行为服务的。大家知道,在股份企业中这种诈骗行为特别流行,而且用伪造得足以欺骗公众的报表和资产负债表非常巧妙地掩盖起来。

如果说在那些生产本身还没有社会化、还是分散零星的小商品经济中,即在小农和小手工业者中,保持商业秘密是必不可免的,那么在大资本主义经济中保护这种秘密,便是保护真正一小撮人的特权和利润而**损害**全体人民。既然规定股份公司必须公布报表,那就是说,法律也已经肯定了这一点,不过**这种**监督(这在一切先进国家以及俄国都可以实行)正是反动官僚式的监督,这种监督不是擦亮**人民**的眼睛,而是**不让人民知道股份公司业务的全部真相**。

　　按革命民主方式行事，就应该立刻颁布另一种法律：取消商业秘密，要求大企业和富人有最完备的报表，让任何一个公民团体（在民主的意义上说已达到相当人数的团体，譬如1 000或10 000选民）有权审查任何一个大企业的**一切**文据。这样的办法只要有一项法令就完全可以很容易地实现；**只有**这个办法才能通过职员联合会，通过工人联合会，通过各政党来调动**人民**对监督的主动性；只有这个办法才能使监督成为认真的和民主的监督。

　　此外还要考虑到战争。现在绝大多数工商企业不是为"自由市场"服务，而是**为国家**、为战争服务。所以我已经在《真理报》上说过，用不可能实施社会主义这一理由来反驳我们的人是撒谎，是彻头彻尾的撒谎，因为这里所说的，不是要现在立刻直接实施社会主义，而是要**揭露盗窃国库的行为**①。

　　为"战争"服务的资本主义经济（即直接或间接地同军事订货有关的经济）在法律保护下一直在**盗窃国库**，立宪民主党人先生们和反对取消商业秘密的孟什维克和社会革命党人，无非是**盗窃国库的帮手和庇护者**。

　　为了战争俄国现在**每天**耗费5 000万卢布。每天5 000万，这个数目大部分是付给军火商的。在这5 000万中**每天**至少有500万，也许有1 000万以至更大的数目成了资本家和同他们有某种勾结的官吏们的"正当收入"。特别是那些为军事订货提供贷款的大公司和大银行，在这里赚取了闻所未闻的利润，它们大发横财就是靠盗窃国库，因为这种乘战争灾难的"机会"，乘几十万、几百万人死亡的"机会"来欺诈和掠夺人民的行为，决不能叫做别的。

---

　　①参看《列宁全集》第2版第30卷第286—288页。——编者注

　　关于这种从军事订货中获得的可耻的利润,关于银行隐匿的各种"保证书",关于靠物价飞涨发财的是些什么人,这是"大家"都知道的,"社会上"也用嘲笑态度谈论着这些事,**甚至**那些通常避而不谈"不愉快的"事实、绕开"棘手"问题的资产阶级报刊,对这点也明确无误地多次提到。大家都知道,可是大家都不说,都忍气吞声,都听任政府冠冕堂皇地谈论"监督"和"调节"!!

　　革命民主主义者,如果他们真是革命者和民主主义者,那他们就应该立刻颁布法律:取消商业秘密,责成军火商和商人公布报表,未经当局允许不得擅自丢弃他们所经营的业务,用没收财产和枪毙①来惩治那些隐瞒实情和欺骗人民的人,组织**来自下面的**、民主的检查和监督,即由人民自己,由职员联合会、工人联合会以及消费者团体等等实行检查和监督。

　　我们的社会革命党人和孟什维克完全称得上是被吓倒的民主派,因为在这个问题上他们重复所有被吓倒的市侩的话,说什么采用"过严的"办法,资本家就会"逃走一空",说没有资本家"我们"就不行,说也许英法百万富翁也会因此"见怪",而他们本来是"支持"我们的,如此等等。使人觉得,布尔什维克所提出的是人类历史上从未有过、从未试行过的东西,是"乌托邦"。其实早在125年以前,在法国就有过真正的"革命民主派",他们真正相信他们所进行的战争是正义的防御的战争,他们真正依靠同样有这种真诚信念的人民群众,——这些人能够建立起对富人的**革命**监督,并且获得了举世钦佩的结果。

---

　　①我有一次在布尔什维克报纸上指出过,只有在剥削者为了维护剥削而用死刑来对付劳动**群众**的时候,才能认为反对死刑的理由是正当的。(参看《列宁全集》第2版第32卷第90—93页。——编者注)不用死刑来对付**剥削者**(即地主和资本家),这是任何革命政府都未必能做到的。

而在这125年中，资本主义发展了，建立起银行、辛迪加、铁路等等，这就使工人和农民对剥削者，对地主和资本家实行真正民主监督的措施要容易和简单百倍。

就实质来说，监督的全部问题归根到底在于谁监督谁，就是说哪一个阶级是监督阶级，哪一个阶级是被监督阶级。直到现在，在我们共和制的俄国，在所谓革命民主派的"全权机关"参与下，仍旧承认地主和资本家是监督者，仍旧让他们当监督者。结果，资本家激起人民公愤的掠夺行为就必然出现，资本家故意维持的经济破坏现象也就必不可免。应当不怕打破旧的，不怕大胆建设新的，坚决彻底地实行**由**工人和农民**对**地主和资本家的监督。而这正是我们的社会革命党人和孟什维克最害怕的事情。

强迫参加联合组织

强迫辛迪加化，即强迫参加联合组织，例如强迫工业家参加联合组织，在德国已经这样做了。这里丝毫没有什么新的东西。由于社会革命党人和孟什维克的过错，共和制的俄国在这方面也是完全陷于停滞状态，这两个不那么可敬的政党还在和立宪民主党人，或者和布勃利科夫之流，或者和捷列先科及克伦斯基跳起卡德里尔舞[98]供俄国"消遣"。

强迫辛迪加化，一方面是国家对资本主义发展的一种推动，而资本主义的发展普遍地使阶级斗争成为有组织的斗争，使联合组织的数量增加,名目繁多,作用增大。另一方面,强迫"联合化"又是任何一种稍微认真的监督办法和任何一种节省国民劳动的办法所必需的先决条件。

例如,德国的法律责成当地或全国的制革工厂主组成一个联合组织,由国家派代表参加这个联合组织的董事会,进行监督。这种法律丝毫没有直接(指法律本身)触动财产关系,没有剥夺任何一个产权人的一个戈比,也没有预先决定,这种监督是用反动官僚的方式、方针和精神来实施,还是用革命民主的方式、方针和精神来实施。

这种法律可以而且应当在我国立即颁布,哪怕一个星期的宝贵时间也不要失掉,让**社会环境本身**去规定实施法律的更具体的方式、速度以及监督法律实施的办法等等。为了颁布这样的法律,国家并不需要设立专门的机构、进行专门的考察以及事先的调查,只要有决心同那些"不习惯"这种干预、不愿意丧失超额利润(按老规矩经营又不受监督而得来的)的资本家的某些私人利益断绝关系就行。

为了颁布这样的法律,并不需要任何机构,任何"统计"(切尔诺夫曾想用"统计"来代替农民的革命首创精神),因为这种法律应当由工厂主或工业家本身,由**现有的**社会力量来实施,并由现有的社会(即不是政府的,不是官僚的)力量加以监督,不过这种社会力量一定要来自所谓"下层等级",即来自被压迫被剥削阶级,因为这些阶级的英勇精神、自我牺牲精神和集体纪律,在历史上总是比剥削者**高出**无数倍。

假定我国有真正革命民主的政府,它规定每个生产部门中凡是雇用工人两个以上的工厂主和工业家都必须立刻参加县和省的联合组织。首先要责成工厂主、经理、董事、大股东始终如一地执行法律(因为这些人都是现代工业真正的领袖、真正的主人)。如果他们规避立刻执行法律的工作，就把他们当做逃避兵役者加以惩办，并实行连环保，各人用自己的全部财产担保，大家对一人负责，一人对大家负责。其次，所有职员也有责任执行这个法律，他们也必须成立**一个团体**，所有工人和工会也有责任执行这个法律。"联合化"的目的就是要建立最完备、最严格和最详细的报表制度，而主要是把购买原料、销售产品、**节省**国民财力和人力方面的**业务联合起来**。分散的企业联合为一个辛迪加，就能大大节省，这是经济学告诉我们的，也是一切辛迪加、卡特尔、托拉斯的例子说明了的。应当再重复一遍，联合成一个辛迪加，这本身丝毫不改变财产关系，不剥夺任何一个产权人的一个戈比。这一点必须再三强调，因为资产阶级报刊一直在"吓唬"中小业主，说社会党人特别是布尔什维克想"剥夺"他们；这种说法显然是骗人的，因为社会党人**就是在完全的社会主义**变革时也不想剥夺、不能剥夺并且不会剥夺小农。我们说的始终**只是**最紧迫最必要的办法，这些办法在西欧已经实现了，凡是稍微彻底一点的民主派都应当立刻在我国采取这些办法，以便同日益逼近的不可避免的灾难进行斗争。

如果要小的和极小的业主都参加各种联合组织，那无论在技术上或者文化上都会遇到严重的困难，因为他们的企业非常分散，技术简陋，业主本人又不识字或无知识。然而正是这些企业可以不包括在这项法律之内（我们在上面假设的例子中已经指出了），即使不把它们联合起来，更不用说联合得晚一些，不会造成什么严重的障碍，因为为数众多的小企业在生产总额中的比重和对整个国民经济的意义都是**微不足道的**，况且这些企业通常都是这样或那样地依赖大企业的。

有决定意义的只是大企业，这种企业在技术和文化方面**已经具**

备了"联合化"所必需的手段和人力,所缺少的只是**革命**政权调动这些人力和手段所必需的严厉无情地对待剥削者的那种坚决果断的主动精神。

国家愈缺乏受过技术教育的人才和一般知识分子,就愈**迫切**需要尽可能迅速、尽可能坚决地下令实行强迫联合,而且要从大的和最大的企业开始,因为正是联合才能**节省**知识分子,才能**充分**使用和更合理地调配这些力量。既然沙皇政府统治下的穷乡僻壤的俄国农民,努力排除政府所造成的无数障碍,也能在1905年以后,在成立各种联合组织方面大大跨进一步,那么现在大工商业和中等工商业的联合自然就能够在几个月内实现,或者还要快些,只要真正革命民主的政府能强制执行,能依靠"下层"即民主派、职员、工人的支持和参加,使他们从中得利受益,并且号召**他们**起来实行监督。

害怕走向社会主义能不能前进?

以上所说的,很容易引起那些受社会革命党人和孟什维克的流行的机会主义思想侵蚀的读者的反驳,说这里描述的实质上多半不是民主的措施,而**已经**是社会主义的措施了!

这种在资产阶级、社会革命党人和孟什维克的报刊上常见的(用这样或那样的形式)流行的反驳,是对落后的资本主义的一种反动的司徒卢威式的辩护。他们说什么我国还没有成熟到可以实行社会主义的地步,"实施"社会主义还为时过早,我国革命是资产阶级革命，所以应该做资产阶级的奴仆(虽然法国伟大的资产阶级革命家在125年以前就对一切压迫者，即地主和资本家采取了**恐怖手段**，从而使革命成了伟大的革命！)。

那些替资产阶级效劳的可怜的马克思主义者(社会革命党人也转到他们那边去了)就是这样推论的，他们不懂得(从他们这种意见的理论根据来看)什么是帝国主义，什么是资本主义垄断组织，什么是国家，什么是革命民主制。因为，懂得这些东西的人决不会不承认，不走向社会主义就不能前进。

大家都在谈论帝国主义。但是帝国主义无非是垄断资本主义。

俄国的资本主义也成了垄断资本主义，这一点可以由"煤业公司"、"五金公司"、糖业辛迪加等等充分证明。而这个糖业辛迪加又使我们亲眼看到垄断资本主义怎样转变成国家垄断资本主义。

什么是国家呢？国家就是统治阶级的组织，例如在德国便是容克5和资本家的组织。所以德国的普列汉诺夫分子(谢德曼、伦施等人)称之为"军事社会主义"的东西，实际上就是军事国家垄断资本主义，说得简明些，就是使工人服军事苦役，使资本家的利润得到军事保护。

如果试一试用**革命民主**国家，即用采取革命手段摧毁**一切**特权、不怕以革命手段实现最完备的民主制度的国家来**代替**容克资本家的国家，代替地主资本家的国家，那又会怎样呢？那你就会看到，真正革命民主国家中的国家垄断资本主义，必然会是走向社会主义的一个或一些步骤！

因为，如果资本主义大企业成了垄断组织，那就是说，它面向全体人民。如果它成了国家垄断组织，那就是说，由国家(在**革命**民主制的条件下，国家就是居民的、首先是工人和农民的武装组织)来指导整个企业。但是为谁的利益服务呢?

——或者是为地主和资本家的利益服务,那就不是革命民主国家,而是反动官僚国家,是帝国主义共和国;

——或者是为革命民主派的利益服务,那**就是走向社会主义的步骤**。

因为社会主义无非是从国家资本主义垄断再向前跨进一步。换句话说,社会主义无非是**变得有利于全体人民**的国家资本主义垄断,就这一点来说,国家资本主义垄断也就**不再是**资本主义垄断了。

在这里,中间道路是没有的。客观的发展进程是这样:不走向社会主义,就**不能从垄断组织**(战争使垄断组织的数目、作用和意义增大了十倍)向前进。

或者做一个真正的革命民主主义者,那就不能害怕走向社会主义的步骤。

或者害怕走向社会主义的步骤,像普列汉诺夫、唐恩、切尔诺夫那样,借口我国革命是资产阶级革命,不能"实施"社会主义等等来非难这些步骤,那就必然会滚到克伦斯基、米留可夫和科尔尼洛夫那边去,即用**反动官僚手段**来压制工农群众的"革命民主的"要求。

中间道路是没有的。

我国革命的基本矛盾也就在这里。

在整个历史上,特别在战争期间,站在原地不动是不可能的。不是前进,就是后退。在用革命手段争得了共和制和民主制的20世纪的俄国,不**走向**社会主义,不采取走向社会主义的**步骤**(这些步骤为技术和文化的水平所制约和决定:在农民的耕作业中"实行"大机器经济固然不行,在糖业生产中要取消大机器经济也是不行的),就**不能**前进。

害怕前进，**那就意味着**后退，而克伦斯基之流先生们在米留可夫之流和普列汉诺夫之流的欣然赞赏下，在策列铁里之流和切尔诺夫之流的愚蠢帮助下，正是这样做的。

战争异常地加速了垄断资本主义向国家垄断资本主义的转变，**从而**使人类异常迅速地接近了社会主义，历史的辩证法就是如此。

帝国主义战争是社会主义革命的前夜。这不仅因为战争带来的灾难促成了无产阶级的起义(如果社会主义在经济上尚未成熟，任何起义也创造不出社会主义来)，而且因为国家垄断资本主义是社会主义的最充分的**物质**准备，是社会主义的**前阶**，是历史阶梯上的一级，在这一级和叫做社会主义的那一级之间，**没有任何中间级**。

*　　　　*　　　　*

对于社会主义问题，我们的社会革命党人和孟什维克是抱着学理主义[99]的态度，即根据他们背得烂熟但理解得很差的教条来看待的。他们把社会主义说成是遥远的、情况不明的、渺茫的未来。

其实，社会主义现在已经在现代资本主义的一切窗口中出现，在这个最新资本主义的基础上前进一步的每项重大措施中，社会主义已经直接地、**实际地**显现出来了。

什么是普遍劳动义务制呢？

这就是在最新的垄断资本主义基础上前进了一步，是朝着按照某一总计划来调节整个经济生活的方向，朝着节省国民劳动、防止资本主义加以滥用的方向前进了一步。

在德国，实行普遍劳动义务制的是容克(地主)和资本家，所以它对工人来说必然成为军事苦役。

可是这一制度如果由革命民主国家来实行，那么请想一想，它会有怎样的意义呢？由工兵农代表苏维埃实行、调节、指导的普遍劳动义务制,虽然**还不是**社会主义,但是**已经不是**资本主义了。这是**走向**社会主义的一个巨大**步骤**,在保持充分民主的条件下,除非对群众施加空前未有的暴力,决不可能从这样的步骤退到资本主义去。

选自《列宁全集》第2版第32卷
第187—205、216—219页

无产阶级革命和叛徒考茨基[100]（节选）

（1918年10—11月）

资产阶级民主和无产阶级民主

被考茨基搅得混乱不堪的问题实际上就是这样。

如果不是嘲弄理智和历史，那就很明显：只要有不同的**阶级**存在，就不能说"纯粹民主"，而只能说**阶级的**民主（附带说一下，"纯粹民主"不仅是既不了解阶级斗争也不了解国家实质的**无知**之谈，而且是十足的空谈，因为在共产主义社会中，民主将演变成习惯，**消亡下去**，但永远也不会是"纯粹的"民主）。

"纯粹民主"是自由主义者用来愚弄工人的谎话。历史上有代替封建制度的资产阶级民主，也有代替资产阶级民主的无产阶级民主。

考茨基几乎用了几十页的篇幅来"证明"资产阶级民主比中世纪制度进步、无产阶级在反对资产阶级的斗争中必须利用资产阶级

这是列宁论述无产阶级革命和无产阶级专政学说的重要著作。在节选的部分，列宁阐述了资产阶级民主和无产阶级民主的本质区别。他指出，只要有不同的阶级存在，就不能说"纯粹民主"，而只能说阶级的民主。资产阶级民主同中世纪制度比较起来，在历史上是一大进步，但它具有历史局限性。资产阶级民主，不管它如何"完善"，实际上都是对富人的民主。而无产阶级民主是对大多数居民即对被剥削劳动者的民主，是对穷人的民主，它比任何资产阶级民主都要民主百万倍。苏维埃政权就是它的一种形式。

民主这样的真理。这正是愚弄工人的自由主义空谈。不仅在文明的德国，就是在不文明的俄国，这也是人人知道的真理。考茨基一本正经地谈论魏特林，谈论巴拉圭的耶稣会教徒，谈论许许多多别的东西，这不过是用那套"博学的"谎话来蒙骗工人，**以便回避**现代民主即**资本主义**民主的**资产阶级**实质。

考茨基把马克思主义中能为自由主义者，能为资产阶级接受的东西(对中世纪制度的批评，资本主义特别是资本主义民主在历史上的进步作用)拿来，而把马克思主义中**不能**为资产阶级**接受**的东西(无产阶级为消灭资产阶级而对它采用的革命暴力)抛掉、抹杀和隐瞒起来。正因为这样，不管考茨基的主观信念怎样，他的客观地位必然使他成为资产阶级的奴才。

资产阶级民主同中世纪制度比较起来，在历史上是一大进步，但它始终是而且在资本主义制度下不能不是狭隘的、残缺不全的、虚伪的、骗人的民主，对富人是天堂，对被剥削者、对穷人是陷阱和骗局。正是这个真理，这个马克思主义学说的最重要的组成部分，是"马克思主义者"考茨基不理解的。正是在这个根本问题上，考茨基不去对那些使一切资产阶级民主变为对富人的民主的条件进行科学的批判，反而奉献出一些使资产阶级"称心快意"的东西。

我们首先要向极其博学的考茨基先生提起马克思和恩格斯的那些被我们的书呆子(为了迎合资产阶级)可耻地"忘记了的"理论见解，然后再来作一个最通俗的说明。

不仅古代国家和封建国家，而且"现代的代议制的国家"也"是资本剥削雇佣劳动的工具"(恩格斯论国家的著作)①。"既然国家只是

---

① 见《马克思恩格斯选集》第4卷人民出版社1972年版第168页。——编者注

在斗争中、在革命中用来对敌人实行暴力镇压的一种暂时的机关,那么,说自由的人民国家,就纯粹是无稽之谈了:当无产阶级还**需要**国家的时候,它需要国家不是为了自由,而是为了镇压自己的敌人,一到有可能谈自由的时候,国家本身就不再存在了。"(恩格斯1875年3月28日给倍倍尔的信)①"国家无非是一个阶级镇压另一个阶级的机器,这一点即使在民主共和制下也丝毫不比在君主制下差。"(恩格斯为马克思的《法兰西内战》一书所写的导言)②普选制是"测量工人阶级成熟性的标尺。**在现今的国家里,普选制不能而且永远不会提供更多的东西**"(恩格斯论国家的著作。③考茨基先生非常枯燥地反复解释这个论点当中能为资产阶级接受的前一部分,而对我们用黑体标出的、不能为资产阶级接受的后一部分,叛徒考茨基却闭口不谈!)。"公社不应当是议会式的,而应当是工作的机关,兼管行政和立法的机关……　普选制不是为了每三年或六年决定一次,究竟由统治阶级中的什么人在议会里代表和镇压(ver-und zertreten)人民,而是应当为组织在公社里的人民服务,使他们能为自己的企业找到工人、监工和会计,正如个人选择的权利为了同一目的服务于任何一个工厂主一样。"(马克思论述巴黎公社的《法兰西内战》)④

极其博学的考茨基先生十分熟悉的这些论点,每一条都在打他的嘴巴,揭穿他的全部的叛徒行径。在考茨基的整本小册子中,丝毫看不出他理解了这些真理。他的小册子的全部内容都是对马克思主

①见《马克思恩格斯选集》第3卷人民出版社1972年版第30页。——编者注
②见《马克思恩格斯选集》第2卷人民出版社1972年版第336页。——编者注
③见《马克思恩格斯选集》第4卷人民出版社1972年版第169页。——编者注
④见《马克思恩格斯选集》第2卷人民出版社1972年版第375页和第376页。——编者注

义的嘲弄！

只要看看现代国家的根本法，看看这些国家的管理制度，看看集会自由或出版自由，看看"公民在法律上一律平等"，那就处处都可以看到任何一个正直的觉悟的工人都很熟悉的资产阶级民主的虚伪性。任何一个国家，即使是最民主的国家，在宪法上总是留下许多后路或保留条件，以保证资产阶级"在有人破坏秩序时"，实际上就是在被剥削阶级"破坏"自己的奴隶地位和试图不像奴隶那样俯首听命时，有可能调动军队来镇压工人，实行戒严等等。考茨基无耻地粉饰资产阶级民主，闭口不谈美国或瑞士最民主最共和的资产者对付罢工工人的种种行为。

啊，聪明博学的考茨基对于这一点是闭口不谈的！他，这位博学的政治家不知道，对这一点默不作声就是卑鄙。他宁愿向工人讲一些民主就是"保护少数"之类的童话。这很难令人相信，然而这是事实！在公元1918年，在世界帝国主义大厮杀的第五年，在各"民主国"的国际主义者（即不像列诺得尔和龙格之流，不像谢德曼和考茨基之流，不像韩德逊和维伯之流那样卑鄙地背叛社会主义的人们）少数遭受迫害的第五年，博学的考茨基先生居然用甜蜜蜜的嗓子歌颂起"保护少数"来了。谁要是愿意，可以去看看考茨基的这本小册子第15页。而在第16页上，这位博学的……人物还把18世纪英国的辉格党和托利党[101]的故事讲给你听呢！

多么渊博啊！向资产阶级献媚是多么细致入微啊！在资本家面前卑躬屈膝、舔他们的皮靴的样子是多么文质彬彬啊！假如我是克虏伯或谢德曼，是克列孟梭或列诺得尔，我一定会用百万酬金酬谢考茨基先生，赏给他犹大之吻[102]，在工人面前称赞他，劝人们同考茨基这样"可敬的"人物保持"社会主义的统一"。著书反对无产阶级专政，讲述18世纪英国辉格党和托利党的故事，硬说民主就是"保护少数"，绝口不谈"民主"共和国美国迫害国际主义者的**大暴行**，难道这不是奴颜婢膝地为资产阶级效劳吗？

博学的考茨基先生"忘记了"（大概是偶然忘记了……）一件"小事情"，就是资产阶级民主国的统治党仅仅对其他**资产阶级**政党才保护少数，而对无产阶级，则在一切**重大的**、**深刻的**、**根本的**问题上，不仅不"保护少数"，反而实行戒严或制造大暴行。**民主愈发达，在发生危及资产阶级的任何深刻的政治分歧时，大暴行或内战也就愈容易发生**。资产阶级民主的这个"规律"，原是博学的考茨基先生在共和制法国的德雷福斯案件[103]中，在民主共和国美国对黑人和国际主义者的私刑中，在民主英国的爱尔兰和北爱尔兰事件[104]中，在1917年4月俄罗斯民主共和国对布尔什维克的迫害和大暴行[105]中，都可以看到的。我故意不仅举出战时的例子，而且举出战前和平时期的例子。甜蜜蜜的考茨基先生宁愿闭眼不看20世纪的这些事实，却向工人讲述18世纪英国辉格党和托利党的十分新鲜、极其有趣、大有教益、非常重要的故事。

就拿资产阶级议会来说吧。能不能设想博学的考茨基从来没有听说过，民主愈发达，交易所和银行家对资产阶级议会的操纵就**愈厉害**呢？当然不能由此得出结论说，不应该利用资产阶级议会（布尔什维克利用议会，恐怕比世界上任何一个政党都更有成效，因为在1912—1914年，我们把第四届杜马[106]的整个工人选民团都争取过来了）。但是应当由此得出结论说，只有自由主义者才会像考茨基那样忘记资产阶级议会制是有**历史局限性**的，是有**历史条件**的。在最民主的资产阶级国家中，被压迫群众随时随地都可以碰到这个惊人的矛盾：一方面是资本家"民主"所标榜的**形式上的**平等，一方面是使无产者成为**雇佣奴隶**的千百种**事实上**的限制和诡计。正是这个矛盾使群众认清了资本主义的腐朽、虚假和伪善。**为了**使群众作好进行革命的**准备**,社会主义的鼓动家和宣传家向群众不断揭露的正是这个矛盾!然而当革命的纪元已经**开始**的时候,考茨基却转过身子把背朝着革命,赞美起**垂死的**资产阶级民主的妙处来了。

无产阶级民主(苏维埃政权就是它的一种形式)在世界上史无前例地发展和扩大了的,正是对大多数居民即对被剥削劳动者的民主。像考茨基那样写出一整本论民主的书,用两页谈专政,用几十页谈"纯粹民主",而竟**没有注意到**这一点,那就是用自由主义观点来完全歪曲事实。

拿对外政策来说。在任何一个最民主的资产阶级国家中,对外政策都是不公开的。到处都是欺骗群众,而在民主的法国、瑞士、美国和英国,这种欺骗比其他国家更广泛百倍,巧妙百倍。苏维埃政权用革命手段揭露了对外政策的黑幕。考茨基没有注意到这一点,对这一点默不作声,虽然在进行掠夺战争和签订"瓜分势力范围"(即资本家强盗瓜分世界)的秘密条约时代,这一点具有**根本的**意义,因为和平问题,千百万人的生死问题都是以此为转移的。

拿国家机构来说。考茨基抓住一些"小事情",连选举是"间接的"(在苏维埃宪法中)也提到了,但问题的本质他却没有看到。国家机构、国家机器的**阶级**实质,他却没有注意到。在资产阶级民主制度下,资本家千方百计地("纯粹的"民主愈发达,方法就愈巧妙,愈有效)**排斥**群众,使他们不能参加管理,不能享受集会自由、出版自由等等。苏维埃政权是世界上**第一个**(严格说来是第二个,因为巴黎公社已开始这样做过)**吸引**群众即**被剥削**群众参加管理的政权。劳动群众参加资产阶级议会(在资产阶级民主制度下,议会**任何时候**也**解决**不了极其重大的问题,解决这些问题的是交易所和银行)的门径被千百道墙垣**阻隔着**,所以工人们都十分清楚地知道和感觉到,看到和觉察到:资产阶级的议会是**别人的**机构,是资产阶级**压迫**无产者的**工具**,是敌对阶级即剥削者少数的机构。

苏维埃是被剥削劳动群众自己的直接的组织,它**便于**这些群众自己用一切可能的办法来建设国家和管理国家。这里,恰恰是被剥削劳动者的先锋队——城市无产阶级具有一种优越条件,就是大企业把他们极好地联合起来了,他们最容易进行选举和监督当选人。苏维埃组织自然而然**使**一切被剥削劳动者**便于**团结在他们的先锋队即无产阶级的周围。旧的资产阶级机构,即官吏,还有财富特权、资产阶级的教育和联系等等特权(资产阶级民主愈发达,这些事实上的特权也就愈多种多样)——所有这些,在苏维埃组织下正在消失。出版自由不再是假的,因为印刷所和纸张都从资产阶级手里夺过来了。最好的建筑如宫殿、公馆、地主宅邸等等也是如此。苏维埃政权把成千上万座最好的建筑物一下子从剥削者手里夺过来,就使群众的集会权利更加"民主"**百万倍**,而没有集会权利,民主就是骗局。非地方性的苏维埃的间接选举使苏维埃代表大会易于举行,使**整个**机构开支小些,灵活些,在生活沸腾、要求特别迅速地召回或派遣出席全国苏维埃代表大会的地方代表的时期,使工农更便于参加。

无产阶级民主比任何资产阶级民主要民主**百万倍**;苏维埃政权比最民主的资产阶级共和国要民主百万倍。

只有自觉的资产阶级奴仆,或是政治上已经死亡、钻在资产阶级的故纸堆里而看不见实际生活、浸透资产阶级民主偏见、因而在客观上变成资产阶级奴才的人,才会看不到这一点。

只有不能站在**被压迫**阶级的立场上**提出如下问题**的人,才会看不到这一点：

在世界上最民主的资产阶级国家里，哪一个国家的**平常的、普通的**工人，平常的、普通的**雇农**或者农村半无产者（即占人口大多数的被压迫群众的一分子），能够多少像在苏维埃俄国那样，享有在最好的建筑物里开会的**自由**，享有利用最大的印刷所和最好的纸库来发表自己意见、维护自己利益的**自由**，享有推选正是本阶级的人去管理国家、"建设"国家的**自由**呢？

要是以为考茨基先生在任何一个国家从一千个了解情况的工人和雇农当中可以找出哪怕是一个人对这个问题的回答表示怀疑，那是可笑的。全世界的工人只要从资产阶级报纸上看到承认真实情况的片断报道，就本能地同情苏维埃共和国，正因为他们看到它是**无产阶级的**民主，是**对穷人的民主**，不是对富人的民主，而任何的、甚至最完善的资产阶级民主，实际上都是对富人的民主。

管理我们（和"建设"我们国家）的是资产阶级的官吏，资产阶级的议员，资产阶级的法官。这是所有资产阶级国家（包括最民主的资产阶级国家在内）被压迫阶级中的千百万人从自己的生活经验中知道、每天感觉到和觉察到的浅显明白、无可争辩的真理。

在俄国，则完全地彻底地打碎了官吏机构，赶走了所有的旧法官，解散了资产阶级议会，建立了正是使工农**更容易参加的**代表机关，用**工农**苏维埃代替了官吏，或者由**工农**苏维埃监督官吏，由**工农**苏维埃选举法官。单是这件事实，就足以使一切被压迫阶级承认，苏维埃政权这一无产阶级专政形式比最民主的资产阶级共和国要民主百万倍。

考茨基不理解每个工人都理解都清楚的这一真理，因为他"忘记了"提出、"已经不会"提出这个问题：究竟是**对哪一个阶级**的民主？

他从"纯粹的"（即非阶级的?或超阶级的?)民主的观点去推论。他正像夏洛克[107]那样来论证，只要"一磅肉"，别的什么都不要。公民一律平等，不然就没有民主。

我们不得不向博学的考茨基，向"马克思主义者"和"社会主义者"考茨基提出一个问题：

被剥削者同剥削者能平等吗?

在讨论第二国际思想领袖的著作时竟不得不提出这样的问题，真是奇怪得很，真是不可思议。但是"一不做，二不休"，既然谈起了考茨基，就必须向这位博学的人说明，为什么剥削者不可能同被剥削者平等。

选自《列宁全集》第2版第35卷
第243—251页

答美国记者问¹⁰⁸

（1919年7月20日）

现在我来答复向我提出的五个问题，答复的条件是你们要履行已用书面对我所作的诺言，即我的答复将全文刊载在北美合众国的一百多家报纸上。

1. 苏维埃政府的纲领不是改良主义的纲领，而是革命的纲领。改良就是在保持统治阶级统治的条件下从这个阶级那里取得让步。革命就是推翻统治阶级。因此，改良主义的纲领总是罗列许多局部性的条文。我们的革命的纲领其实只有总括性的一条，那就是推翻地主资本家的压迫，推翻他们的政权，使劳动群众从这些剥削者手中解放出来。我们从来没有改变过这一纲领。实现这一纲领的局部措施有时应部分地加以改变，要把这些改变一一举出，就得写一整本书。我只想指出，我们的政府纲领中还有总括性的一条，由此产生的个别措施的改变也许是最多的。这一条就是镇压剥削者的反抗。1917年10月25日（11月7日）革命以后，我们连资产阶级的报纸也没有查封，更谈

本文是对美国合众社记者提问的答复。列宁在文中阐明了资本主义的历史进步性和资本主义将被社会主义代替的历史必然性。列宁指出，资本主义同封建主义相比，是在"自由"、"民主"、"平等"、"文明"的道路上向前迈进了具有世界历史意义的一步，但资本主义只是改变了经济奴役形式，而没有改变奴役的实质。资本主义现在已经成熟并走向衰朽，资本主义的崩溃是不可避免的。资本家、资产阶级能办到的，至多是延缓社会主义在这个或那个国家取得胜利，但决不能挽救资本主义。

不到采用恐怖手段了。我们不仅释放了克伦斯基的许多部长,而且释放了同我们作过战的克拉斯诺夫。直到剥削者即资本家展开反抗以后,我们才开始有系统地加以镇压,甚至采取恐怖手段。无产阶级就是这样回答资产阶级的,因为他们同德、英、日、美、法各国资本家勾结在一起,阴谋在俄国恢复剥削者的政权,用英、法的金钱收买捷克斯洛伐克军,用德、法的金钱收买曼纳海姆和邓尼金,等等,等等。引起"改变"(即在彼得格勒对资产阶级采取更严厉的恐怖手段)的最近一次阴谋,就是资产阶级同社会革命党人[50]和孟什维克勾结起来出卖彼得格勒,军官阴谋分子占据红丘炮台,英、法资本家收买瑞士大使馆的职员和许多俄国职员等等。

2. 我们苏维埃共和国对阿富汗、印度等等穆斯林国家所做的工作,也同我们在国内对人数众多的穆斯林和其他非俄罗斯民族所做的工作一样。譬如我们让巴什基尔人在俄国内部建立自治共和国,我们尽力帮助每个民族得到独立自由的发展,帮助它们多出版、多发行本民族语言的书报,我们还翻译和宣传我们的苏维埃宪法;同"西欧"和美洲资产阶级"民主"国家的宪法比起来,这个宪法不幸更为殖民地、附属国的受压迫的和没有充分权利的10亿以上的人民所喜爱,因为"西欧"和美洲资产阶级"民主"国家的宪法巩固土地和资本的私有制,即巩固少数"文明的"资本家对本国劳动者和亚洲非洲等地殖民地几亿人民的压迫。

3. 对于美国和日本,我们首要的政治目的,就是击退它们对俄国的侵犯,它们这种侵犯是无耻的,罪恶的,掠夺性的,只会使本国资本家发财。我们曾多次郑重地向这两个国家建议媾和,但它们甚至没有回答我们,并且继续同我们作战,帮助邓尼金和高尔察克,掠夺摩尔曼和阿尔汉格尔斯克,特别是在西伯利亚东部大肆洗劫和破坏,那里的俄国农民对日本和北美合众国的资本家强盗进行了英勇的抵抗。

对于一切民族,包括美国和日本在内,我们今后的政治目的和经济目的只有一个,就是毫无例外地同一切国家的工人和劳动者结成兄弟联盟。

4. 我们同意同高尔察克、邓尼金、曼纳海姆媾和的那些条件,已多次用书面形式十分明确地提出过,例如,我们向代表美国政府同我们(以及在莫斯科同我本人)进行谈判[109]的布利特提出过,在给南森的信[110]及其他场合也都提出过。如果美国和其他国家的政府不敢把这些文件全部发表,向人民隐瞒真情,那么这不是我们的过错。我只提一下我们的基本条件:我们准备偿还法国和其他国家的一切债务,只要和约是真正的而不是口头上的,就是说,这一和约要得到英、法、美、日、意等国政府的正式签署和批准,因为邓尼金、高尔察克、曼纳海姆等等不过是这些政府的走卒。

5. 我很想把以下情况告诉美国舆论界:

资本主义和封建主义相比,是在"自由"、"平等"、"民主"、"文明"的道路上向前迈进了具有世界历史意义的一步。虽然如此,资本主义始终是**雇佣奴隶**制度,始终是极少数现代("moderne")奴隶主即地主和资本家奴役千百万工农劳动者的制度。资产阶级民主制和封建制度相比,改变了经济奴役形式,为这种奴役作了特别漂亮的装饰,但并没有改变也不能改变这种奴役的实质。资本主义和资产阶级民主制就是雇佣奴隶制。

技术特别是交通的惊人进步,资本和银行的巨大发展,使资本主义达到成熟,而且成熟过度了。资本主义已经衰朽。它已成为人类发展的最反动的障碍。它就是一小撮百万富翁和亿万富翁统治一切,这些富翁推动各国人民进行厮杀,来解决帝国主义赃物、殖民地统治权、金融"势力范围"或"托管权"等等应当归德国强盗集团所有还是归英法强盗集团所有的问题。

在1914—1918年大战期间,正是由于这个原因而且只是由于这个原因,千百万人死亡了,残废了。对这一真理的认识,现在正迅速地不可抑止地在各国劳动群众中扩大着,尤其是因为战争在各处都引起了空前的破坏,**各国**(包括"战胜国"的人民)都必须为战时的债务支付利息。这些利息是什么呢?是献给百万富翁老爷们的几十亿贡款,以感谢他们仁慈地使千百万工农为解决资本家瓜分利润问题而互相残杀。

资本主义的崩溃是不可避免的。群众的革命意识到处在增长着。成千上万种迹象都说明了这一点。有些迹象并不重要,但庸人看了也都一目了然,其中之一就是昂利·巴比塞的两本小说(《火线》和《光明》)。作者打过仗,而且是一个最和气、最安分、最守法的小资产者,一个庸夫俗子。

资本家、资产阶级能办到的,"至多"是延缓社会主义在这个或那个国家取得胜利,为此再屠杀几十万工人和农民。但他们决不能挽救资本主义。代替资本主义的是**苏维埃共和国**。苏维埃共和国把政权交给劳动人民,并且只交给劳动人民,它委托无产阶级领导劳动人民的解放事业,废除土地、工厂和其他生产资料的私有制,因为这种私有制是少数人剥削多数人的根源,是群众贫困的根源,是只能使资本家发财的、各民族间的掠夺性战争的根源。

国际苏维埃共和国的胜利是有保障的。

最后举一个小例子。美国的资产阶级吹嘘他们国内的自由、平等和民主,以此欺骗人民。但是,不论是这个资产阶级还是世界上其他任何资产阶级或政府,都不能也不敢根据真正自由、平等和民主的原则同我们的政府进行竞赛,比如说,订立一种条约,保证我国政府和其他任何政府自由交换……以政府名义用任何一种文字出版的刊有本国法律条文和宪法条文并说明该宪法比起其他宪法有哪些优点的小册子。

世界上任何一个资产阶级政府都不敢同我们订立这样一个和平、文明、自由、平等、民主的条约。

为什么呢?因为除了苏维埃政府以外,一切政府都是靠压迫和欺骗群众来维持的。但是,1914—1918年的大战已经把大骗局戳穿了。

列 宁

1919年7月20日

选自《列宁全集》第2版第37卷
第107—111页

民族和殖民地问题提纲初稿[111]

（为共产国际第二次代表大会草拟）

（1920年6月5日）

我为共产国际第二次代表大会[112]准备了一个关于殖民地和民族问题的提纲草案，请同志们讨论，并请全体同志，特别是具体了解这些极为复杂的问题中的这个或那个问题的同志，**以最简短（至多两三页）的方式**提出自己的意见、修正、补充或具体说明，尤其是关于以下各点：

奥地利经验。

波兰犹太人的经验和乌克兰的经验。

阿尔萨斯-洛林和比利时。

爱尔兰。

丹麦和德国的关系。意大利和法国的关系以及意大利和斯

本文是《为共产国际第二次代表大会准备的文件》之一。列宁在这一提纲中阐述了共产国际在民族和殖民地问题上的立场和任务，指出必须把被压迫民族的利益和笼统说的民族利益即统治阶级利益区分开来，把被压迫民族和压迫民族区分开来。共产国际在民族和殖民地问题上的全部政策，主要应该是使各民族和各国的无产者和劳动群众为共同进行革命斗争、打倒地主和资产阶级而彼此接近起来，只有这样，才能保证战胜资本主义，消灭民族压迫和不平等现象。要特别援助落后国家中反对封建主义的农民运动，西欧共产主义无产阶级要同东方各殖民地以至一切落后国家的农民革命运动结成紧密联盟。

拉夫的关系。

巴尔干的经验。

东方各民族。

同泛伊斯兰主义的斗争。

高加索的关系。

巴什基尔共和国和鞑靼共和国。

吉尔吉斯斯坦。

土耳其斯坦及其经验。

美国的黑人。

各殖民地。

中国——朝鲜——日本。

尼·列宁

1920年6月5日

1. 资产阶级民主由它的本性所决定的一个特点就是抽象地或从形式上提出平等问题,包括民族平等问题。资产阶级民主在个人平等的名义下,宣布有产者和无产者、剥削者和被剥削者的形式上或法律上的平等,用这种弥天大谎来欺骗被压迫阶级。平等思想本身就是商品生产关系的反映,资产阶级借口个人绝对平等,把这种思想变为反对消灭阶级的斗争工具。要求平等的实际含义只能是要求消灭阶级。

2. 共产党是无产阶级争取推翻资产阶级压迫的斗争的自觉代表,它的基本任务是反对资产阶级民主,揭露资产阶级民主的欺骗和虚伪,因而在民族问题上也不应当把提出抽象的和形式上的原则当做主要之点,主要之点应当是:第一,准确地估计具体的历史情况,首先是经济情况;第二,把被压迫阶级、被剥削劳动者的利益,同笼统说

列宁同参加共产国际第二次代表大会的东方各国代表在一起（1920年7月）

的民族利益这样一种意味着统治阶级利益的一般概念，明确地区分开来；第三，把被压迫的、附属的、没有平等权利的民族，同压迫的、剥削的、享有充分权利的民族也明确地加以区分。这同资产阶级民主的谎言是截然相反的，这种谎言掩盖金融资本和帝国主义的时代所特有的现象，即为数无几的最富裕的先进资本主义国家对世界大多数人实行殖民奴役和金融奴役。

3. 1914—1918年的帝国主义战争，在一切民族和全世界被压迫阶级面前，特别清楚地揭示了资产阶级民主词句的欺骗性，用事实表明，所谓"西方民主国家"的凡尔赛条约[45]是比德国容克和德皇的布列斯特-里托夫斯克条约[44]更加野蛮、更加卑劣地强加于弱国的暴力。国际联盟[113]和战后协约国[114]的全部政策更清楚更突出地揭示了这一真相，它们到处加剧了先进国家的无产阶级和殖民地、附属国的一切劳动群众的革命斗争，使所谓在资本主义制度下各民族能够和平共居和一律平等的市侩的民族主义幻想更快地破灭。

4. 从上述的基本原理中就得出以下的结论：共产国际在民族和殖民地问题上的全部政策，主要应该是使各民族和各国的无产者和劳动群众为共同进行革命斗争、打倒地主和资产阶级而彼此接近起来。这是因为只有这种接近，才能保证战胜资本主义，如果没有这一胜利，便不能消灭民族压迫和不平等的现象。

5. 目前的世界政治形势把无产阶级专政提上了日程，世界政治中的一切事变都必然围绕着一个中心点，就是围绕世界资产阶级反对俄罗斯苏维埃共和国的斗争。而俄罗斯苏维埃共和国必然是一方面团结各国先进工人的苏维埃运动，另一方面团结殖民地和被压迫民族的一切民族解放运动。这些民族根据自己的痛苦经验深信，只有苏维埃政权战胜世界帝国主义，他们才能得救。

6. 因此,目前不能局限于空口承认或空口提倡各民族劳动者互相接近,必须实行使一切民族解放运动和一切殖民地解放运动同苏维埃俄国结成最密切的联盟的政策,并且根据各国无产阶级中共产主义运动发展的程度,或根据落后国家或落后民族中工人和农民的资产阶级民主解放运动发展的程度,来确定这个联盟的形式。

7. 联邦制是各民族劳动者走向完全统一的过渡形式。无论在俄罗斯联邦同其他苏维埃共和国(过去的匈牙利苏维埃共和国[115]、芬兰苏维埃共和国[116]、拉脱维亚苏维埃共和国[117],现在的阿塞拜疆苏维埃共和国、乌克兰苏维埃共和国[118])的关系中,或在俄罗斯联邦内部同从前既没有成立国家又没有实行自治的各民族(例如,在俄罗斯联邦内,1919年建立的巴什基尔自治共和国、1920年建立的鞑靼自治共和国)的关系中,联邦制已经在实践上显示出它是适当的。

8. 共产国际在这方面的任务,是进一步地发展、研究以及通过实际来检验在苏维埃制度和苏维埃运动基础上所产生的这些新的联邦国家。既然承认联邦制是走向完全统一的过渡形式,那就必须力求建立愈来愈密切的联邦制联盟,第一,因为没有各苏维埃共和国最密切的联盟,便不能捍卫被军事方面无比强大的世界帝国主义列强所包围的各苏维埃共和国的生存;第二,因为各苏维埃共和国之间必须有一个密切的经济联盟,否则便不能恢复被帝国主义所破坏了的生产力,便不能保证劳动者的福利;第三,因为估计到建立统一的、由各国无产阶级按总计划调整的完整的世界经济的趋势,这种趋势在资本主义制度下已经十分明显地表现出来,在社会主义制度下必然会继续发展而臻于完善。

9. 在国家内部关系方面,共产国际的民族政策决不能只限于空洞地、形式地、纯粹宣言式地、实际上却不负任何责任地承认民族平等,就像资产阶级民主派所做的那样。这些人不管是坦率地承认自己是资产阶级民主派,或者是像第二国际的社会党人那样,借社会党人的称号来掩饰自己,都是一样的。

不仅在各国共产党的全部宣传鼓动工作(议会讲坛上和议会讲坛外的宣传鼓动)中,应当不断地揭露各资本主义国家违背本国的"民主"宪法,经常破坏民族平等,破坏保障少数民族权利的种种事实,而且还必须做到:第一,经常解释,只有在反资产阶级的斗争中首先把无产者、然后把全体劳动者联合起来的苏维埃制度,才能实际上给各民族以平等;第二,各国共产党必须直接帮助附属的或没有平等权利的民族(例如爱尔兰,美国的黑人等)和殖民地的革命运动。

没有后面这个特别重要的条件,反对压迫附属民族和殖民地的斗争以及承认他们有国家分离权就仍然是一块假招牌,正像我们在第二国际各党那里看到的一样。

10. 口头上承认国际主义,而事实上在全部宣传、鼓动和实际工作中却用市侩民族主义与和平主义偷换国际主义,这不仅在第二国际各党中是最常见的现象,而且在那些已经退出这个国际的政党中,甚至在目前往往自称为共产党的政党中也是最常见的现象。把无产阶级专政由一国的(即存在于一个国家的,不能决定全世界政治的)专政转变为国际的专政(即至少是几个先进国家的,对全世界政治能够起决定影响的无产阶级专政)的任务愈迫切,同最顽固的小资产阶级民族主义偏见这种祸害的斗争就愈会提到首要地位。小资产阶级民族主义宣称,只要承认民族平等就是国际主义,同时却把民族利己主义当做不可侵犯的东西保留下来(更不用说这种承认纯粹是口头上的),而无产阶级的国际主义,第一,要求一个国家的无产阶级斗争的利益服从全世界范围的无产阶级斗争的利益;第二,要求正在战胜资产阶级的民族,有能力有决心为推翻国际资本而承担最大的民族牺牲。

因此,在已经完全是资本主义的、拥有真正是无产阶级先锋队的工人政党的国家中,首要的任务就是同歪曲国际主义的概念和政策的机会主义和市侩和平主义作斗争。

11.对于封建关系或宗法关系、宗法农民关系占优势的比较落后的国家和民族,要特别注意以下各点:

第一,各国共产党必须帮助这些国家的资产阶级民主解放运动;把落后国家沦为殖民地或在财政上加以控制的那个国家的工人,首先有义务给予最积极的帮助;

第二,必须同落后国家内具有影响的僧侣及其他反动分子和中世纪制度的代表者作斗争;

第三,必须同那些企图利用反欧美帝国主义的解放运动来巩固可汗、地主、毛拉等地位的泛伊斯兰主义和其他类似的思潮作斗争;[①]

第四,必须特别援助落后国家中反对地主、反对大土地占有制、反对各种封建主义现象或封建主义残余的农民运动,竭力使农民运动具有最大的革命性,使西欧共产主义无产阶级与东方各殖民地以至一切落后国家的农民革命运动结成尽可能密切的联盟;尤其必须尽一切努力,用建立"劳动者苏维埃"等方法把苏维埃制度的基本原则应用到资本主义前的关系占统治地位的国家中去;

第五,必须坚决反对把落后国家内的资产阶级民主解放思潮涂

---

①列宁在校样上用大括号将第二点和第三点括在一起并写道:"第二点和第三点合并"。——俄文版编者注

上共产主义的色彩；共产国际援助殖民地和落后国家的资产阶级民主民族运动，只能是有条件的，这个条件是各落后国家未来的无产阶级政党（不仅名义上是共产党）的分子已在集结起来，并且通过教育认识到同本国资产阶级民主运动作斗争是自己的特殊任务；共产国际应当同殖民地和落后国家的资产阶级民主派结成临时联盟，但是不要同他们融合，要绝对保持无产阶级运动的独立性，即使这一运动还处在最初的萌芽状态也应如此；

第六，必须向一切国家、特别是落后国家的最广大的劳动群众不断地说明和揭露帝国主义列强一贯进行的欺骗，即打着建立政治上独立的国家的幌子，来建立在经济、财政和军事方面都完全依赖于它们的国家；在目前国际形势下，除了建立苏维埃共和国联盟，附属民族和弱小民族别无生路。

12. 帝国主义列强历来对殖民地和弱小民族的压迫，在被压迫国家劳动群众的心中不仅播下了仇恨，而且播下了对整个压迫民族包括对这些民族的无产阶级的不信任。这些民族的无产阶级的多数正式领袖，在1914—1919年曾经站在社会沙文主义的立场上，借口"保卫祖国"来保卫"本国"资产阶级压榨殖民地和掠夺财政上不独立的国家的"权利"，他们这种背叛社会主义的卑鄙行径不能不加深这种完全合乎情理的不信任心理。另一方面，一个国家愈是落后，这个国家的小农业生产、宗法性和闭塞性就愈加厉害，也就必然使最深的小资产阶级偏见，即民族利己主义和民族狭隘性的偏见表现得特别厉害和顽固。既然这些偏见只有在各先进国家内的帝国主义和资本主义消灭以后，只有在落后国家的经济生活全部基础急剧改变以后才能消逝，那么这些偏见的消逝，就不能不是极其缓慢的。因此，各国有觉悟的共产主义无产阶级对于受压迫最久的国家和民族的民族感情残余必须持特别小心谨慎的态度,同样,为了更快地消除以上所说的不信任心理和各种偏见,必须作出一定的让步。没有世界各国和各民族的无产阶级以至全体劳动群众自愿要求结盟和统一的愿望,战胜资本主义这一事业是不能顺利完成的。

选自《列宁全集》第2版第39卷
第159—166页

关于国际形势和
共产国际基本任务的报告

（1920年7月19日）

（热烈欢呼。全场起立，鼓掌。报告人准备讲话了，听众仍继续鼓掌，用各种语言欢呼。长时间欢呼。）同志们，关于共产国际基本任务问题的提纲①已经用各种文字发表了，这个提纲并没有提出什么重大的新东西（特别是对俄国同志来说），因为这个提纲主要是要把我国革命经验的某些基本点和我国革命运动的教训推广运用于西方国家，运用于西欧。因此，对我报告中的第一部分，即国际形势部分，我要稍许多谈一点，当然也只能是简要地谈一谈。

目前整个国际形势的基础就是帝国主义的经济关系。资本主义的这个新的、最高的和最后的阶段到20世纪已经完全形成了。大家当然都知道，帝国主义最突出最本质的特征就是资本达到了巨大的

本文是《共产国际第二次代表大会文献》之一。列宁在报告中分析了第一次世界大战和十月革命后国际政治经济形势的变化，剖析了资本主义世界的危机。列宁指出，全世界的资产阶级制度正在经历巨大的革命危机，一方面群众的经济状况已经到了不可忍受的地步；另一方面，在极少数势力极大的战胜国中间，瓦解已经开始而且正在加深。各国的革命政党都应该用实践来证明，它们有足够的觉悟和组织性，它们与被剥削群众有密切的联系，有足够的决心和本领利用这个危机来进行成功的、胜利的革命。

---

① 见《列宁全集》第2版第39卷第179—195页。——编者注

规模。大规模的垄断代替了自由竞争。极少数资本家有时能把一些工业部门整个集中在自己手里;这些工业部门转到了往往是国际性的卡特尔、辛迪加、托拉斯等联合组织的手里。因此,垄断资本家不仅在个别国家内,而且在世界范围内,在金融方面、产权方面、部分地也在生产方面,控制了整个整个的工业部门。在这个基础上就形成了极少数大银行、金融大王、金融巨头的空前未有的统治,他们实际上甚至把最自由的共和国都变成了金融君主国。这一点,像法国的利西斯这样一些决非革命的著作家,在战前就已经公开承认了。

一小撮资本家的这种统治达到全盛时期是在世界已经瓜分完毕的时候,不仅各种原料产地和生产资料已被最大的资本家夺走,就是殖民地也已经初步瓜分完毕。大约40年前,6个资本主义强国所属殖民地的人口不过稍稍超出25 000万。1914年大战爆发前夕,殖民地人口已近6亿,如果再加上波斯、土耳其、中国这类当时已处于半殖民地地位的国家,匡算一下,约有10亿人口被最富有、最文明和最自由的国家置于殖民地附属地位,受它们的压迫。大家知道,殖民地附属地位,除了在政治上法律上直接处于附属地位之外,还必须有一系列财政和经济上的附属关系,还要进行一系列不能算做战争的战争,因为这些战争常常不过是用最精良的杀人武器装备起来的欧美帝国主义军队残害手无寸铁的殖民地国家居民的大屠杀而已。

由于世界已经瓜分完毕,由于资本主义垄断的这种统治,由于极少数大银行(每个国家最多只有两三家、四五家)的无限权力,就不可避免地爆发了1914—1918年第一次帝国主义大战。这场战争是为了重新瓜分世界。这场战争是为了决定:极少数大国集团(英国集团或德国集团),谁可以、谁有权来掠夺、扼杀和剥削全世界。大家知道,战争对这个问题的解决是有利于英国集团的。这场战争的结果使资本主义的一切矛盾空前尖锐化了。战争一下子就把世界上近25 000万的人口置于同殖民地毫无差别的境地,把俄国约13 000万的人口,奥匈帝国、德国、保加利亚不下12 000万的人口置于这样的境地。这是包括像德国那样最先进、最文明、最有文化、具有现代技术水平的国家在内的25 000万人口!战争的结果签订了凡尔赛条约[45],迫使先进的民族屈居殖民地附属地位,陷于贫困、饥饿、破产、无权的境地,今后世世代代都要受条约的束缚,这种遭遇是任何文明的民族所未曾有过的。现在你们可以看到这样一幅世界的图景:战后马上使不下125 000万人遭受殖民压迫,遭受野蛮的资本主义的剥削。资本主义自夸爱好和平,50来年前,它还可以勉强这样吹嘘,因为那时候,世界还没有瓜分完毕,垄断还不占统治地位,资本主义还可以比较和平地发展,而没有引起大规模的军事冲突。

如今这个"和平"时期已经过去,压迫更加骇人听闻了,殖民压迫和军事压迫又重新抬头,而且变本加厉了。凡尔赛条约使德国以及其他许多战败国经济崩溃,无法生存,丧尽权利,备受屈辱。

有多少国家从中得到好处呢?要回答这个问题,我们一定会想到美国。只有美国一国在战争中完全是获利的,它从负债累累一跃而为各国的债主,它的人口不超过1亿。日本的人口是5 000万,它没有卷入欧美冲突,而攫取了亚洲大陆的许多地方,因此也获得了很大利益。获利仅次于上述两国的是英国,它的人口有5 000万。如果加上战时发了财的中立国的极少数人口,总计约25 000万人。

这就是帝国主义战争后世界状况的轮廓。被压迫的殖民地人口125 000万,其中包括波斯、土耳其、中国这类正在被人活活瓜分的国家,以及那些因战败而沦于殖民地地位的国家。保持原来地位的国家的人口,不超过25 000万,但是这些国家在经济上都已仰赖美国,战时在军事上也处于依赖地位,因为战争席卷了整个世界,使任何一个国家都不能保持真正的中立。最后,是居民不到25 000万的几个国家,在这些国家中自然只有上层分子,只有资本家才能从瓜分世界中得到好处。这些数字加在一起是175 000万,构成世界人口的总数。我想提醒大家注意世界的这样的一幅图景,是因为所有导致革命的资本主义基本矛盾、帝国主义基本矛盾,所有引起了对第二国际作极其激烈斗争的工人运动中的基本矛盾(主席同志讲到了这一点),都是同世界人口的这种划分联系着的。

当然,这些数目字只是粗略地勾画出一幅世界经济的图景。同志们,在世界人口这样划分的基础上,金融资本的剥削,资本主义垄断组织的剥削,加重了许多倍,是很自然的。

不但殖民地、战败国陷于附属地位,就是在每个战胜国里,矛盾也尖锐化了,一切资本主义矛盾都尖锐化了。我现在举几个例子来简单说明一下。

就拿国家债务来说吧。我们知道,从1914年到1920年,欧洲最大的几个国家的债务至少增加了**六倍**。下面我再引证一个特别有价值的经济材料,即凯恩斯《和约的经济后果》一书。凯恩斯是英国外交家,他奉本国政府之命参加凡尔赛和谈,从纯粹资产阶级的观点直接作了观察,一步步地作了详尽的研究,并且以经济学家的身份参加过各种会议。他作出的结论,比任何一个共产党人革命家的结论更有说服力,更引人注目,更发人深思,因为作出这个结论的人是一个人所共知的资产者,布尔什维主义的死敌,在这个英国市侩的想象中,布尔什维主义的样子是畸形的狰狞可怕的。凯恩斯得出结论说,欧洲和整个世界正随着凡尔赛和约的签订而走向破产。凯恩斯后来辞职了,写了一本书,指责政府说,你们在干蠢事。我现在把他的数字综合摘引一下。

列强之间的债务关系怎样呢?我按1英镑等于10个金卢布的比价来折算。那么,美国借出是190亿,贷入是零。战前它是英国的债务国。莱维同志1920年4月14日在最近一次德国共产党代表大会上作报告时说得很对,现在世界上只剩下英美两个独立自主的国家了。只是美国在财政上是绝对独立的。美国战前是债务国,现在却完全是债权国了。世界上其他强国都负了债。英国的状况是:借出170亿,贷入80亿,已经陷于半负债地位。而且在它借出的款项中,有近60亿是俄国欠的,其中包括俄国战时赊购军火的欠款。不久前,俄罗斯苏维埃政府代表克拉辛在同劳合-乔治谈到贷款条约问题时,曾经明确地告诉过英国政府的领袖们、学者和政治家们,要是他们还指望收回债款,那就大错特错了。英国外交家凯恩斯也早已指出了这种错误。

问题当然不仅仅在于,甚至根本不在于俄国革命政府不愿还债。任何一个政府都不会还这种债,因为这些债款是已经还本20次的高利贷的利息。连那位丝毫不同情俄国革命运动的资产者凯恩斯都说:"显然这些债务是不能算数了。"

至于说到法国,凯恩斯引用了这样的数字:借出35亿,贷入却是105亿!要知道,法国人曾自称是全世界的高利贷者,因为它有大量的"积蓄",它对殖民地的掠夺以及在金融上的掠夺积累了巨额的资本,使它能够几十亿几十亿地贷给别国,特别是贷给俄国。这些贷款提供了巨额收入。尽管如此,尽管法国是战胜国,它还是陷于负债地位。

共产党员布劳恩同志在《谁应该偿还战时债款?》(1920年莱比锡版)一书中,引用了美国资产阶级的一个材料。材料得出了各国债务对国民财产的比例:英、法这两个战胜国的债务相当于全部国民财产的50%以上；意大利相当于60%—70%；俄国相当于90%。但是，大家知道这些债务并没有使我们担心，因为在凯恩斯的著作出版前不久，我们就已经听从了他的绝妙忠告——废除了一切债务。（热烈鼓掌）

然而凯恩斯在这里不过是大发其庸人常有的怪癖罢了，他提出废除一切债务的忠告时说，法国当然只会占到便宜，英国损失当然不会太大，因为反正从俄国是捞不回什么了；只有美国要受很大的损失，但是凯恩斯指望美国能够"大发慈悲"！在这一点上，我们的看法同凯恩斯以及其他市侩和平主义者是不一致的。我们认为，他们既然要废除债务，就应该把希望寄托在别的方面，朝另外的方向努力，而不应该指望资本家老爷们"大发慈悲"。

从这些最简单的数字可以看出，帝国主义战争同样给战胜国也造成了莫大的困难。工资远远跟不上物价的上涨，也说明了这一点。今年3月8日，最高经济委员会这个维护世界资产阶级秩序、防止革命日益高涨的机关，通过一项决议，决议最后号召人们遵守秩序，克勤克俭，当然，工人仍旧是做资本的奴隶。最高经济委员会这个协约国的机构，全世界资本家的机构提供了以下的数字：

美国物价平均上涨120%，工资却只增加100%；英国物价上涨170%，工资只增加130%；法国物价上涨300%，工资只增加200%；日本物价上涨130%，工资只增加60%（这是我参照布劳恩同志在上述小册子里引用的数字和1920年3月10日《泰晤士报》[119]所载最高经济委员会公布的数字得出的）。

很明显，在这种情况下工人的愤怒必然日益强烈，革命思想和革命情绪必然日益加强，自发的大规模罢工浪潮必然日益高涨，因为工人的处境已经不堪忍受了。工人根据经验确信，资本家靠战争大发横财,而把一切军费和债务转嫁给工人负担。不久前我们得到的一则电讯说,美国为了肃清"有害的鼓动分子",想再驱逐500个共产党员到我们俄国来。

不要说美国驱逐500个,就是把整整50万个俄国的、美国的、日本的、法国的"鼓动分子"驱逐到我们这里来,也无济于事,因为使他们束手无策的物价失调问题仍然存在。他们之所以对此束手无策,是因为他们牢牢地保持着私有制,他们那里的私有制是"神圣的"。这一点决不应当忘记,因为现在只有俄国摧毁了剥削者的私有制。资本家对物价失调束手无策,而工人靠原来的工资已生活不下去了。任何老办法都解脱不了这种灾难,任何局部的罢工、任何议会斗争、任何投票表决都无济于事,因为"私有制是神圣的",资本家已经放了这么多的债,以致全世界都在受一小撮人的盘剥,而工人的生活条件却变得愈来愈不堪忍受了。只有消灭剥削者的"私有制",别的出路是没有的。

拉品斯基同志在《英国与世界革命》这本小册子(我国《外交人民委员部通报》[120]于1920年2月摘录了其中很有价值的部分)中指出,英国煤的出口价格比工业当局预计的高出一倍。

兰开夏郡的股票甚至增值400%。银行赢利至少是40%—50%,还应该指出,所有的银行家在计算银行赢利时,都会巧妙地把大部分的赢利用奖金、酬金等名目隐藏起来,也就不算做赢利了。这些无可争辩的经济事实又一次证明:一小撮人大发其财,穷奢极欲,而与此同时工人阶级则日益贫困。还有一种情况应该着重指出,那就是莱维同志在上面提到的他的报告中所特别明确强调的币值变动。由于负债、发行纸币等原因,各国的货币都贬值了。根据上面我提到的那个资产阶级的材料,即1920年3月8日最高经济委员会的声明所作的计算,可以看出:同美元比较,英国货币贬值约$\frac{1}{3}$,法国、意大利货币贬值$\frac{2}{3}$,德国货币贬值竟高达96%。

这个事实说明,世界资本主义经济的"结构"正在全面瓦解。在资本主义制度下借以取得原料和销售产品的贸易关系,已经无法维持了;正因为许多国家从属于一个国家,币值一变动,这种关系就无法维持了。现在,任何一个最富有的国家也不能生存,不能进行贸易了,因为它无法出售自己的产品,也无法买进原料。

结果,连最富有的、控制所有国家的美国也无法做买卖了。这一点连凯恩斯那样一个在凡尔赛谈判中历尽千辛万苦的人也不得不承认,尽管他有捍卫资本主义的坚强决心,尽管他对布尔什维主义深恶痛绝。顺便说一下,我认为没有一篇共产主义的或任何革命的宣言就其效果来说能比得上凯恩斯书中描写威尔逊和实践中的"威尔逊主义"[46]的那几页。像凯恩斯和第二国际的许多英雄(甚至包括"第二半"国际[121]的许多英雄)这类市侩及和平主义者,曾经把威尔逊当做偶像,对他的"14点"顶礼膜拜,甚至撰写"学术"著作论述他的政策的"基础",指望他能拯救"社会和平",使剥削者同被剥削者和解,实行社会改良。后来凯恩斯却清楚地揭露了威尔逊原来是个愚人,这一切幻想一碰到以克列孟梭和劳合-乔治两位先生为代表的资本所采取的注重实际、专讲实利的商人政策,就烟消云散了。现在工人群众根据自己的生活经验愈来愈清楚地看到,学究们甚至从凯恩斯的书中也可以看到,威尔逊政策的"基础",归结起来不过是神父的蠢见,小资产阶级的空谈和对阶级斗争的极端无知。

由于上述种种事实,完全不可避免地、自然而然地产生了两个条件,产生了两种基本情况。一方面是群众的贫困、破产空前加重,这首先是指包括125 000万人口,即占全世界人口70%的地区。这是一些居民在法律上毫无权利的殖民地附属国,是被"委任"给金融强盗们统治的国家。此外,凡尔赛条约把战败国受奴役的地位固定下来了,有关俄国的秘密条约也起了这种作用,不过,这种秘密条约的实际效力,有时和那些写着我们负债几十亿几十亿的废纸不相上下。把125 000万人遭受掠夺、奴役、贫困、饥饿和屈居附属地位的事实,用法律形式固定下来了,这在世界历史上是第一次。

另一方面,在每一个债权国里,工人的处境也到了不堪忍受的地步。战争使一切资本主义矛盾空前尖锐化了,这就是产生强烈的革命风潮的根源。这种风潮正在增长,因为战时人们受着军事纪律的约束,不是被拉去送死,就是随时都有受到军法制裁的危险。战争环境使人们不能去考察实际的经济情况。作家、诗人、神父和所有的报刊都一味地歌颂战争。现在,战争结束了,揭露也就开始了:德帝国主义及其布列斯特-里托夫斯克和约[44]被揭穿了;凡尔赛和约被揭穿了,它本来应当是帝国主义的胜利,现在却变成了它的失败。凯恩斯这个例子还表明,欧美千千万万小资产阶级分子、知识分子、多少受过教育有点文化的人不得不走上凯恩斯所走的道路。凯恩斯辞去了职务,写了一本书,揭露本国政府。他的行为说明,一旦千百万人懂得了所谓"为自由而战"等花言巧语不过是十足骗人的鬼话,其结果不过是极少数人发财而其余的人破产、受奴役,那么他们的思想会发生什么样的变化。资产者凯恩斯说,英国人要想救自己的命,挽救英国的经济,就应当设法恢复德俄两国之间的自由贸易关系!用什么方法才能达到这个目的呢?用凯恩斯所提出的方法,就是废除一切债务!这不光是凯恩斯这位博学的经济学家一个人的主张,现在已经有、将来还会有千百万人提出这样的主张。千百万人听到了资产阶级经济学家们的呼声:只有废除债务,别的出路是没有的,因此他们说:"布尔什维克〈他们已经把债务废除了〉真该死",让我们去乞求美国"大发慈悲"吧!!我认为,应该以共产国际代表大会的名义向这些为布尔什维主义进行鼓动的经济学家致谢。

如果一方面,群众的经济状况已经到了不可忍受的地步,另一方面,像凯恩斯所证实的那样,在极少数势力极大的战胜国中间,瓦解已经开始而且正在加深,那么,十分明显,世界革命的两个条件都正在成熟。

现在,我们看到了一幅比较完整的全世界的图景。我们懂得,125 000万人依附于一小撮富翁,处于无法生存的境地,这意味着什么。另一方面,人们向各国人民端出了一项国际联盟[113]盟约,宣称国际联盟结束了战争,今后不允许任何人再破坏和平。全世界劳动群众寄予最后希望的这个盟约生效,对我们来说倒是一个重大胜利。在盟约还没有生效的时候,有人说:对德国这样的国家不能不用特殊条件加以控制;你们瞧吧,有了盟约就好了。但是,盟约一正式公布,布尔什维主义的死敌就不得不背弃了它!盟约一开始生效,极少数最富有的国家,克列孟梭、劳合-乔治、奥兰多、威尔逊这"四巨头",又坐下来磋商建立新关系了!盟约这部机器刚一开动,就完全垮了!

我们从侵犯俄国的战争中就看到了这一点。俄国这个又穷又弱、备受压抑的国家,这样一个最落后的国家,却抗击了所有的国家,抗击了统治全世界的富强国家的联盟,并且取得了胜利。双方力量悬殊,可是我们打赢了。为什么呢?因为它们之间毫不团结,因为大国之间互相作对。法国希望俄国还它的债,并成为威慑德国的力量;英国则希望瓜分俄国,企图夺取巴库的石油,并同俄国边境上的几个国家缔结条约。英国官方的一个文件,非常诚实地列举了大约半年前(1919年12月)答应要攻占莫斯科和彼得格勒的国家(一共14个国家）。英国曾经打算利用这些国家来实行它的政策，给了它们几百万几百万的贷款。现在这一切指望都已落空，全部贷款也付诸东流了。

这就是国际联盟所造成的局势。这个盟约存在一天，就替布尔什维主义很好地作一天宣传，因为资本主义"秩序"的最强有力的维护者表明，在每个问题上他们都是互相拆台的。日本、英国、美国和法国为着瓜分土耳其、波斯、美索不达米亚和中国在进行激烈的争夺。这些国家的资产阶级报刊都在猛烈地抨击和恶毒地咒骂自己的"伙伴"，斥责对方不该把自己快到口的肥肉抢走。我们看到，就上层来说，极少数最富裕的国家之间已经四分五裂。125 000万人决不会让"先进的"、文明的资本主义任意奴役下去，要知道，他们占世界人口的70%！英、美、日（日本过去虽然能够掠夺东方各国，亚洲各国，但是，现在没有别国的帮助，它无论在财政上或军事上都没有独立行动的能力）这极少数最富有的国家，这两三个国家已经无法调整好它们的经济关系，它们把破坏国际联盟成员国和伙伴的政策作为自己政策的目标。这就产生了世界危机。这个危机的经济根源就是共产国际之所以取得辉煌成就的主要原因。

同志们！现在我们该谈谈作为我们革命行动的基础的革命危机问题。这里首先必须指出两种常见的错误。一种是资产阶级经济学家用英国人文雅的口吻，把这种危机描绘成单纯的"人心惶惶"；另一种是革命者有时力图证明危机是绝对没有出路的。

这是错误的。绝对没有出路的情况是没有的。现在资产阶级活像一个既不讲廉耻又丧失了理智的强盗，接连不断地干着蠢事，使局势尖锐化，加速着自己的灭亡。这都是事实。但是决不能由此"证明"，资产阶级绝对不可能用微小的让步来麻醉一小部分被剥削者，绝对不可能把某一部分被压迫被剥削群众的某种运动或起义镇压下去。

企图预先"证明""绝对"没有出路，就是无用的学究气，或者是玩弄概念和字眼。在这个问题和类似问题上，只有实践才是真正的"证明"。全世界的资产阶级制度正在经历巨大的革命危机。现在各国的革命政党都应该用实践来"证明"，他们有足够的觉悟和组织性，他们与被剥削群众有密切的联系，有足够的决心和本领利用这个危机来进行成功的、胜利的革命。

我们召开这次共产国际代表大会的主要目的，就是为这种"证明"做准备工作。

我现在拿英国"独立工党"²⁹的领袖拉姆赛·麦克唐纳作例子，来说明机会主义在愿意加入第三国际的党内还有多么大的势力，有些党的工作离训练好革命阶级去利用革命危机这一要求还多么远。麦克唐纳的《议会和革命》一书中谈到的问题，正是我们现在研究的那些根本问题。他在这本书里对形势的描述和资产阶级和平主义者大致相同。他承认现在有革命危机，革命情绪正在增长，也承认工人群众是同情苏维埃政权和无产阶级专政的（请注意：这里讲的是英国），无产阶级专政比目前的英国资产阶级专政好。

但是，麦克唐纳仍旧是十足的资产阶级和平主义者和妥协主义者，是幻想建立超阶级政府的小资产者。麦克唐纳同一切资产阶级的骗子、诡辩家、学究一样，只认为阶级斗争是一种"记叙的事实"。麦克唐纳绝口不谈俄国克伦斯基、孟什维克和社会革命党人⁵⁰建立似乎是超阶级的"民主"政府的尝试，以及匈牙利、德国等国家的类似的尝试。他却麻醉他的党，麻醉那些不幸把他这个资产者当做社会主义者，把他这个庸人当做领袖的工人，说什么："我们知道，这〈革命危机，革命风潮〉会过去，会平息的。"他说，战争必然引起危机，危机在战后虽然不会立即平息，但"总归会平息下去的"！

列宁在共产国际第二次代表大会开幕会上作报告（1920年7月19日）

一个愿意参加第三国际的党的领袖竟然能说出这样的话!这样赤裸裸的暴露是罕见的,因而更有价值,它暴露了法国社会党[122]和德国独立社会民主党[49]上层分子中间同样常见的情况,不仅不善于而且不愿意在革命意义上利用革命危机,换句话说,就是既不善于又不愿意使党和阶级为建立无产阶级专政作好真正的革命准备。

这就是许许多多目前退出第二国际的党的主要弊病。正因为如此,所以在我向这次代表大会提出的提纲中,谈得最多的是尽量具体而明确地规定为建立无产阶级专政**作准备**的任务。

再举一个例子。不久以前,出版了一本反布尔什维主义的新书。现在,这种书在欧洲和美洲出版得特别多,可是,反布尔什维主义的书出得愈多,群众对布尔什维主义的同情就愈强烈、愈迅速地增长起来。我指的是奥托·鲍威尔的《布尔什维主义还是社会民主主义?》一书。德国人可以从这本书里清楚地看到,究竟什么是孟什维主义(它在俄国革命中所起的可耻作用,各国工人都已有足够的了解)。尽管奥托·鲍威尔把他对孟什维主义的同情掩盖起来,可是他写的却是一部道道地地的孟什维克式的诽谤作品。在欧洲和美洲,现在倒必须使更多的人更确切地了解什么是孟什维主义,因为这是一个概括所有敌视布尔什维主义的所谓社会主义、社会民主主义等派别的类概念。我们俄国人可能没有兴趣为欧洲写一本书来说明什么是孟什维主义。而奥托·鲍威尔写的书实际上做到了这一点。我们预先感谢那些要把这本书译成各种文字出版的资产阶级出版家和机会主义出版家。鲍威尔的书是共产主义教科书有益而独特的补充读物。如果要"测验"是否领会了共产主义,出下面这样的试题是最好不过的:试分析奥托·鲍威尔书中的任何一节或任何一个论点,指出其中的孟什维主义,指出他背叛社会主义以及与克伦斯基、谢德曼等等同流合污的

思想根源。要是你解答不了这个问题，那你还不是一个共产主义者，你最好不要加入共产党。(鼓掌)

奥托·鲍威尔用一句话绝妙地表达了世界机会主义观点的全部实质——为此我们应当在他生前就给他建立纪念碑，如果我们能够在维也纳随意做主的话。他煞有介事地说，在现代民主国家的阶级斗争中使用暴力，无异是"对各种社会力量因素横施暴力"。

这句话也许你们听起来很古怪、很费解吧？然而，这是一个典型的例子，它表明人们把马克思主义糟蹋成了什么样子，人们**可以**把最革命的理论弄得何等庸俗，甚至用它来为剥削者辩护。只有德国那种市侩才能炮制出这样一种"理论"，说什么"各种社会力量因素"就是人数、组织能力、在生产和分配过程中所占的地位、积极性和教育程度。如果农村里的雇农和城市里的工人对地主和资本家使用了革命暴力，这决不是无产阶级专政，决不是对剥削和压迫人民的人使用暴力，绝对不是。这是"对各种社会力量因素横施暴力"。

我举的这个例子也许听来有点可笑。但是，现代机会主义的本性本来就是这样，它反对布尔什维主义的斗争总是会闹出笑话来。现在，引导工人阶级、引导工人阶级中一切肯动脑子的人参加国际孟什维主义(麦克唐纳之流、奥·鲍威尔之流)与布尔什维主义之间的斗争，对于欧洲和美洲来说，都是一件最有益、最迫切的事情。

这里我们要提一个问题，为什么这些派别在欧洲那样根深蒂固呢？为什么这种机会主义在西欧比在我国强大呢？这是因为先进的国家过去和现在创造自己的文化都是靠了能剥削10亿被压迫的人民这样的条件。这是因为这些国家的资本家掠夺来的东西，大大超过了他们能够从本国工人身上榨取的利润。

战前有人计算过，英、法、德三个最富有的国家，其他收入不算，仅资本输出一项,每年就可获利80—100亿法郎。

很明显,从这么一大笔钱里,完全可以拿出哪怕是5亿法郎来施舍给工人领袖、工人贵族,来进行各种形式的收买。收买就是整个问题的症结所在。这可以采取千百种不同的方式:提高大中心城市的文化水平,设立教育机关,为合作社领袖、工联领袖、议会领袖提供千百个肥缺。哪里有现代的文明的资本主义关系,哪里就是如此。这几十亿超额利润,就是工人运动中机会主义赖以生存的经济基础。美国、英国和法国的机会主义领袖、工人阶级的上层分子、工人贵族最顽固,他们对共产主义运动的抵抗最顽强。因此,我们应该认识到,欧美工人政党要治好这种病症比我们要困难。我们都知道,自从第三国际成立以来,医治这种病症已经获得了极其巨大的成效,但是我们还没有彻底治愈,因为全世界工人政党,无产阶级革命政党还远没有肃清自己队伍中的资产阶级影响,还远没有肃清自己队伍中的机会主义分子。

我不打算再谈我们应该如何具体地进行这个工作。这一点在我发表的提纲中已经讲过了。我在这里只想指出这种现象的深刻的经济根源。这病拖的时间很久了,要治好它,比乐观主义者所想象的时间要长得多。机会主义是我们的主要敌人。工人运动中上层分子的机会主义,不是无产阶级的社会主义,而是资产阶级的社会主义。实际证明:由工人运动内部机会主义派别的活动家来维护资产阶级,比资产者亲自出马还好。工人要不是由他们来领导,资产阶级就无法支持下去。不但俄国克伦斯基统治的历史证明了这一点,就是社会民主党政府领导的德国民主共和国,以及阿尔伯·托马对本国资产阶级政府的态度,也证明了这一点。英国和美国的类似的经验也证明了这一点。这是我们的主要敌人,我们必须战胜这个敌人。经过这次代表大会，我们应该下定决心，把各国党内的这一斗争进行到底。这是主要的任务。

同这一任务比起来，纠正共产主义运动中"左"派的错误，将是一项容易的任务。我们在许多国家里看到反对议会活动的倾向，这种倾向与其说是由小资产阶级出身的人带来的，还不如说是受无产阶级的某些先进部队支持的，因为这些先进部队痛恨过去的议会活动，痛恨英、法、意等一切国家中议会活动家的所作所为，这种痛恨无疑是合理的、正当的和必要的。共产国际应当指导同志们更深入细致地了解俄国的经验，了解真正无产阶级政党的作用。我们的工作正是要解决这个问题。同无产阶级运动中的这些错误缺点作斗争比较容易，而同那些以改良主义者的姿态加入第二国际旧党、并按资产阶级精神而不是按无产阶级精神来指导党的全部工作的资产阶级作斗争要困难一千倍。

同志们，最后，我还要讲一个问题。主席同志曾在会上说，这次代表大会可以称为一次世界性代表大会。我认为，他说得很对，特别是因为有不少殖民地、落后国家革命运动的代表参加了这次大会。这不过是一个小小的开端，但重要的是已经开始了。这次代表大会，已经把资本主义国家、先进国家的革命无产者，同那些没有或者几乎没有无产阶级的国家的革命群众，同东方殖民地国家的被压迫群众团结起来了。而巩固这种团结，则要靠我们的努力，我相信，我们一定会做到这一点。一旦各国被剥削被压迫工人的革命进攻击败了市侩分子的抵抗，肃清了一小撮工人贵族上层分子的影响，同迄今还站在历史之外、只被看做历史客体的亿万人民的革命进攻联合起来，世界帝国主义就一定会灭亡。

帝国主义战争帮助了革命。资产阶级从殖民地、落后国家以及那些最偏僻的地方征兵来参加这场帝国主义战争。英国资产阶级要印度士兵相信，抗击德国、保卫大不列颠是印度农民的义务；法国资产阶级要法属殖民地的黑人士兵相信，保卫法国是他们的义务。英法资产阶级教给了他们使用武器的本领。这是一种非常有用的本领，为此我们要向资产阶级深深致谢，我们要以全体俄国工人和农民的名义，特别要以全体俄国红军的名义向他们致谢。帝国主义战争把附属国的人民卷进了世界历史。所以我们现在最重要的任务之一，就是要考虑如何在各个非资本主义国家内为组织苏维埃运动奠定头一块基石。在这些国家里组织苏维埃是可能的，但这种苏维埃将不是工人苏维埃，而是农民苏维埃，或劳动者苏维埃。

我们还需要做许多工作，还难免会犯错误，而且在这条道路上会碰到许多困难。第二次代表大会的基本任务就是制定或者指出一些实际工作的原则，使得到目前为止在亿万人当中无组织地进行的工作能够有组织地、协调地、有步骤地去做。

现在离共产国际第一次代表大会[123]不过一年多一点，我们就战胜了第二国际。现在苏维埃思想不仅在各文明国家的工人当中已经传播开来，他们不仅已经知道、已经懂得了这种思想。一切国家的工人都在嘲笑那些自作聪明的人，这些人当中有不少人自命为社会党人，以学者或准学者的态度，像好讲体系的德国人那样谈论什么苏维埃"体系"，或者像英国"基尔特"社会主义者[124]那样谈论什么苏维埃"思想"。这种关于苏维埃"体系"和"思想"的议论，在工人当中往往会混淆视听，引起思想上的混乱。但是，工人现在正在抛弃这种学究式的无稽之谈，拿起苏维埃给他们的武器。苏维埃的作用和意义在东方各国也普遍地为人们所了解了。

在整个东方，在整个亚洲，在一切殖民地人民当中，苏维埃运动都已经打下了基础。

被剥削者必须奋起推翻剥削者，建立自己的苏维埃，这并不是十分复杂的道理。在有了我国的经验之后，在俄国建立苏维埃共和国两年半之后，在第三国际第一次代表大会召开之后，全世界亿万被剥削被压迫的群众都懂得了这个道理。现在我们俄国由于比国际帝国主义弱，常常不得不实行妥协，等待时机，可是我们知道，我们是在维护125 000万人的利益。暂时我们的前进道路上还有绊脚石，还有偏见和无知这样的障碍，但是这些正在迅速地被克服，愈往后，我们愈能真正代表和维护占世界人口70%的被剥削劳动者的利益了。我们可以自豪地说：在第一次代表大会上，我们实际上只是在进行宣传，只是向全世界无产阶级提出基本的思想，只是在发出斗争的号召，我们还只是在了解什么地方有人能走这条路；而现在，我们到处都有了先进的无产阶级，到处都有了无产阶级大军，虽然有时组织得不好，还需要改组。既然各国的同志们现在都在帮助我们组织一支统一的大军，那么任何缺点都阻碍不了我们去完成我们的事业。这个事业就是世界无产阶级革命的事业，就是建立世界苏维埃共和国的事业。（长时间鼓掌）

选自《列宁全集》第2版第39卷
第205—223页

民族和殖民地问题委员会的报告[125]

（1920年7月26日）

    同志们，我只简短地讲几句开场白，然后，由我们委员会过去的秘书马林同志向你们详细地报告我们对提纲所作的修改。在他之后，补充提纲的起草人罗易同志也要发言。我们委员会一致通过了修改后的提纲初稿①和补充提纲。这样，我们在一切最重要问题上完全取得了一致的意见。现在，我就来作几点简短的说明。

    第一，我们提纲中最重要最基本的思想是什么？就是被压迫民族和压迫民族之间的区别。同第二国际和资产阶级民主派相反，我们强调这种区别。在帝国主义时代，对于无产阶级和共产国际来说，特别重要的是：弄清具体的经济事实；在解决一切殖民地和民族问题时，不从抽象的原理出发，而从具体的现实生活中的各种现象出发。

    本文是《共产国际第二次代表大会文献》之三，是对《民族和殖民地问题提纲初稿》的说明。列宁在文中说明了提纲中最重要最基本的思想是区分压迫民族和被压迫民族，指出帝国主义时代的特点是全世界分成了为数众多的被压迫民族和少数几个拥有巨额财富和强大军事实力的压迫民族，强调共产国际和各国无产阶级政党必须支持被压迫民族的民族民主运动，特别要援助落后国家的农民运动。列宁还指出，在革命取得胜利的国家的无产阶级帮助下，落后国家可以不经过资本主义发展阶段而过渡到苏维埃制度，然后经过一定的发展阶段过渡到共产主义。

---

    ①见本书第251—258页。——编者注

帝国主义的特点,正如我们所看到的那样,就是现在全世界已经划分为两部分,一部分是为数众多的被压迫民族,另一部分是少数几个拥有巨量财富和强大军事实力的压迫民族。世界人口的大多数属于被压迫民族,他们的总数在10亿人以上,大概是125 000万人。我们把世界总人口按175 000万计算,他们就占世界人口的70%左右,他们有些处于直接的殖民地附属地位,有些是像波斯、土耳其、中国这一类的半殖民地国家,还有一些则是被帝国主义大国的军队打败,由于签订了和约而深深地陷入依附于该国的地位。把各民族区别、划分为压迫民族和被压迫民族的这个思想贯穿着整个提纲,不仅由我署名的、以前发表过的第一个提纲是这样,罗易同志的提纲也是这样的。后一个提纲主要是根据印度和亚洲其他受英国压迫的大民族的情况写成的,因此,对我们有十分重大的意义。

我们提纲的第二个指导思想就是:在目前的世界形势下,在帝国主义战争以后,各民族的相互关系、全世界国家体系,将取决于少数帝国主义国家反对苏维埃运动和以苏维埃俄国为首的各个苏维埃国家的斗争。如果忽略了这一点,我们就不能正确地提出任何民族和殖民地问题,哪怕它涉及的是世界上一个最遥远的角落。无论是文明国家的共产党,还是落后国家的共产党,都只有从这种观点出发,才能正确地提出和解决各种政治问题。

第三,我想特别强调一下落后国家的资产阶级民主运动问题。正是这个问题引起了某些意见分歧。我们争论的问题是:共产国际和各国共产党应该支持落后国家的资产阶级民主运动,这样说在原则上和理论上是否正确。讨论结果我们一致决定:不提"资产阶级民主"运动,而改提民族革命运动。毫无疑问,任何民族运动都只能是资产阶级民主性质的,因为落后国家的主要居民群众是农民,而农民是资产阶级资本主义关系的体现者。认为无产阶级政党(如果它一般地说能够在这类国家里产生的话)不同农民运动发生一定的关系,不在实际上支持农民运动,就能在这些落后国家里实行共产主义的策略和共产主义的政策,那就是空想。但是当时有人反对说,要是我们提资产阶级民主运动,那就抹杀了改良主义运动和革命运动之间的一切区别。实际上,在落后国家和殖民地国家里,这种区别最近已经表现得十分明显,因为帝国主义资产阶级也极力在被压迫民族中培植改良主义运动。剥削国家和殖民地国家的资产阶级已经有相当密切的关系,所以被压迫国家的资产阶级往往是,甚至可以说在多数场合下都是一方面支持民族运动,另一方面又按照帝国主义资产阶级的意志行事,也就是同他们一起来反对一切革命运动和革命阶级。在委员会里已经无可辩驳地证明了这一点,所以我们认为,唯有注意这种区别,把"资产阶级民主"这样的提法一般都改为"民族革命"才是正确的。我们这样修改,意思是说,只有在殖民地国家的资产阶级解放运动真正具有革命性质的时候,在这种运动的代表人物不阻碍我们用革命精神去教育、组织农民和广大被剥削群众的时候,我们共产党人才应当支持并且一定支持这种运动。如果没有这些条件,共产党人在这些国家里就应该反对第二国际的英雄们这样的改良派资产阶级。殖民地国家已经有了改良主义的政党,这些党的代表人物有时也自命为社会民主党人和社会党人。上面指出的那种区别现在已经贯穿在整个提纲里面了,我认为,这就更确切地表达了我们的观点。

此外,我还想对农民苏维埃问题发表一点意见。俄国共产党人在以前属于沙皇政府的殖民地里,在像土耳其斯坦这类落后国家里进行的实际工作,向我们提出过在资本主义前的条件下如何运用共产主义的策略和政策的问题,因为这些国家最重要的特点就是资本主义前的关系还占统治地位,因此,还谈不到纯粹的无产阶级运动。在这些国家里几乎没有工业无产阶级。尽管如此,我们在那里还是担负起了领导者的作用,并且也应该担负起领导者的作用。我们的工作表明,在这些国家里一定要克服巨大的困难,而我们工作的实际结果也表明,在这些几乎没有无产阶级的地方,尽管有这些困难,仍旧可以在群众中激发起独立思考政治问题、独立进行政治活动的愿望。这个工作对我们比对西欧国家的同志们更困难些,因为俄国无产阶级正忙于国家事务。显然,处于半封建依附状态的农民能够出色地领会建立苏维埃组织这一思想,并把它付诸实现。同样明显的是,那些不仅受商业资本剥削而且也受封建主和封建国家剥削的被压迫群众,在本国的条件下也能够运用这种武器,这种组织形式。建立苏维埃组织这一思想很简单,不仅可以应用于无产阶级的关系,而且可以应用于农民的封建和半封建的关系。我们在这方面的经验暂时还不很丰富,但是委员会里有几个殖民地国家的代表参加的讨论,无可辩驳地证明了在共产国际的提纲中必须指出:农民苏维埃、被剥削者苏维埃这种手段不仅适用于资本主义国家,也适用于还保留资本主义前的关系的国家;无论在落后国家或者在殖民地,普遍宣传建立农民苏维埃、劳动者苏维埃这一思想是各国共产党和准备建立共产党的人责无旁贷的义务;只要是条件允许的地方,都应该立即进行建立劳动人民苏维埃的尝试。

这样,我们的实际工作中就出现了一个非常有意思而又十分重要的领域。在这方面我们的共同经验暂时还不很丰富,但是我们会逐步地积累起更多的材料。毫无疑问,先进国家的无产阶级能够也应该帮助落后国家的劳动群众,只要各苏维埃共和国胜利了的无产阶级向这些群众伸出手来,并且能够支持他们,落后国家的发展就能够突破它们目前所处的阶段。

关于这个问题，委员会不但对我署名的提纲，而且更多地对罗易同志起草的提纲进行了相当热烈的讨论（罗易同志还要在这里对他那个提纲作些说明），并且一致通过了对后一个提纲的一些修正。

问题是这样提出的：目前正在争取解放、而战后已经有了进步运动的落后民族的国民经济必然要经过资本主义发展阶段这种说法究竟对不对。我们对这个问题的回答是否定的。如果胜利了的革命无产阶级对落后民族进行系统的宣传，而各苏维埃政府以其所拥有的一切手段去帮助它们，那么，说落后民族无法避免资本主义发展阶段就不对了。在一切殖民地和落后国家，我们不仅应该组成能够独立进行斗争的基干队伍，即党的组织，不仅应该立即宣传组织农民苏维埃并使这种苏维埃适应资本主义前的条件，而且共产国际还应该指出，还应该从理论上说明，在先进国家无产阶级的帮助下，落后国家可以不经过资本主义发展阶段而过渡到苏维埃制度，然后经过一定的发展阶段过渡到共产主义。

必须采取什么手段才能达到这个目的——这不可能预先指出。实际经验将会给我们启示。但是可以肯定地说：建立苏维埃这一思想对于最遥远的民族中的全体劳动群众是很亲切的，苏维埃这种组织一定能够适应资本主义前的社会制度的条件，共产党应该立刻在全世界开展这方面的工作。

我还想指出，共产党不仅在本国，而且在殖民地国家，特别是在剥削民族用来控制殖民地各民族的军队中进行革命工作具有很大的意义。

英国社会党[126]的奎尔奇同志在我们委员会里谈到了这个问题。他说，一个普通英国工人会认为，援助被奴役的民族举行起义反对英国的统治是背叛行为。的确，有琼果主义[127]和沙文主义情绪的英、美工人贵族是社会主义最危险的敌人，是第二国际最有力的支柱。的确，属于这个资产阶级国际的那些领袖和工人实行过最大的背叛。第二国际也讨论过殖民地问题。在巴塞尔宣言[47]中关于这个问题也说得十分清楚。第二国际各党也曾表示要本着革命精神进行工作，但是，我们没有看到第二国际各党做了什么真正的革命工作，也没有看到它们援助过被剥削附属民族所举行的反对压迫民族的起义，我认为，多数已经退出第二国际而希望加入第三国际的党也是如此。我们应当公开地说出这一点，这是无法驳倒的。我们要看看，有没有人想来反驳。

我们草拟决议时就是把这些看法作为基础的。这些决议无疑是太长了些，但是我相信它们毕竟是有用处的，它们将有助于在民族和殖民地问题上开展和组织真正的革命工作，而这正是我们的主要任务。

选自《列宁全集》第2版第39卷
第229—234页

重要论述摘编

　　根据马克思的学说看来,资本主义的本质特征有两个:(1)商品生产是生产的**普遍**形式。在各种不同的社会生产机体中,产品都具有商品形式,但只有在资本主义生产中,劳动产品的这种形式才是**普遍的**,而不是特殊的、个别的和偶然的。(2)不仅劳动产品具有商品形式,而且劳动本身即人的劳动力也具有商品形式。劳动力的商品形式的发展程度标志着资本主义的发展程度。

《民粹主义的经济内容及其在司徒卢威先生
的书中受到的批评》(1894年底—1895年
初),《列宁全集》第2版第1卷第398页

　　目前,雇佣劳动,即为资本家做工,已经成了最普遍的劳动形式。资本不仅统治了从事工业的大批人的劳动,而且统治了从事农业的大批人的劳动。大工厂正是把这种作为现代社会基础的对雇佣劳动的剥削发展到了顶点。各工业部门的所有资本家所采用的、俄国全体工人群众深受其害的种种剥削方式,在这里,在工厂,被汇集一起,变本加厉,成为常规,扩展到工人劳动和生活的各个方面,形成了一套完整的规章,一套完整的资本家榨取工人血汗的制度。

《社会民主党纲领草案及其说明》(1895年
和1896年),《列宁全集》第2版第2卷第78页

　　帝国主义没有**而且也不可能**彻底**改造**资本主义。帝国主义使资

本主义的矛盾复杂化和尖锐化,使垄断和自由竞争"搅在一起",但它**消除不了**交换、市场、竞争、危机等等。

帝国主义是衰朽的但还没有完全衰朽的资本主义,是垂死的但还没有死亡的资本主义。不是纯粹的垄断,而是垄断和交换、市场、竞争、危机并存,——这就是帝国主义的最本质的特征。

《修改党纲的材料》(1917年4—5月),《列宁全集》第2版第29卷第479页

资本主义的社会劳动组织靠饥饿纪律来维持,在最先进最文明最民主的共和国内,尽管资产阶级文化和资产阶级民主有很大的进步,广大劳动群众仍旧是一群愚昧的、受压抑的雇佣奴隶或被压迫的农民,横遭一小撮资本家的掠夺和侮辱。

《伟大的创举》(1919年6月28日),《列宁全集》第2版第37卷第11页

我国"人民"手工业的组织,对资本主义的整个发展史提供了一个很好的例证。它向我们清楚地表明,资本主义产生于、萌芽于简单协作的形式(陶器业中的III类);其次,它向我们表明,由于商品经济而积蓄在个人手中的"储金"怎样变成**资本**,即先是垄断销路("包买主"和商人),因为只有这些"储金"的所有者,才有做批发生意所必需的资金,可以等待时机在远地市场销售商品;再其次,它还向我们表明,这一商业资本怎样奴役大批生产者和组织资本主义的手工工场,即资本主义的家庭手工制大生产;最后,它向我们表明,市场的扩大、竞争的加剧怎样使技术提高,这一商业资本怎样变成产业资本和组织大机器生产。当这种资本力量雄厚,奴役着千百万劳动者,奴役着

整片整片地区的时候,它便开始直接地和肆无忌惮地对政府施加压力,把政府变为自己的仆役,这时我们机智的"人民之友"大喊大叫,说什么"培植资本主义", "人为地造成"资本主义!

> 《什么是"人民之友"以及他们如何攻击社会民主党人?》(1894年春夏),《列宁全集》第2版第1卷第185—186页

马克思的理论,只是把工业中资本主义的一定阶段即最高阶段叫做大机器工业(工厂工业)。这个阶段主要的和最重要的标志,就是在生产中使用机器体系。从手工工场向工厂过渡,标志着技术的根本变革,这一变革推翻了几百年积累起来的工匠手艺,随着这个技术变革而来的必然是:社会生产关系的最剧烈的破坏,各个生产参加者集团之间的彻底分裂,与传统的完全决裂,资本主义一切阴暗面的加剧和扩大,以及资本主义使劳动大量社会化。因而,大机器工业是资本主义的最高峰,是它的消极因素和"积极因素"的最高峰。

> 《俄国资本主义的发展》(1895年底—1899年1月),《列宁全集》第2版第3卷第415页

俄国工厂工人的资料完全证实了《资本论》的理论:正是大机器工业对工业人口的生活条件进行了完全的和彻底的变革,使他们同农业以及与之相联系的几百年宗法式生活传统彻底分离。但是,大机器工业在破坏宗法关系与小资产阶级关系时,另一方面却创造了使农业中的雇佣工人与工业中的雇佣工人相接近的条件:第一,大机器工业把最初在非农业中心所形成的工商业生活方式带到乡村中去;第二,大机器工业造成了人口的流动性以及雇用农业工人与手工业

工人的巨大市场；第三，大机器工业把机器应用于农业时，把具有最高生活水平的有技术的工业工人带到乡村。

《俄国资本主义的发展》（1895年底—1899
年1月），《列宁全集》第2版第3卷第497页

资本主义为了自身的发展要求有尽可能大尽可能集中的国家。**在其他条件相同的情况下**，觉悟的无产阶级将始终坚持建立更大的国家。它将始终反对中世纪的部落制度，始终欢迎各个大地域在经济上尽可能达到紧密的团结，因为只有在这样的地域上，无产阶级反对资产阶级的斗争才能广泛地开展起来。

资本主义生产力广泛而迅速的发展，**要求**有广阔的、联合和统一成为国家的地域，只有在这样的地域里，资产者阶级，还有和它必然同时存在的死对头无产者阶级，才能各自团结起来，消灭一切古老的、中世纪的、等级的、狭隘地方性的、小民族的、宗教信仰的以及其他的隔阂。

《关于民族问题的批评意见》（1913年10—
12月），《列宁全集》第2版第24卷第148页

帝国主义是资本主义发展的最高阶段，这个阶段只是在20世纪才达到的。过去，不建立民族国家，资本主义就不能推翻封建主义，然而现在，旧的民族国家已经束缚资本主义的发展了。资本主义使集中发展到这样的程度，以致整个整个的工业部门都掌握在辛迪加、托拉斯这些资本家亿万富翁的同盟手中，几乎整个地球已被这些"资本大王"所瓜分，他们或者采取占有殖民地的形式，或者用金融剥削的千万条绳索紧紧缠绕住其他国家。自由贸易和竞争已经被追求垄断、抢

夺投资场所和原料输出地等等的意向所代替。帝国主义的资本主义，已经由原先反封建主义斗争中的民族解放者，变为最大的民族压迫者了。资本主义已经由进步变为反动，它使生产力发展到了这种程度，以致使人类面临这样的抉择：要么过渡到社会主义，要么一连几年、甚至几十年地经受"大"国之间为勉强维持资本主义(以殖民地、垄断、特权和各种各样的民族压迫作为手段)而进行的武装斗争。

《社会主义与战争》(1915年7—8月)，《列宁全集》第2版第26卷第324—325页

交换的发展，大生产的发展，这是几百年来全世界范围内处处可见的基本趋势。在交换发展的一定阶段，在大生产发展的一定阶段，即大致在19世纪和20世纪之交所达到的阶段，交换造成了经济关系的国际化和资本的国际化，大生产达到了十分庞大的规模，以至自由竞争开始被垄断所取代。典型的已经不是"自由地"进行竞争(在国内和**在国际关系中**)的企业，而是企业家垄断同盟，托拉斯。典型的世界"主宰"已经是金融资本。金融资本特别机动灵活，在国内和国际上都特别错综复杂地交织在一起，它特别没有个性而且脱离直接生产，特别容易集中而且已经特别高度地集中，因此整个世界的命运简直就掌握在几百个亿万富翁和百万富翁的手中。

《为尼·布哈林〈世界经济和帝国主义〉一书写的序言》(1915年12月21日〔1916年1月3日〕以前)，《列宁全集》第2版第27卷第141—142页

资本主义在战争时期比战前更加发展了。资本主义已经把整个

整个的生产部门抓在自己手中。早在1891年,即在27年前,当德国人通过爱尔福特纲领时,恩格斯就说过,不能像过去那样说资本主义就是无计划性。这种说法已经过时了,因为既然有了托拉斯,无计划性就不存在了。尤其是在20世纪,资本主义已经大大向前发展了,战争做了25年来没有做到的事情。工业国家化不仅在德国而且在英国也得到发展。一般垄断转变为国家垄断。客观情况表明,战争加速了资本主义的发展,从资本主义向帝国主义发展,从垄断向国家化发展。这一切使社会主义革命临近了,并为社会主义革命创造了客观条件。可见,战争的进程加速了社会主义革命的到来。

《俄国社会民主工党(布)第七次全国代表会议(四月代表会议)文献》(1917年4月),《列宁全集》第2版第29卷第353页

在资本主义生产条件下,生产和消费的平衡只有经过一系列的波动才能达到;生产规模越大,它所依靠的消费者范围越广,这些波动也就越厉害。因此很明显,当资产阶级的生产达到很高的发展程度时,它就不可能局限于本国的范围:竞争迫使资本家不断扩大生产并为自己找寻大量推销产品的国外市场。资本主义国家必须有国外市场,显然丝毫不违背下述这个规律,即市场不过是商品经济中社会分工的表现,因而它也和分工一样能够无止境地发展;这正如危机丝毫不违背价值规律一样。

《论所谓市场问题》(1893年秋),《列宁全集》第2版第1卷第80—81页

国外市场所以需要,是因为与一切受村社、世袭领地、部落、地域

或国家的范围所限制的旧的生产方式相反,资本主义生产**具有无限**扩大的趋向。同时,在一切旧的经济制度下,每次生产更新的形式和规模都和从前一样,而在资本主义制度下,同一形式的更新是**不可能的**,无限扩大和不断前进成为生产的规律。

《评经济浪漫主义》(1896年8月—1897年3月),《列宁全集》第2版第2卷第133—134页

大工业愈发展,对工人需求的波动就愈大,而波动的情况如何,则要看整个国民生产或其每个部门是处于危机时期还是繁荣时期而定。这种波动是资本主义生产的规律,如果没有随时都能给任何工业部门或任何企业提供劳动力的过剩人口(也就是超过了资本主义对工人的**平均**需求的人口),资本主义生产就**不可能存在**。分析表明,在一切工业部门中,只要资本主义一渗入,过剩人口就会形成(农业中的情形和工业中的情形完全一样),过剩人口有各种各样的形式。主要的形式有三种:(1)**流动的过剩人口**。属于这一类的是工业中的失业工人。随着工业的发展,他们的人数必然增加。(2)**潜在的过剩人口**。属于这一类的是随着资本主义的发展而丧失了自己的产业并找不到非农业工作的农业人口。这种人口随时都能给任何企业提供劳动力。(3)**停滞的过剩人口**。他们的就业"极不规则",生活状况低于一般水平。属于这一类的主要是在家里替厂主和商店干活的城乡居民。所有这些阶层的总和就构成了**相对过剩人口**或者**后备军**。后一术语清楚地表明,这里是指哪一种人口。这里是指工人,他们是资本主义**尽量**扩大企业所必需的,但是他们永远不能经常得到工作。

《评经济浪漫主义》(1896年8月—1897年3月),《列宁全集》第2版第2卷第148—149页

资本主义生产的发展是跳跃式、爆发式的。时而是工业的"极度"繁荣,时而是破产、危机和失业。在这种经济体制下情况只能是这样,因为各个分散的、互不相干的业主凭借私有财产来支配大企业里成千上万名工人的联合劳动,为一个未知的市场"工作"。

> 《一个"时髦的"工业部门》(1913年7月21日〔8月3日〕),《列宁全集》第2版第23卷第368页

发展中的资本主义在民族问题上有两种历史趋势。民族生活和民族运动的觉醒,反对一切民族压迫的斗争,民族国家的建立,这是其一。各民族彼此间各种交往的发展和日益频繁,民族隔阂的消除,资本、一般经济生活、政治、科学等等的国际统一的形成,这是其二。

这两种趋势都是资本主义的世界性规律。第一种趋势在资本主义发展初期是占主导地位的,第二种趋势标志着资本主义已经成熟,正在向社会主义社会转化。马克思主义者的民族纲领考虑到这两种趋势,因而首先要维护民族平等和语言平等,不允许在这方面存在任何**特权**(同时维护民族自决权,关于这一点下面还要专门谈),其次要维护国际主义原则,毫不妥协地反对资产阶级民族主义(哪怕是最精致的)毒害无产阶级。

> 《关于民族问题的批评意见》(1913年10—12月),《列宁全集》第2版第24卷第129页

资本主义生产使劳动社会化,决不在于人们在一个场所内做工(这只是过程的一小部分),而在于随着资本集中而来的是社会劳动

的专业化，每个工业部门的资本家人数的减少，单独的工业部门数目的增多；就是说，在于许多分散的生产过程融合成一个社会生产过程。[……]制度的性质完全变了。在存在分散的小企业的制度下，其中某个企业停工了，只影响社会少数成员，并未造成普遍的混乱，因而不会引起大家的注意，不会激起社会的干涉。可是，如果一个属于非常专业化的工业部门，而且几乎是为全社会工作但又依赖全社会（为简单起见，我以社会化已达顶点时的情形为例）的大企业停工了，那么，社会其余一切企业都一定会停工，因为它们只能从这个企业取得必需的产品，只有有了这个企业的商品，才能实现自己的全部商品。这样，所有的生产就融合成一个社会生产过程，同时每种生产又由资本家各自经营，以他的意愿为转移，把社会产品归他私人所有。于是生产形式就同占有形式发生不可调和的矛盾，这难道还不清楚吗？后者不能不适应前者，不能不也变成社会的即社会主义的，这难道还不明显吗？

《什么是"人民之友"以及他们如何攻击社会民主党人？》（1894年春夏），《列宁全集》第2版第1卷第145—146页

工厂工人在整个资本主义关系体系中所处的这种地位，使他们成为争取工人阶级解放的唯一战士，因为只有资本主义发展的高级阶段，即大机器工业，才能造成进行这场斗争所必需的物质条件和社会力量。在其余一切地方，在资本主义发展的较低级的形式下，这种物质条件是没有的，因为这里的生产分散为成千上万极小的经济单位（它们在最平均的村社土地**占有制**形式下仍然是分散的**经济单位**），被剥削者多半还有一点点产业，因而被束缚在他们所应当反对

的资产阶级体系上。这就使得那些能够推翻资本主义的社会力量的发展受到阻碍，遇到困难。分散的单独的小规模的剥削把劳动者束缚在一个地点上，使他们彼此隔绝，使他们无法理解自己的阶级一致性，使他们无法联合起来，因为他们无法了解压迫的原因不在于哪个个人而在于整个经济体系。反之，大资本主义必然割断工人同旧社会、同一定地点、同一定剥削者的任何联系，使他们联合起来，使他们不得不思考，使他们处在有可能开始进行有组织的斗争的地位。所以，社会民主党人把自己的全部注意力和自己的全部活动都集中在工人阶级身上。当工人阶级的先进代表领会了科学社会主义思想，领会了关于俄国工人的历史使命的思想时，当这些思想得到广泛的传播并在工人中间成立坚固的组织，把他们现时分散的经济战变成自觉的阶级斗争时，俄国**工人**就会起来率领一切民主分子去推翻专制制度，并引导**俄国无产阶级**（和**全世界**无产阶级并肩地）**循着公开政治斗争的大道走向胜利的共产主义革命。**

《什么是"人民之友"以及他们如何攻击社会民主党人?》(1894年春夏),《列宁全集》第2版第1卷第264页

资本主义的本性一方面要求无限地扩大生产消费，无限地扩大积累和生产，而另一方面则使人民群众无产阶级化，把个人消费的扩大限制在极其狭窄的范围内。很明显，我们在这里看到的是资本主义生产中的矛盾，而在前面所引的那一段话中，马克思所证实的也正是这个矛盾。同杜冈-巴拉诺夫斯基先生的看法相反，第2卷对实现的分析根本没有排斥这个矛盾，相反，这个分析指出了生产消费和个人消费的联系。不言而喻，如果根据资本主义的这个矛盾（或者根据它的

其他矛盾),就得出结论说资本主义是不可能存在的,或者说它同以前的经济制度比较起来没有进步性(这是我国的民粹派所喜欢做的),那就大错特错了。资本主义的发展不可能不在一系列的矛盾中进行,而指出这些矛盾,就使我们清楚地看到资本主义的历史短暂性,看到它要求过渡到更高级形式的条件和原因。

《市场理论问题述评》(1898年底),《列宁全集》第2版第4卷第44—45页

大家知道,在每一个资本主义社会中,极低的工资(=人民群众极低的消费水平)往往妨碍机器的采用。此外,甚至有这样的情形,企业主购置的机器竟闲置不用,因为劳动力的价格降得很低,使用手工劳动反而对业主更加有利!这种情况非常清楚地说明,在消费和生产之间,在资本主义无限制地发展生产力的趋向和人民的无产阶级状况、贫困和失业现象对这一趋向的限制之间存在着矛盾。同样也很清楚,从这个矛盾中只能得出一个唯一正确的结论,即生产力的发展本身将以不可阻挡之势导致资本主义被联合起来的生产者的经济所代替。相反,如果从这个矛盾中得出结论说,资本主义必然**经常**产生过剩的产品,也就是说资本主义一般不能实现产品,因而不能起任何进步的历史作用等等,那就是完全错误的了。

《答普·涅日丹诺夫先生》(1899年5月下旬),《列宁全集》第2版第4卷第142—143页

只有在极短促的时间内,只有最近视的人,才会在几年的工业高涨和繁荣的影响下,想要改造马克思学说的原理。现实很快就向修正主义者表明,危机的时代并没有过去:在繁荣之后,接着就来了危

机。各个危机的形式、次序和情景是改变了,但是危机仍然是资本主义制度的不可避免的组成部分。卡特尔和托拉斯把生产联合起来了,但是大家都看到,它们同时又使生产的无政府状态变本加厉,使无产阶级的生活更加没有保障,资本的压迫更加严重,从而使阶级矛盾尖锐到空前的程度。最新的巨型托拉斯恰恰特别清楚、特别广泛地表明资本主义正在走向崩溃,不管这是指一次次政治危机和经济危机,还是指整个资本主义制度的完全崩溃。

《马克思主义和修正主义》(1908年4月3日〔16日〕以前),《列宁全集》第2版第17卷第15页

世界资本主义现在(约从20世纪初开始)已发展到帝国主义阶段。帝国主义,或金融资本时代,是高度发展的资本主义经济,这时资本家的垄断同盟——辛迪加、卡特尔、托拉斯已具有决定的意义,大量积聚的银行资本已和工业资本融合起来,资本向外国的输出已发展到很大的规模,一些最富裕的国家已把全世界的领土瓜分完毕,国际托拉斯已开始从经济上瓜分世界。

在这种情况下,帝国主义战争,即争夺世界霸权、争夺银行资本的市场和扼杀弱小民族的战争是不可避免的。1914—1917年的第一次帝国主义大战正是这样的战争。

整个世界资本主义的发展达到了非常高的程度;垄断资本主义代替了自由竞争;银行以及资本家的同盟准备了对产品的生产和分配过程实行社会调节的机构;资本主义垄断组织的发展引起了物价的高涨和辛迪加对工人阶级压迫的加重,工人阶级的经济斗争和政治斗争遭到巨大困难;帝国主义战争造成惨祸、灾难、破产和粗

野——这一切就使目前所达到的资本主义发展阶段成为无产阶级社会主义革命的时代。

《修改党纲的材料》（1917年4—5月），《列宁全集》第2版第29卷第474页

　　资本主义把这些分散的小市场连成一个全国性的市场，它造就少数巨大的"祖国栋梁"来替代无数善意的小吸血鬼，使劳动社会化并提高劳动生产率，使劳动者挣脱本地吸血鬼的支配而使他们受大**资本**的支配。后一种支配尽管引起种种惨状，使劳动者受压迫、死亡、粗野，使妇女儿童身心受到摧残等等，但它比前一种支配却是进步的，因为它**启迪工人的思想**，把隐约的和模糊的不满变成自觉的反抗，把零星的无意义的小骚动变成争取全体劳动者解放的有组织的阶级斗争，这一斗争从这个大资本主义存在的条件本身中吸取力量，因而绝对有希望获得**可靠的成功**。

《什么是"人民之友"以及他们如何攻击社会民主党人?》（1894年春夏），《列宁全集》第2版第1卷第202页

　　资本打击小生产，同时使劳动生产率不断提高，并且造成大资本家同盟的垄断地位。生产本身日益社会化，使几十万以至几百万工人联结成一个有条不紊的经济机体，而共同劳动的产品却被一小撮资本家所占有。生产的无政府状态愈来愈严重，危机日益加深，争夺市场的斗争愈来愈疯狂，人民群众的生活愈来愈没有保障。

　　资本主义制度在使工人愈来愈依赖资本的同时，创造着联合劳

295

动的伟大力量。

《马克思主义的三个来源和三个组成部分》
（1913年3月），《列宁全集》第2版第23卷第
46—47页

现在资本主义大大提高了整个文化，其中包括群众的文化。战争震动了群众，以空前未有的惨祸和苦难唤醒了他们。战争推动了历史，历史现在正以火车头的速度飞驰前进。现在千百万人正在独立创造历史。资本主义现在已经发展到可以实现社会主义的程度了。

《当前的主要任务》（1918年3月11日），《列宁全集》第2版第34卷第76页

同社会主义比较，资本主义是祸害。但同中世纪制度、同小生产、同小生产者涣散性引起的官僚主义比较，资本主义则是幸福。既然我们还不能实现从小生产到社会主义的直接过渡，所以作为小生产和交换的自发产物的资本主义，在一定程度上是不可避免的，所以我们应该利用资本主义（特别是要把它纳入国家资本主义的轨道）作为小生产和社会主义之间的中间环节，作为提高生产力的手段、途径、方法和方式。

《论粮食税》（1921年4月21日），《列宁全集》
第2版第41卷第217页

注　释

索　引

注　释

1　《俄国资本主义的发展(大工业国内市场形成的过程)》一书写于1895年底—1899年1月,这正是列宁因彼得堡工人阶级解放斗争协会案件在彼得堡被捕和被流放到西伯利亚舒申斯克村的时期。为了撰写这一著作,列宁查考了有关俄国经济的全部重要文献,阅读和研究了大量的书刊,包括卷帙浩繁的各种统计资料,仅他在本书中提到和引用的著作就有近600种。这些书籍和资料是列宁在被监禁和流放的困难条件下通过各种渠道、首先是通过亲友的协助收集到的。列宁于1898年8月9日(21日)写完本书的初稿,然后又进一步加工,于1899年1月30日(2月11日)完成全书的定稿。在撰写过程中,每一章的手稿都经当时流放在米努辛斯克专区的社会民主党人阅读和讨论过。本书的出版事务,列宁委托给了当时住在莫斯科的姐姐安·伊·乌里扬诺娃-叶利扎罗娃。为争取时间,列宁决定采取分批付排的办法。对书的开本、字号和书中统计表的排版等,列宁都从方便读者的角度作了仔细的考虑。他尤其关心校对工作。本书的书名是在出版时确定的。列宁同意把自己原拟的书名作为副标题,同时认为"俄国资本主义的发展"这个题目太大,曾建议用"关于俄国资本主义发展的问题"作书名。1899年3月底,本书在彼得堡出版,署名:弗拉基米尔·伊林。初版印了2 400册,很快就销售一空。当时它主要是在社会民主党的知识分子和青年学生中传播,同时也通过宣传员在工人小组中传播。1908年,本书经列宁校阅和补充后出了第2版。——1。

2　《俄国资本主义的发展》第2版于1908年2—3月间出版。在这一版里,列宁根据新的统计资料对本书作了许多补充和修订,主要是:在第2章中增添了分析1896—1900年军马调查总结的一节(第11节);引用了证明他先前所作的关于俄国资本主义发展的结论的新事实,特别是工厂统计的新材料;分析了1897年人口普查的总结,更全面地揭示了俄国的阶级结构。在

299

这一版里,还总结了同合法马克思主义者在本书所涉及的基本问题上进行的斗争。此外,初版为应付检查而使用的"学生"、"劳动人民的拥护者"等用语,都相应改为"马克思主义者"、"社会主义者",并且不再用"新理论"这一说法,而直接提马克思著作或马克思主义。据计算,在第2版里共增添了24条脚注,新写了两节,加了一个表,新写了8段正文并对原有文字作了3处大的补充,还作了约75处小的补充和修改。在第2版出版后,列宁对本书的修订仍未停止。列宁在第2版序言的脚注中曾提到,将来修订本书,准备把它分为两卷:第1卷分析革命前的俄国经济,第2卷研究革命的总结和成果。列宁的一系列著作,包括1907年底写成的《社会民主党在1905—1907年俄国第一次革命中的土地纲领》(见《列宁全集》第2版第16卷第185—397页),都是研究1905—1907年革命的总结和成果的。——1。

3 指1895—1896年俄国发生的几次大罢工,包括1895年雅罗斯拉夫尔纺织工厂的罢工、同年秋季彼得堡托伦顿工厂的罢工和1896年彼得堡纺织工人的大罢工。其中彼得堡纺织工人大罢工的影响和意义特别大。这次罢工是彼得堡工人解放斗争协会领导的,有3万多工人参加。它第一次推动了彼得堡无产阶级结成广泛阵线向剥削者进行斗争,并促进了全俄国工人运动的发展。在这次罢工的压力下,沙皇政府加速了工厂法的修订,于1897年6月2日(14日)颁布了关于缩短各类工厂工作日的法令。列宁称这次罢工为著名的彼得堡工业战争,认为它开辟了俄国工人运动的新纪元。——1。

4 指1901年遍及俄国各地的罢工和"五一"示威。它们显示了俄国工人运动已由经济罢工发展到政治罢工和示威。在这一年发生的彼得堡奥布霍夫工厂的罢工具有特别重要的意义。由于厂方开除了一些参加"五一"罢工的工人,工人群众于5月7日举行抗议性罢工,提出开除为工人所痛恨的工头等要求。工人们对调来镇压的军警进行了持续三个小时的英勇抵抗,终因力量悬殊而失败。这次斗争创造了俄国无产阶级群众斗争的新形式,史称"奥布霍夫保卫战"。——1。

5 "容克"经济指从封建制演化到资本主义的普鲁士贵族地主经济。

容克是德文Junker的音译,即普鲁士的贵族地主阶级。容克从16世纪起就利用农奴劳动经营大庄园经济,并长期垄断普鲁士军政职位,掌握国家领导权。为适应资本主义关系的发展,普鲁士在19世纪前半期进行了一系列改革,主要是:1807年废除了农奴制;1850年3月颁布了新的《调整地主和农民关系法》,允许农民以高额赎金赎免劳役和其他封建义务。通过这些改革,容克不仅获得了大量赎金,而且掠夺了 $\frac{1}{3}$ 的农民土地;另一方面,广大农民群众则丧失了土地和牲畜,成为半无产者:这就为封建经济转变为资本主义经济创造了条件。在以大地产为基础的容克农场中越来越多地使用雇佣劳动和农业机器,但容克仍保留某些封建特权,包括对自己庄园范围内的农民的审判权。列宁称这种农业资本主义发展道路为普鲁士式的道路。——3、233。

6　工役制是指农民租种地主土地时用给地主干活来代替交纳地租的制度。它是农奴制的直接残余,而其最主要基础是割地。——3。

7　立宪民主党(正式名称为人民自由党)是俄国自由主义君主派资产阶级的主要政党,1905年10月成立。中央委员中多数是资产阶级知识分子、地方自治人士和自由派地主。主要活动家有帕·尼·米留可夫、谢·安·穆罗姆采夫、瓦·阿·马克拉柯夫、安·伊·盛加略夫、彼·伯·司徒卢威、约·弗·盖森等。立宪民主党提出一条与革命道路相对抗的和平的宪政发展道路,主张俄国实行立宪君主制和资产阶级的自由。在土地问题上,它主张将国家、皇室、皇族和寺院的土地分给无地和少地的农民;私有土地部分地转让,并且按"公平"价格给予补偿;解决土地问题的土地委员会由同等数量的地主和农民组成,并由官员充当他们之间的调解人。1906年春,它曾同政府进行参加内阁的秘密谈判,后来在国家杜马中自命为"负责任的反对派"。第一次世界大战期间,它支持沙皇政府的掠夺政策,曾同十月党等反动政党组成"进步同盟",要求成立责任内阁,即为资产阶级和地主所信任的政府,力图阻止革命并把战争进行到最后胜利。二月革命后,立宪民主党在资产阶级临时政府中居于领导地位,竭力阻挠土地问题、民族问题等基本问题的解决,并奉行继续帝国主义战争的政策。七月事变后,它支持科尔尼洛夫叛乱,阴谋建立军事独裁。十月革命胜利后,苏维埃政府于1917年11月28日(12月11日)宣布立宪民主党为"人民公敌的党"。该党随之转入地下,继续进行反革命活动,并参与白卫将军的武装叛乱。国内战争结束后,该党上层分子大多数逃亡国外。1921年5月,该党在巴黎召开代表大会时分裂,作为统一的党不复存在。——3、60、214。

8 十月党人是俄国十月党的成员。十月党(十月十七日同盟)代表和维护大工商业资本家和按资本主义方式经营的大地主的利益,属于自由派的右翼。该党于1905年11月成立,名称取自沙皇1905年10月17日宣言。十月党的主要领导人是大工业家和莫斯科房产主亚·伊·古契柯夫和大地主米·弗·罗将柯,活动家有彼·亚·葛伊甸、德·尼·希波夫、米·亚·斯塔霍维奇、尼·阿·霍米亚科夫等。十月党完全拥护沙皇政府的对内对外政策,支持政府镇压革命的一切行动,主张用调整租地、组织移民、协助农民退出村社等办法解决土地问题。第一次世界大战期间,它号召支持政府,后来参加了军事工业委员会的活动,曾同立宪民主党等结成"进步同盟",主张把帝国主义的掠夺战争进行到最后胜利,并通过温和的改革来阻止人民革命和维护君主制。二月革命后,该党参加了资产阶级临时政府。十月革命后,十月党人反对苏维埃政权,在白卫分子政府中担任要职。——3。

9 1907年6月3日的政变是指俄国沙皇政府在这一天发动的反动政变,史称六三政变。政变前,沙皇政府保安部门捏造罪名,诬陷社会民主党国家杜马党团准备进行政变。沙皇政府随之要求审判社会民主党杜马代表,并且不待国家杜马调查委员会作出决定,就于6月2日(15日)晚逮捕了他们。6月3日(16日),沙皇政府违反沙皇1905年10月17日宣言中作出的非经国家杜马同意不得颁布法律的诺言,颁布了解散第二届国家杜马和修改国家杜马选举条例的宣言。依照新的选举条例,农民和工人的复选人减少一半(农民复选人由占总数44%减到22%,工人复选人由4%减到2%),而地主和资产阶级的复选人则大大增加(地主和大资产阶级复选人共占总数65%,其中地主复选人占49.4%),这就保证了地主资产阶级的反革命同盟在第三届国家杜马中居统治地位。新的选举条例还剥夺了俄国亚洲部分土著居民以及某些省份的突厥民族的选举权,并削减了民族地区的杜马席位(高加索由29席减为10席,波兰王国由37席减为14席)。六三政变标志着1905—1907年革命的失败和反革命的暂时胜利,斯托雷平反动时期由此开始。——4。

10 人民社会党人是1906年从俄国社会革命党右翼分裂出来的小资产阶级政党人民社会党的成员。人民社会党的领导人有尼·费·安年斯基、韦·亚·米雅柯金、阿·瓦·彼舍霍诺夫、弗·格·博哥拉兹、谢·雅·叶尔帕季耶夫斯基、瓦·伊·谢美夫斯基等。人民社会党提出"全部国家政权应归人民",即归从无产者到资产阶级知识分子的全体劳动者,主张对地主土地进行赎买和实行土地国有化,但不触动份地和经营"劳动经济"的私有土地。在俄国1905—1907年革命趋于低潮时,该党赞同立宪民主党的路线。六三政变后,因没有群众基础,实际上处于瓦解状态。二月革命后,该党开始恢复组织。1917年6月,同劳动派合并为劳动人民社会党。这个党代表富农利益,积极支持资产阶级临时政府,十月革命后参加反革命阴谋活动和武装叛乱,1918年后不复存在。——4。

11 *劳动派*(劳动团)是俄国国家杜马中的农民代表和民粹派知识分子代表组成的小资产阶级民主派集团,1906年4月成立。领导人是阿·费·阿拉季因、斯·瓦·阿尼金等。劳动派要求废除一切等级限制和民族限制,实行自治机关的民主化,用普选制选举国家杜马。劳动派的土地纲领要求建立由官地、皇族土地、皇室土地、寺院土地以及超过劳动土地份额的私有土地组成的全民地产,由农民普选产生的地方土地委员会负责进行土地改革,这反映了全体农民的土地要求,但它同时又容许赎买土地,则是符合富裕农民阶层利益的。在国家杜马中,劳动派动摇于立宪民主党和布尔什维克之间。布尔什维克党支持劳动派的符合农民利益的社会经济要求,同时批评它在政治上的不坚定,可是劳动派始终没有成为彻底革命的农民组织。六三政变后,劳动派在地方上停止了活动。第一次世界大战期间,劳动派多数采取了沙文主义立场。二月革命后,它于1917年6月与人民社会党合并为劳动人民社会党。——4、72。

12 *莫尔恰林习气*意思是阿谀逢迎,奴颜婢膝。莫尔恰林是俄国作家亚·谢·格里鲍耶陀夫的喜剧《智慧的痛苦》中的主人公,他热衷于功名利禄,一心依附权贵,为了得到赏识和提拔,在上司面前总是唯唯诺诺,寡言少语。——4。

13 *"劳动派"政党*包括人民社会党、社会革命党、最高纲领派。——4。

14 在《俄国资本主义的发展》第1版(1899年)中,本章标题是《向理论求证》。——6。

15 *村社*是俄国农民共同使用土地的形式,其特点是在实行强制性的统一轮作的前提下,将耕地分给农户使用,森林、牧场则共同使用,不得分割。村社内实行连环保的制度。村社的土地定期重分,农民无权放弃土地和买卖土地。村社管理机构由选举产生。俄国村社从远古即已存在,在历史发展过程中逐渐成为俄国封建制度的基础。沙皇政府和地主利用村社对农民进行监视和掠夺,向农民榨取赋税,逼迫他们服徭役。

村社问题在俄国曾引起热烈争论,发表了大量有关的经济学文献。民粹派认为村社是俄国向社会主义发展的特殊道路的保证。他们企图证明俄国的村社农民是稳固的,村社能够保护农民,防止资本主义关系侵入他们的生活。早在19世纪80年代,格·瓦·普列汉诺夫就已指出民粹派的村社社会主义的幻想是站不住脚的。到了90年代,列宁粉碎了民粹派的理论,用大量的事实和统计材料说明资本主义关系在俄国农村是怎样发展的,资本是怎样侵入宗法制的村社,把农民分解为富农与贫苦农民这两个对抗阶级的。

在1905—1907年革命中,村社曾被农民用做革命斗争的工具。地主和沙皇政府对村社的政策在这时发生了变化。1906年11月9日,沙皇政府大臣会议主席彼·阿·斯托雷平颁布了摧毁村社、培植富农的土地法令,允许农民退出村社和出卖份地。这项法令颁布后的9年中,有200多万农户退出了村社。但是,村社并未被彻底消灭,到1916年底,欧俄仍有 $\frac{2}{3}$ 的农户和 $\frac{4}{5}$ 的份地在村社里。村社在十月革命以后还存在很久,直到全盘集体化后才最终消失。——6、51。

16 《欧洲通报》杂志(《Вестник Европы》)是俄国资产阶级自由派的历史、政治和文学刊物,1866年3月—1918年3月在彼得堡出版。1866—1867年为季刊,后改为月刊。先后参加编辑出版工作的有米·马·斯塔秀列维奇和马·马·柯瓦列夫斯基等。——8。

17 额外价值即剩余价值。列宁在90年代的著作中,常把"额外价值"与"剩余价值"并用,后来就只用"剩余价值"一词。——12。

18 《祖国纪事》杂志(《Отечественные Записки》)是俄国刊物,在彼得堡出版。1820—1830年期间登载俄国工业、民族志、历史学等方面的文章。1839年起成为文学和社会政治刊物(月刊)。1839—1846年,由于维·格·别林斯基等人参加该杂志的工作,成为当时最优秀的进步刊物。60年代初采取温和保守的立场。1868年起,由尼·阿·涅克拉索夫、米·叶·萨尔蒂科夫-谢德林、格·扎·叶利谢耶夫主持,成为团结革命民主主义知识分子的中心。1877年涅克拉索夫逝世后,尼·康·米海洛夫斯基加入编辑部,民粹派对这个杂志的影响占了优势。《祖国纪事》杂志不断遭到沙皇政府书报检查机关的迫害。1884年4月被查封。——12。

19　从本丢推给彼拉多意思是推来推去,不解决问题。本丢·彼拉多是罗马帝国驻犹太行省的总督。据《新约全书·路加福音》说,犹太教的当权者判处耶稣死刑,要求彼拉多批准。彼拉多在审问中得知耶稣是加利利人,就命令把他送往加利利的统治者希律那里。希律经过审讯,也无法对耶稣定罪,又把他送回到彼拉多那里。据说"从本丢推给彼拉多"是由"本丢推给希律,希律又推给彼拉多"这句话演化而成的。——17。

20　这里指的是1872年汉堡出版的《资本论》第1卷。在该书以后的版本中,恩格斯删去了这句话。——18。

21　赫罗斯特拉特是公元前4世纪希腊人。据传说,他为了扬名于世,在公元前356年纵火焚毁了被称为世界七大奇观之一的以弗所城阿尔蒂米斯神殿。后来,赫罗斯特拉特的名字成了不择手段追求名声的人的通称。——26。

22　《世间》杂志(《Мир Божий》)是俄国文学和科学普及刊物(月刊),1892—1906在彼得堡出版。先后担任编辑的是维·彼·奥斯特罗戈尔斯基和费·德·巴秋什科夫,实际领导人是安·伊·波格丹诺维奇,撰稿人有米·伊·杜冈-巴拉诺夫斯基、彼·伯·司徒卢威、帕·尼·米留可夫、马·高尔基等。90年代中期,曾站在合法马克思主义立场上同民粹主义作斗争,在民主主义知识分子中颇受欢迎。1898年刊载过列宁对亚·波格丹诺夫的《经济学简明教程》一书的评论。1906—1918年以《现代世界》为刊名继续出版。——26。

23　分成制是俄国北方捕捉海兽和鱼类的劳动组合中的经济关系形式。在这种劳动组合里,生产工具属于主人,工人对主人处于依附地位。主人通常分得捕获物的 $\frac{2}{3}$,而工人们只能分得 $\frac{1}{3}$,并且还不得不把自己这一份低价让给主人,由主人用生活用品抵偿。——42。

24　《火星报》(《Искра》)是第一个全俄马克思主义的秘密报纸,由列宁创办。创刊号于1900年12月在莱比锡出版,以后各号的出版地点是慕尼黑、伦敦(1902年7月起)和日内瓦(1903年春起)。参加《火星报》编辑部的有:列宁、格·瓦·普列汉诺夫、尔·马尔托夫、亚·尼·波特列索夫、帕·波·阿克雪里罗得和维·伊·查苏利奇。编辑部的秘书起初是因·格·斯米多维奇－列曼，1901年4月起由娜·康·克鲁普斯卡娅担任。列宁实际上是《火星报》的主编和领导者。他在《火星报》上发表了许多文章，阐述有关党的建设和俄国无产阶级的阶级斗争的基本问题，并评论国际生活中的重大事件。

《火星报》在国外出版后，秘密运往俄国翻印和传播。《火星报》成了团结党的力量、聚集和培养党的干部的中心。在俄国许多城市成立了俄国社会民主工党列宁火星派的小组和委员会。1902年1月在萨马拉举行了火星派代表大会，建立了《火星报》俄国组织常设局。

《火星报》在建立俄国马克思主义政党方面起了重大的作用。在列宁的倡议和亲自参加下，《火星报》编辑部制定了党纲草案，筹备了俄国社会民主工党第二次代表大会。这次代表大会宣布《火星报》为党的中央机关报。

根据俄国社会民主工党第二次代表大会的决议，《火星报》编辑部改由列宁、普列汉诺夫、马尔托夫三人组成。但是马尔托夫坚持保留原来的六人编辑部，拒绝参加新的编辑部，因此《火星报》第46—51号是由列宁和普列汉诺夫二人编辑的。后来普列汉诺夫转到了孟什维主义的立场上，要求把原来的编辑都吸收进编辑部，列宁不同意这样做，于1903年10月19日（11月1日）退出了编辑部。《火星报》第52号是由普列汉诺夫一人编辑的。1903年11月13日（26日），普列汉诺夫把原来的编辑全部增补进编辑部以后，《火星报》由普列汉诺夫、马尔托夫、阿克雪里罗得、查苏利奇和波特列索夫编辑。因此，从第52号起，《火星报》变成了孟什维克的机关报。人们将第52号以前的《火星报》称为旧《火星报》，而把孟什维克的《火星报》称为新《火星报》。

1905年5月第100号以后，普列汉诺夫退出了编辑部。《火星报》于1905年10月停刊，最后一号是第112号。——49。

25　《对欧洲和俄国的土地问题的马克思主义观点》是列宁1903年2月10—13日（23—26日）在巴黎俄国社会科学高等学校所作的关于土地问题的讲演的提纲和第一讲的提要。

俄国社会科学高等学校是由一批被沙皇政府逐出俄国高等学校的自由派教授于1901年创办的，主要组织者是马·马·柯瓦列夫斯基、尤·斯·加姆巴罗夫和叶·瓦·罗别尔季。这是一所合法的学校,学员主要是巴黎俄国侨民区的流亡革命青年和俄国大学生。该校校务委员会在拟订1902年讲演人名单时,邀请了社会革命党人维·米·切尔诺夫和卡·罗·卡乔罗夫斯基讲土地问题。巴黎火星派小组获悉这一情况后,决定为马克思主义观点的代表也争取一个在该校讲演的机会。他们要求聘请著名的马克思主义者、《俄国资本主义的发展》和《经济评论集》这两部合法著作的作者弗·伊林来校讲演。校务委员会接受了这一建议并于1902年12月发出了正式邀请。后来,学校领导弄清了弗·伊林和列宁原来是一个人,曾企图撤销自己的决定,但是未能实现。列宁在该校作了四次讲演,都十分成功。在准备讲演时,列宁研究了大量有关土地问题的著作,摘译了恩格斯的《法德农民问题》,摘录了马克思的《资本论》和马克思发表在《新莱茵报》上的一些有关土地问题的文章,以及彼·巴·马斯洛夫、亚·尼·恩格尔哈特、瓦·巴·沃龙佐夫、埃·施图姆普费、罗·罗基尼、路·格朗多、阿·诺西希、胡·伯特格尔等人的书籍和文章。列宁写的讲演提纲要点(两稿)载于《列宁文集》俄文版第19卷第225—228、230—240页。

　　本书所载的第一讲提要是该校一个学员在听讲时作的记录,经列宁审阅过。——50。

26　第一届国家杜马,亦称维特杜马,因为第一届国家杜马是根据沙皇政府大臣会议主席谢·尤·维特制定的条例于1906年4月27日(5月10日)召开的。

　　在1905年十月全俄政治罢工的冲击下,沙皇尼古拉二世被迫发表了10月17日宣言,宣布召开具有立法职能的国家杜马以代替被革命风暴扫除掉的布里根咨议性杜马,指望以此分化和削弱革命运动,把国家引上和平的君主立宪的发展道路。1905年12月11日,沙皇政府公布了《关于修改国家杜马选举条例的命令》,这一命令原封不动地保留了为选举布里根杜马而制定的以财产资格和阶级不平等为基础的选举制度,只是在原来的三个选民团——土地占有者(地主)选民团、城市(资产阶级)选民团、农民选民团——之外,新增了工人选民团。就分得的复选人数额来说,各选民团的权利不是平等的。地主的1票相当于城市资产阶级的3票、农民的15票、工人的45票。选举不是普遍的,全体妇女、不满25岁的青年、游牧民族、军人、学生、小企业(50人以下的企业)的工人、短工、小手工业者、没有土地的农民都被剥夺了选举权。选举也不是直接的。一般是两级选举制,而为工人规定了三级选举制,为农民规定了四级选举制。

十二月起义失败后,沙皇政府一再限制曾经宣布过的杜马的权力。1906年2月20日的诏书给了国务会议以批准或否决国家杜马所通过的法案的权力。1906年4月23日(5月6日)又颁布了经尼古拉二世批准的《国家根本法》,将国家政策的最重要问题置于杜马管辖之外。

第一届国家杜马选举于1906年2—3月举行。布尔什维克宣布抵制,但是没有能达到搞垮这次选举的目的。当杜马最终召集起来时,列宁要求利用杜马来进行革命的宣传鼓动并揭露杜马的本质,指出它是人民代表机关的拙劣伪造品。

第一届国家杜马共有代表478人。主席是立宪民主党人谢·安·穆罗姆采夫。第一届国家杜马讨论过人身不可侵犯、废除死刑、信仰和集会自由、公民权利平等等等问题,但是在这届国家杜马中占中心地位的问题是土地问题。在杜马会议上提出的土地纲领主要有两个:一个是立宪民主党人于5月8日(21日)提出的由42名代表签署的法案,它力图保持地主土地所有制,只允许通过"按公平价格"赎买的办法来强制地主转让主要用农民的耕畜和农具耕种的或已出租的土地;另一个是劳动派于5月23日(6月5日)提出的《104人法案》,它要求建立全民地产,把超过劳动土地份额的地主土地及其他私有土地收归国有,按劳动份额平均使用土地。

第一届国家杜马尽管很软弱,它的决议尽管很不彻底,但仍不符合政府的愿望。1906年7月9日(22日)沙皇政府解散了第一届国家杜马。——58。

27 青年土耳其党人是19世纪末20世纪初土耳其资产阶级革命运动参加者的泛称,也专指1889年在伊斯坦尔成立的土耳其资产阶级革命者的政治组织"统一与进步"的成员。青年土耳其党人主张限制苏丹的专制权力,把土耳其从封建帝国变为资产阶级的君主立宪国家,加强土耳其资产阶级在国家的政治生活和经济生活中的地位,以挽救陷于瓦解的奥斯曼帝国和防止帝国主义列强瓜分它的领土。1908年7月,青年土耳其党人在军队的支持下发动了一场上层资产阶级革命,迫使土耳其苏丹阿卜杜尔-哈米德二世签署了召开议会的诏书。1909年4月忠于苏丹的军队发动的叛乱被粉碎后,青年土耳其党人组成了新政府。青年土耳其党人执政后很快就失去了革命性。青年土耳其党人的政府保存了君主政体,并执行反动政策。

它与封建势力、买办阶级和帝国主义相勾结,成为他们的利益的代表者。土耳其在第一次世界大战中失败后,1918年11月,"统一与进步"党(由"统一与进步"组织改组而成)在自己的代表大会上宣布自行解散。——59。

28　《正义报》(《Justice》)是英国一家周报,1884年1月—1925年初在伦敦出版。它最初是英国社会民主联盟的机关报,从1911年起成为英国社会党的机关报。自1925年2月改名为《社会民主党人报》继续出版,1933年12月停刊。——60。

29　独立工党是英国改良主义政党,1893年1月成立。领导人有凯尔-哈第、拉·麦克唐纳、菲·斯诺登等。党员主要是"新工联"和一些老工会的成员以及受费边派影响的知识分子和小资产阶级分子。独立工党从建党时起就采取资产阶级改良主义立场,把主要注意力放在议会斗争和同自由主义政党进行议会交易上。列宁称它是始终依附资产阶级的机会主义政党。1900年,该党作为集体党员加入工党。在第一次世界大战期间,该党领袖采取资产阶级和平主义立场。——60、270。

30　《人道报》(《L'Humanité》)是法国日报,由让·饶勒斯于1904年创办。该报最初是法国社会党机关报,在第一次世界大战期间为法国社会党极右翼所掌握,采取了社会沙文主义立场。1918年该报由马·加香领导后,反对法国政府对苏维埃俄国进行武装干涉的帝国主义政策。在法国社会党分裂和法国共产党成立以后,从1920年12月起,该报成了法国共产党中央机关报。——61。

31　指法国、西班牙、意大利等西南欧国家。——63。

32　青年派是德国社会民主党内的一个小资产阶级的半无政府主义反对派,产生于1890年。核心成员是一些大学生和年轻的著作家,主要领导人有麦克斯·席佩尔、布鲁诺·维勒、保尔·康普夫麦尔、保尔·恩斯特等。青年派奉行"左"倾机会主义,否定议会斗争和改良性的立法活动,反对党的集中制领导,反对党同其他阶级和政党在一定条件下结成联盟。恩格斯同青年派进行了斗争。当青年派机关报《萨克森工人报》企图宣布恩格斯和反对派意见一致的时候,恩格斯给了他们有力回击,指出他们的理论观点是"被歪曲得面目全非的'马克思主义'"(见《马克思恩格斯全集》第1版第22卷第81页)。1891年10月,德国社会民主党爱尔福特代表大会把青年派的一部分领导人开除出党,从此结束了青年派在党内的活动。——69。

33 "印度党"即"东印度党",是印度尼西亚的印尼-欧洲人(印度尼西亚人和欧洲人混血种)的政党,于1912年组成。因其纲领中反映了要求独立的愿望,成立后立即被荷兰殖民者所取缔。——80。

34 杰尔席莫尔达是俄国作家尼·瓦·果戈理的喜剧《钦差大臣》中的一个愚蠢粗野、动辄用拳头打人的警察,这里用做警察专制制度的代名词。——80。

35 指印度尼西亚的伊斯兰教联盟。该联盟于1912年成立,前身为"伊斯兰商业联合会"。第一次世界大战前夕,联盟发展成为反对殖民统治的群众性组织。——80。

36 列宁于1914年10月1日(14日)在瑞士洛桑市民众文化馆作了关于"无产阶级和战争"的报告。三天前,格·瓦·普列汉诺夫也是在这里作了题为《论社会党人对战争的态度》的报告。列宁的报告稿没有保存下来,这里收载的是1914年10月25日和27日《呼声报》第37号和第38号发表的该报记者(署名为:И.К.)的记录。

　　列宁还于10月2日(15日)在日内瓦作了题为《欧洲大战和社会主义》的报告,报告稿也没有保存下来。——88。

37 《打着别人的旗帜》一文是为原定于1915年在俄国出版的合法的马克思主义文集写的。文集遭到沙皇书报检查机关删改和扣压,直到1917年二月革命后才得见天日。

　　1917年3月,莫斯科浪涛出版社出版了这个文集,作为第1辑。该文集收入了下列文章:列宁的《打着别人的旗帜》(署名恩·康斯坦丁诺夫)、雅·米·斯维尔德洛夫的《德国社会民主党的分裂》(署名安·米哈伊洛维奇)、伊·伊·斯克沃尔佐夫的《尼·苏汉诺夫谈我们的派别》(署名伊·斯捷潘诺夫)、米·斯·奥里明斯基的《俄国自由派的计划》、弗·巴·米柳亭的《在新的道路上》(署名弗·巴甫洛夫)和维·巴·诺根的《战争与工人阶级的经济状况》(署名:M.法布里奇内)。——91。

38 指卡·考茨基的《国际观点和战争》一文。这篇文章发表在1914年11月27日《新时代》杂志第8期上,1915年由《前进报》编辑部出版了单行本。该文的俄译文载于1915年《我们的事业》杂志第1期和第2期。列宁对这篇文章的批判，还见《社会沙文主义者的诡辩》一文(《列宁全集》第2版第26卷第195—200页)。——92。

39　《我们的事业》杂志(《Наше Дело》)是俄国孟什维克取消派和社会沙文主义者的主要刊物(月刊)。1915年1月在彼得格勒出版，以代替被查封的《我们的曙光》杂志，共出了6期。为该杂志撰稿的有叶·马耶夫斯基、彼·巴·马斯洛夫、亚·尼·波特列索夫、涅·切列万宁等。——92。

40　把自己过去崇拜的东西付之一炬一语出自俄国作家伊·谢·屠格涅夫的长篇小说《贵族之家》，是书中人物米哈列维奇的诗句，后来常被人们引用来譬喻背叛自己过去的信念。——93。

41　《帝国主义是资本主义的最高阶段(通俗的论述)》一书是列宁在1916年上半年写的。根据马·高尔基的倡议，1915年12月在彼得格勒成立的孤帆出版社准备出版一套题为《战前和战时的欧洲》的通俗丛书，并委托在巴黎的米·尼·波克罗夫斯基编辑这套丛书。波克罗夫斯基约请列宁撰写这套丛书中带导言性质即关于帝国主义的一种，列宁接受了这一建议。

　　列宁很早就注意到了资本主义发展中的新现象。他在1895—1913年写的一系列著作中都揭示和分析了帝国主义时代所具有的个别特征。他还非常注意论述资本主义的最新书籍的出版。第一次世界大战爆发后，出于领导革命斗争的需要，他从1915年中开始，在伯尔尼集中力量认真研究有关帝国主义的问题。他从148本书籍(德文书106本，法文书23本，英文书17本和俄文译本两本)和刊登在49种不同的期刊(德文34种，法文7种，英文8种)上的232篇文章(德文206篇，法文13篇，英文13篇)中作了共约50个印张的摘录、提要、笔记等等(这些资料于1939年用《关于帝国主义的笔记》的书名在苏联首次出版，见《列宁全集》第2版第54卷)。列宁研究、检验和科学地分析了浩瀚的实际资料，为写作《帝国主义是资本主义的最高阶段》一书作了准备。

　　1916年1月，列宁在伯尔尼开始撰写《帝国主义是资本主义的最高阶段》一书。2月列宁移居苏黎世，继续研究帝国主义问题和撰写此书。他除了利用苏黎世州立图书馆的藏书外，还从其他城市借阅一些书籍。1916年6月19日(7月2日)《帝国主义是资本主义的最高阶段》一书完稿，列宁把手稿挂号寄给了波克罗夫斯基。

　　高尔基在1916年9月29日给波克罗夫斯基的信里说,列宁的这本书"的确很出色",可单独出版。然而孤帆出版社编辑部中的孟什维克却对列宁的书稿作了不少修改,如删去了对卡·考茨基和尔·马尔托夫的尖锐批评,把列宁原用的"发展成为"一词(资本主义发展成为帝国主义)改为"变成","反动性"一词("超帝国主义"论的反动性)改为"落后性"等等。1916年11月,《年鉴》以《最新资本主义》这一书名刊登了该书的出版预告。1917年中这本书用《帝国主义是资本主义的最新阶段(通俗的论述)》的书名在彼得格勒出版,书中附有列宁回国后于1917年4月26日写的序言。列宁1920年7月为本书法文版和德文版写的序言,对本书内容作了一些重要的概括和补充。

　　1935年,本书首次以《帝国主义是资本主义的最高阶段》为书名并按照列宁手稿全文刊印于《列宁全集》俄文第2、3版第19卷。

　　在我国,《帝国主义是资本主义的最高阶段》一书早在1925年2月就出版过以《帝国主义浅说》为书名的中译文单行本。——97。

42　指英国经济学家约·阿·霍布森的《帝国主义》一书。该书于1902年在伦敦出版,列宁曾于1904年翻译过。列宁在《关于帝国主义的笔记》中对它作了详细的分析和摘录(见《列宁全集》第2版第54卷第450—484页),指出该书"一般说来是有益的,特别有益的是它有助于揭露考茨基主义在这一问题上的主要虚伪之处"(同上书,第105页)。列宁在利用霍布森这部著作中的大量事实材料的同时,批判了他的改良主义的结论和暗中维护帝国主义的企图。——98。

43　《帝国主义是资本主义的最高阶段》一书德文版于1921年出版,法文版于1923年出版。这篇专为法文版和德文版写的序言先以《帝国主义和资本主义》为题刊载于1921年10月《共产国际》杂志第18期。——100。

44　布列斯特和约(布列斯特条约)是1918年3月3日苏维埃俄国在布列斯特-里托夫斯克同德国、奥匈帝国、保加利亚和土耳其签订的条约,3月15日经全俄苏维埃第四次(非常)代表大会批准。和约共14条,另有一些附件。根据和约,苏维埃共和国同四国同盟之间停止战争状态,波兰、立陶宛全部、白俄罗斯和拉脱维亚部分地区脱离俄国。苏维埃俄国应从拉脱维亚和爱沙尼亚撤军,由德军进驻。德国保有里加湾和蒙海峡群岛。苏维埃军队撤离乌克兰、芬兰和奥兰群岛,并把阿尔达汉、卡尔斯和巴统各地区让与土耳其。苏维埃俄国总共丧失100万平方公里土地(含乌克兰)。此外,苏维埃俄国必须复员全部军队,承认乌克兰中央拉达同德国及其盟国缔结的和约,并须同中央拉达签订和约和确定俄国同乌克兰的边界。布列斯特和约恢复了对苏维埃俄国极其不利而对德国有利的1904年的关税税率。1918年8月27日在柏林签订了俄德财政协定,规定俄国必须以各种形式向德国交付60亿马克的赔款。布列斯特和约是当时刚建立的苏维埃政权为了摆脱帝国主义战争,集中力量巩固十月革命取得的胜利而实行的一种革命的妥协。这个和约的签订,虽然使苏维埃俄国受到割地赔款的巨大损失,但是,没有触动十月革命的根本成果,并为年轻的苏维埃共和国赢得了和平喘息时机去巩固无产阶级专政,整顿国家经济和建立正规红军,为后来击溃白卫军和帝国主义的武装干涉创造了条件。1918年德国十一月革命推翻了威廉二世的政权。1918年11月13日,全俄中央执行委员会宣布废除布列斯特和约。——102、253、267。

45　凡尔赛和约(凡尔赛条约)即第一次世界大战后英、法、意、日等国对德和约,于1919年6月28日在巴黎郊区凡尔赛宫签订。和约的主要内容是,德国将阿尔萨斯-洛林归还法国;萨尔煤矿归法国;德国的殖民地由英、法、日等国瓜分;德国向美、英、法等国交付巨额赔款;德国承认奥地利独立;限制德国军备,把莱茵河以东50公里的地区划为非军事区。列宁在评价凡尔赛和约时指出:这是骇人听闻的、掠夺性的和约,它把亿万人,其中包括最文明的人,置于奴隶地位。——102、253、261。

46　威尔逊主义指美国总统伍·威尔逊(1913—1921年)的一套用资产阶级和平主义和改良主义装扮起来的反动的对内对外政策。1913年威尔逊就任总统以后,进行了一些无损于资产阶级根本利益的"改革",实行了关税法、累进所得税法、反托拉斯法等等,同时残酷地镇压工人运动。第一次世界大战爆发后,他一方面发表"中立"宣言和"没有胜利的和平"的演说,另一方面加紧向拉丁美洲扩张。1917年美国参战后,他又叫嚷"以战争拯救世界民主"。1918年1月8日,他提出了所谓"十四点"和平纲领。在巴黎和会上,他参与制定了掠夺性的凡尔赛和约,并积极支持日本帝国主义侵略中国的要求。——102、266。

47　巴塞尔宣言即1912年11月24—25日在瑞士巴塞尔举行的国际社会党人非常代表大会一致通过的《国际局势和社会民主党反对战争危险的统一行动》决议,德文本称《国际关于目前形势的宣言》。宣言谴责了各国资产阶级政府的备战活动,揭露了即将到来的战争的帝国主义性质,号召各国人民起来反对帝国主义战争。宣言斥责了帝国主义的扩张政策,号召社会党人为反对一切压迫小民族的行为和沙文主义的表现而斗争。宣言写进了1907年斯图加特代表大会决议中列宁提出的基本论点:帝国主义战争一旦爆发,社会党人就应该利用战争所造成的经济危机和政治危机,来加速资本主义的崩溃,进行社会主义革命。——103、282。

48　指伯尔尼国际。

　　伯尔尼国际是持社会沙文主义、机会主义和中派主义立场的各国社会民主党的首领们在1919年2月伯尔尼代表会议上成立的联盟。伯尔尼国际的领袖是卡·亚·布兰亭、卡·考茨基、爱·伯恩施坦、皮·列诺得尔等。他们力图恢复已于1914年瓦解的第二国际,阻挠革命和共产主义运动的发展,防止成立共产国际。他们敌视苏维埃俄国的无产阶级专政,颂扬资产阶级民主。1921年2月,德国独立社会民主党、奥地利社会民主党、法国社会党、英国独立工党等退出伯尔尼国际,成立了维也纳国际(第二半国际)。1923年5月,在革命斗争浪潮开始低落的形势下,伯尔尼国际同维也纳国际合并成为社会主义工人国际。——104。

49　德国独立社会民主党是中派政党,1917年4月在哥达成立。代表人物是卡·考茨基、胡·哈阿兹、鲁·希法亭、格·累德堡等。基本核心是中派组织"工作小组"。该党以中派言词作掩护,宣传同公开的社会沙文主义者"团结",放弃阶级斗争。1917年4月—1918年底,斯巴达克派曾参加该党,但保持组织上和政治上的独立,继续进行秘密工作,并帮助工人党员摆脱中派领袖的影响。1920年10月,德国独立社会民主党在该党哈雷代表大会上发生了分裂,很大一部分党员于1920年12月同德国共产党合并。右派分子单独成立了一个党,仍称德国独立社会民主党,存在到1922年。——104、271。

50　社会革命党人是俄国最大的小资产阶级政党社会革命党的成员。该党是1901年底—1902年初由一些民粹派团体联合而成的。社会革命党人否认无产阶级和农民之间的阶级差别,抹杀农民内部的矛盾,否认无产阶级在

资产阶级民主革命中的领导作用。在土地问题上,社会革命党人主张消灭
土地私有制,按照平均使用原则将土地交村社支配,发展各种合作社。在
策略方面,社会革命党人采用了社会民主党人进行群众性鼓动的方法,但
主要斗争方法还是搞个人恐怖。在第一次世界大战期间,社会革命党的大
多数领导人采取了社会沙文主义的立场。

　　1917年二月革命后,随着广大的小资产阶级群众参加政治生活,社会
革命党的影响和党员人数激增(1917年5月已达50万)。社会革命党人和孟
什维克在苏维埃中,在土地委员会中都占多数。社会革命党中央实行妥协
主义和阶级调和的政策,积极支持资产阶级临时政府,党的首领亚·费·克
伦斯基、尼·德·阿夫克森齐耶夫、维·米·切尔诺夫、谢·列·马斯洛夫参加
了临时政府。1917年七月事变时期,社会革命党公开转向资产阶级方面。
社会革命党中央的妥协政策造成党的分裂,左翼于1917年12月组成了一
个独立政党——左派社会革命党。

　　1917年十月革命后,社会革命党人(右派和中派)公开进行反苏维埃
的活动,建立地下组织,1918年6月被开除出全俄中央执行委员会。1918—
1920年国内战争时期,他们进行反对苏维埃政权的武装斗争,对共产党和
苏维埃国家的领导人实行个人恐怖。社会革命党人推行所谓"第三种力
量"的蛊惑政策,在1918年充当了小资产阶级反革命活动的主要组织者,
在各地参与建立反革命"政府",实际上为资产阶级和地主的反革命统治
扫清了道路。1919年8月,一部分社会革命党人组成了人民派,同苏维埃政
权合作。该党的极右派则同白卫分子结成公开联盟。内战结束后,社会革
命党重新成了俄国国内反革命势力的领导。他们提出"没有共产党人参加
的苏维埃"的口号,组织了一系列的叛乱。这些叛乱被平定后,1922年社会
革命党彻底瓦解。——104、214、247、270。

51　**斯巴达克派(国际派)**是德国左派社会民主党人的革命组织,于第一次世
　　界大战初期形成,创建人和领导人有卡·李卜克内西、罗·卢森堡、弗·梅
　　林、克·蔡特金、尤·马尔赫列夫斯基、莱·约吉希斯(梯什卡)、威·皮克等。
　　1915年4月,卢森堡和梅林创办了《国际》杂志,这个杂志是团结德国左派
　　社会民主党人的主要中心。1916年1月1日,全德左派社会民主党人代表
　　会议在柏林召开,会议决定正式成立组织,取名为国际派。代表会议通过
　　了一个名为《指导原则》的文件,作为该派的纲领,这个文件是在卢森堡主

持和李卜克内西、梅林、蔡特金参加下制定的。1916年—1918年10月该派定期出版秘密刊物《政治书信》,署名斯巴达克,因此,该派也被称为斯巴达克派。1917年4月,斯巴达克派加入了德国独立社会民主党,但保持组织上和政治上的独立。斯巴达克派在群众中进行革命宣传,组织反战活动,领导罢工,揭露世界大战的帝国主义性质和社会民主党机会主义领袖的叛卖行为。斯巴达克派在理论和策略问题上也犯过一些错误,列宁曾屡次给予批评和帮助。1918年11月,斯巴达克派改组为斯巴达克联盟,12月14日公布了联盟的纲领。1918年底,联盟退出了独立社会民主党,并在1918年12月30日—1919年1月1日举行的全德斯巴达克派和激进派代表会议上创建了德国共产党。——104。

52 凡尔赛派是指法国1871年巴黎公社起义胜利后在凡尔赛成立的以阿·梯也尔为首的反革命资产阶级政府的拥护者。凡尔赛派对公社战士实行极为残酷的镇压,是巴黎公社最凶狠的敌人。1871年后,凡尔赛派一词成了灭绝人性的反革命派的同义语。——105。

53 美西战争是指1898年美国对西班牙发动的战争。1898年4月,在古巴摆脱西班牙殖民统治的起义取得决定性胜利时,美国借口其战舰"缅因号"在哈瓦那港口被炸沉而对西班牙宣战,向西属殖民地发动进攻。7月,西班牙战败求和,12月在巴黎签订和约。西班牙将其殖民地菲律宾、关岛、波多黎各割让给美国。古巴形式上取得独立,实际上成为美国的保护国。列宁称这场战争为重新瓜分世界的第一次帝国主义战争。——106。

54 英布战争亦称布尔战争,是指1899年10月—1902年5月英国对布尔人的战争。布尔人是南非荷兰移民的后裔,19世纪建立了德兰士瓦共和国和奥兰治自由邦。为了并吞这两个黄金和钻石矿藏丰富的国家,英国发动了这场战争。由于布尔人战败,这两个国家丧失了独立,1910年被并入英国自治领南非联邦。——106。

55 列宁在《帝国主义是资本主义的最高阶段》和《关于帝国主义的笔记》中,不止一次地引用过鲁·希法亭的《金融资本》一书。列宁在肯定这本书对帝国主义的理论分析的同时,也批评了作者在帝国主义的一些重要问题上的非马克思主义的论点和结论(参看《列宁全集》第2版第54卷第369—375、694—695页)。——106。

56　指德国社会民主党开姆尼茨代表大会于1912年9月20日通过的关于帝国主义和社会党人对战争的态度的决议。该决议谴责帝国主义政策，强调争取和平的重要性。决议指出："虽然只有通过铲除资本主义经济方式才能彻底消灭帝国主义这个资本主义经济方式的产物，但不能放弃任何旨在减少其一般性危险作用的工作。党代表大会决心尽一切可能促成各民族之间的谅解和保卫和平。党代表大会要求通过国际协定来结束军备竞赛，因为它威胁和平，给人类带来可怕的灾难。……党代表大会希望，党员同志要全力以赴，孜孜不倦地为扩大觉悟了的无产阶级的政治、工会和合作社组织而奋斗，以便更强有力地反对专横跋扈的帝国主义，直到它被打倒为止。无产阶级的任务就是使已经发展到最高阶段的资本主义过渡到社会主义社会，以保障各国人民的持久和平、独立和自由。"——106。

57　《德意志帝国年鉴》即《德意志帝国立法、行政和国民经济年鉴》（《Annalen des Deutschen Reichs für Gesetzgebung, Verwaltung und Volkswirtschaft》）是德国杂志，1868—1931年先后在慕尼黑、莱比锡和柏林出版。——108。

58　《银行》杂志（《Die Bank》）是德国金融家的刊物，1908—1943年在柏林出版。——118。

59　列宁在《关于帝国主义的笔记》中对奥·耶德尔斯《德国大银行与工业的关系，特别是与冶金工业的关系》一书作了详细的评述（见《列宁全集》第2版第54卷第156—171页）。——119。

60　列宁在《关于帝国主义的笔记》中对格·舒尔采-格弗尼茨的《德国信用银行》和《20世纪初的不列颠帝国主义和英国自由贸易》两本书作了批判性评述（见《列宁全集》第2版第54卷第37—55、496—512页）。——121。

61　列宁在《关于帝国主义的笔记》中对罗·利夫曼《参与和投资公司。对现代资本主义和有价证券业的研究》一书作了批判性分析（见《列宁全集》第2版第54卷第414—423页）。——122。

62　列宁利用了雅·里塞尔《德国大银行及其随着德国整个经济发展而来的集中》的两个版本：1910年耶拿版和1912年耶拿版。在《关于帝国主义的笔记》中，列宁详细分析了该书中历年的实际材料（见《列宁全集》第2版第54卷第382—412页）。——122。

63　在原统计材料中,本栏数字是4类机构数字的总和,而列宁在本表中只列举了3类机构的数字。参看《列宁全集》第2版第54卷第389页。——123。

64　总公司在我国亦称法国兴业银行。——124。

65　1873年交易所的崩溃发生在这年上半年。19世纪70年代,信用扩张、滥设投机公司以及交易所投机达到空前规模。在工业以及商业都出现了世界经济危机的明显征兆的情况下,交易所投机还在继续发展。于是灾难终于在1873年5月9日降临到维也纳交易所。24小时之内,股票贬值好几亿,破产的公司数目惊人。这一灾难随即蔓延到德国和其他一些国家。恩格斯曾对这一事件作过评述(见《马克思恩格斯全集》第1版第19卷第193页)。——128。

66　滥设投机公司的丑事指19世纪70年代初德国加紧创办股份公司的热潮。根据1871年法兰克福和约,德国从法国得到赔款50亿金法郎。德国资本家为了趁机牟取暴利,就在各地纷纷开设股份公司和银行企业,进行投机活动。从1871年下半年到1874年之间就成立了857个股份公司,等于前20年所建立的公司总数的4倍。恩格斯描述当时的情况说:"人们滥设股份公司或两合公司、银行、土地信用和动产信用机构、铁路建筑公司、各种工厂、造船厂、以土地和建筑物进行投机的公司以及其他表面上叫做工业企业而实际上进行最可耻的投机活动的事业。……过度的投机活动最终造成了普遍的崩溃。"(见《马克思恩格斯全集》第1版第19卷第193页)——128。

67　《法兰克福报》(《Frankfurter Zeitung》)是德国交易所经纪人的报纸(日报),1856—1943年在美因河畔法兰克福出版。——130。

68　指格·瓦·普列汉诺夫。普列汉诺夫关于帝国主义问题的看法见他的《论战争》文集,该文集于大战期间在彼得格勒出版。——138、167。

69　《新时代》杂志(《Die Neue Zeit》)是德国社会民主党的理论刊物,1883—1923年在斯图加特出版。1890年10月前为月刊,后改为周刊。1917年10月以前编辑为卡·考茨基,以后为亨·库诺。1885—1895年间,杂志发表过马克思和恩格斯的一些文章。恩格斯经常关心编辑部的工作,并不时帮助它纠正背离马克思主义的倾向。为杂志撰过稿的还有威·李卜克内西、保·拉法格、格·瓦·普列汉诺夫、罗·卢森堡、弗·梅林等国际工人运动活动家。《新时代》杂志在介绍马克思主义基本理论、宣传俄国1905—1907年革命等方面做了有益的工作。随着考茨基转到机会主义立场，1910年以后，《新时代》杂志成了中派分子的刊物。第一次世界大战期间，它持中派立场，实际上支持社会沙文主义者。——140。

70　俄华银行以及它同北方银行合并后成立的俄亚银行过去在我国都被称为"华俄道胜银行"。——140。

71　由于《帝国主义是资本主义的最高阶段》一书是准备作为合法读物在沙皇俄国出版的，所以书中对俄国帝国主义的分析比较简略。在《关于帝国主义的笔记》中，列宁除了使用欧·阿加德的《大银行与世界市场。从大银行对俄国国民经济和德俄两国关系的影响来看大银行在世界市场上的经济作用和政治作用》一书外，还利用了A. H. 扎克《俄国工业中的德国人和德国资本》和B. 伊施哈尼安《俄国国民经济中的外国成分》这两本书中的资料（见《列宁全集》第2版第54卷第106—127、264—266、291—292页）。此外，《关于帝国主义的笔记》中还包含有其他大量论述俄国垄断资本主义的材料和列宁对俄国帝国主义各个方面的评价。——142。

72　法国的巴拿马案件是指法兰西第三共和国时期的一个大的贪污贿赂案。1879年法国为开凿穿过巴拿马地峡的运河而成立了巴拿马运河公司，由苏伊士运河建筑师费·莱塞普斯任董事长。1881年工程开工，由于管理不善和贪污舞弊，公司发生资金困难。公司负责人乃向政府和有关人员行贿，以进行股票投机。1888年公司破产，几十万股票持有者在经济上受到重大损失。1893年议会大选前，这一贿赂事件被揭露，受贿者有总理、部长、议员等多人，结果引起了一场政治风潮。为掩盖真相，法国政府匆忙宣告被控的官员和议员无罪，只有一些次要人物被判罪。1894年该公司改组；1903年公司把运河开凿权卖给了美国。后来"巴拿马案件"一词就成了官商勾结进行诈骗的代名词。——147。

73　巴格达铁路是20世纪初人们对连接博斯普鲁斯海峡和波斯湾的铁路线（全长约2400公里）的通称。德国帝国主义为了向中近东扩张，从19世纪末就开始谋求修建这条铁路。1898年，德皇威廉二世为此亲自访问了土耳其首都伊斯坦布尔。1903年德国同土耳其正式签订了关于修建从科尼亚经巴格达到巴士拉的铁路的协定。这条铁路建成后可以把柏林、伊斯坦布尔、巴格达联系起来,使德国的势力延伸到波斯湾。这不仅威胁着英国在印度和埃及的殖民统治地位,而且同俄国在高加索和中亚的利益发生矛盾。因此,英俄法三国结成同盟来反对德国。这条铁路到第一次世界大战爆发时尚未建成,它是由英法两国的公司于1934—1941年最后修建完成的。——147。

74　《国际统计研究所公报》(《Bulletin de l'Institut International de Statistique》)于1885—1912年在海牙出版。——148。

75　列宁在《关于帝国主义的笔记》中将阿·奈马尔克在《国际统计研究所公报》上列举的有关全世界的证券发行和各国占有有价证券的资料同他引自瓦·措林格尔《国际有价证券转移对照表》中的资料加以比较和核对,并作出了自己的计算(见《列宁全集》第2版第54卷第140—146页和第430—431页)。——148。

76　《世界经济文汇》(《Weltwirtschaftliches Archiv》)是德国基尔大学世界经济研究所的刊物,1913年起在耶拿出版。——151。

77　《每日电讯》(《The Daily Telegraph》)是英国报纸(日报),1855年在伦敦创刊,起初是自由派的报纸,从19世纪80年代起成为保守派的报纸。1937年同《晨邮报》合并成为《每日电讯与晨邮报》。——152。

78　《皇家统计学会杂志》(《Journal of the Royal Statistical Society》)是英国杂志,1838年起在伦敦出版。——152。

79　《美国政治和社会科学学院年刊》(《The Annals of the American Academy of Political and Social Science》)是美国杂志,1890年起在费拉德尔菲亚出版。——155。

80　《统计学家报》(《The Statist》)是英国保守派的经济和政治问题周报,1878年起在伦敦出版。——155。

81　列宁在《关于帝国主义的笔记》中摘引了亨·C.莫里斯的《从上古到今日的殖民史》一书中的统计资料,认为该书汇集的统计材料很有趣。列宁根据该书提供的资料,计算出了说明各资本主义大国的殖民地占有情况的具体数字(见《列宁全集》第2版第54卷第268—275页)。——165。

82　列宁对亚·苏潘的资料和奥·许布纳尔的《地理统计表》的详细分析,见《列宁全集》第2版第54卷第322—336页。——167。

83　列宁在《关于帝国主义的笔记》中对卡·考茨基及其他考茨基分子关于帝国主义的观点作了批判性分析(见《列宁全集》第2版第54卷第105—106、193—195、285—291页)。——181。

84　《德意志帝国统计年鉴》(《Statistisches Jahrbuch für das Deutsche Reich》)是德国杂志,1880—1941年在柏林出版。——183。

85　《铁路业文汇》(《Archiv für Eisenbahnwesen》)是德国公共工程部机关刊物,1878—1943年在柏林出版。——183。

86　从《关于帝国主义的笔记》引用的材料中可以看出,列宁如何根据各方面的资料收集和整理了1890年和1913年不同国家(大国、独立国和半独立国、殖民地)铁路网发展的详尽数字(见《列宁全集》第2版第54卷第536—544、545—550页)。他将这一研究的结果概括在两张简表之中(见本书第183—184页)。——183。

87　取消主义是俄国1905—1907年革命失败后在孟什维克中出现的一个派别的主张。该派别背弃党纲上的革命要求和党的革命口号,企图取消秘密的无产阶级政党,主张成立一个在合法范围内活动的"公开的工人党",因而被称为取消派。1912年布拉格代表会议把取消派清除出党。——194。

88　费边社是英国的改良主义组织,1884年成立。费边社的成员多为资产阶级知识分子,代表人物有悉·维伯、比·维伯、拉·麦克唐纳、肖伯纳、赫·威尔斯等。费边·马克西姆是古罗马统帅,以在第二次布匿战争(公元前218—前201年)中采取回避决战的缓进待机策略著称。费边社即以此人名字命名。费边派虽然认为社会主义是经济发展的必然结果,但只承认演进的发展道路。他们反对马克思主义的阶级斗争和无产阶级革命学说,鼓吹通过细微的改良来逐渐地改造社会,并宣扬所谓"地方公有社会主义"。1900年费边社加入工党(当时称工人代表委员会),仍保留自己的组织。在工党中,它一直起制定纲领原则和策略原则的思想中心的作用。第一次世界大战期间,费边派采取了社会沙文主义立场。关于费边派,参看列宁《社会民主党在1905—1907年俄国第一次革命中的土地纲领》第4章第7节和《英国的和平主义和英国的不爱理论》(见《列宁全集》第2版第16卷第322—327页和第26卷第278—284页)。——195。

89　最后的莫希干人一语源出美国作家詹·菲·库伯的小说《最后一个莫希干人》。小说描写北美印第安土著中的莫希干人在欧洲殖民主义者奴役和欺骗下最终灭绝的故事。后来人们常用"最后的莫希干人"来比喻某一社会集团或某一组织、派别的最后的代表人物。——197。

90　指八国联军镇压中国义和团起义和帝国主义列强强迫清政府签订辛丑条约(辛丑议定书)。该条约于1901年9月7日由清政府全权代表奕劻和李鸿章同英、美、俄、德、日、奥、法、意、西、荷、比11个国家的代表在北京签订。——205。

91　指1898年9月英、法两国殖民军队在法索达(位于苏丹南部,现名科多克)武装对峙的事件。这一冲突是由英、法两国争夺非洲殖民地的斗争引起的。英国为巩固自己在埃及的统治,以最后通牒方式要求法军撤离法索达。法国因处境不利,又恐在对英作战时德国乘机进攻,被迫于1899年3月21日同英国签订了放弃尼罗河上游的协定,但它也取得了乍得湖和过去双方一直有争议的瓦达伊地区作为补偿。——206。

92　《大难临头,出路何在?》这篇著作在印成小册子以前,它的最后两章《消除经济破坏和战争问题》、《革命民主派和革命无产阶级》曾发表于1917年10月1日(14日)《工人之路报》第25号。——214。

93　军事工业委员会是第一次世界大战时期俄国资产阶级的组织。这一组织是根据1915年5月第九次全俄工商界代表大会的决议建立的,其目的是把供应军火的工厂主联合起来,动员工业企业为战争需要服务,在政治上则对沙皇政府施加压力,并把工人阶级置于资产阶级影响之下。1915年7月,军事工业委员会的领导人在孟什维克和社会革命党的支持下,开始在委员会内建立工人团。布尔什维克在大多数工人的支持下对工人团的选举进行了抵制。在244个地方军事工业委员会中,只有76个委员会进行了选举,成立了工人团的委员会则只有58个。中央军事工业委员会内组织了以孟什维克库·安·格沃兹杰夫为首的工人团。1917年二月革命后，中央军事工业委员会的领导人在临时政府中担任部长职务，委员会成了资产阶级反对工人阶级的组织。十月革命胜利后，苏维埃政府曾试图利用军事工业委员会里的专家来整顿被战争破坏了的生产，遭到了资产阶级上层的反抗。1918年7月24日，军事工业委员会被撤销。——215。

94　《日报》(《День》)是俄国自由派资产阶级的报纸(日报)，1912年在彼得堡创刊。孟什维克取消派参加了该报的工作。该报站在自由派和孟什维克立场上批评沙皇制度和资产阶级地主政党。在第一次世界大战期间，持护国主义立场。从1917年5月30日起，成为孟什维克的机关报，支持资产阶级临时政府，反对布尔什维克。1917年10月26日(11月8日)被查封。——220。

95　《统一报》(《Единство》)是俄国孟什维克护国派极右翼集团统一派的报纸，在彼得格勒出版。1914年5—6月出了4号。1917年3—11月为日刊。1917年12月—1918年1月用《我们的统一报》的名称出版。编辑部成员有格·瓦·普列汉诺夫、维·伊·查苏利奇、柳·伊·阿克雪里罗得、格·阿·阿列克辛斯基、尼·瓦·瓦西里耶夫、列·格·捷依奇和尼·伊·约尔丹斯基。该报持极端沙文主义立场，主张和资产阶级合作，支持资产阶级临时政府，反对社会主义革命，用下流报刊的手法攻击布尔什维克，对苏维埃政权持敌对态度。——220。

96　《工人报》(《Рабочая Газета》)是俄国孟什维克报纸(日报)，1917年3月7日(20日)—11月30日(12月13日)在彼得格勒出版，8月30日(9月12日)起是孟什维克中央机关报。参加报纸工作的有帕·波·阿克雪里罗得、波·奥·波格丹诺夫、库·安·格沃兹杰夫、费·伊·唐恩、尔·马尔托夫、亚·尼·波特列索夫、伊·格·策列铁里、尼·谢·齐赫泽、涅·切列万宁等。该报采取护国主义立场，支持资产阶级临时政府，反对布尔什维克党，对十月革命和苏维埃政权抱敌对态度。——224。

97　《真理报》(《Правда》)是俄国布尔什维克的合法报纸(日报)，根据俄国社会民主工党第六次(布拉格)全国代表会议的决定创办，1912年4月22日(5月5日)起在彼得堡出版。《真理报》是群众性的工人报纸，拥有大批工人通讯员和工人作者，靠工人自愿捐款出版，同时也是布尔什维克党的实际上的机关报。《真理报》编辑部还担负着党的很大一部分组织工作，如约见基层组织的代表,汇集各工厂党的工作的情况,转发党的指示等。列宁在国外领导《真理报》,他筹建编辑部,确定办报方针,组织撰稿力量,并经常给编辑部以工作指示。1912—1914年,《真理报》刊登了300多篇列宁的文章。

《真理报》经常受到沙皇政府的迫害。1912—1914年出版的总共645号报纸中,就有190号受到种种阻挠和压制。报纸被封8次,每次都变换名称继续出版。1914年7月8日,即在第一次世界大战前夕,沙皇政府下令禁止《真理报》出版。

1917年二月革命后,《真理报》于3月5日(18日)复刊,成为俄国社会民主工党中央委员会和彼得堡委员会的机关报。列宁于4月3日(16日)回到俄国,5日(18日)就加入了编辑部,直接领导报纸的工作。1917年七月事变中,《真理报》编辑部于7月5日(18日)被士官生捣毁。7—10月,该报不断受到资产阶级临时政府的迫害,先后改称《〈真理报〉小报》、《无产者报》、《工人日报》、《工人之路报》。1917年10月27日(11月9日),《真理报》恢复原名,继续作为俄国社会民主工党中央委员会的机关报出版。1918年3月16日起,《真理报》改在莫斯科出版。——225。

98 卡德里尔舞是一种有四人参加、分为两对的民间舞蹈,在欧洲颇为流行。——229。

99 学理主义指盲目地拘守某种学理,崇尚空谈,脱离实际的表现,意思同"教条主义"相近。——235。

100 《无产阶级革命和叛徒考茨基》一书是为批判卡·考茨基的小册子《无产阶级专政》而写的。

1918年8月,在柏林出版的《社会主义的对外政策》杂志刊登了考茨基号召各国社会民主党同布尔什维克作斗争的文章:《是民主呢还是专政》。列宁在同年9月20日的《真理报》上看到此文的摘要后,立即给苏维埃共和国驻欧洲国家的三个使节——在柏林的阿·阿·越飞、在伯尔尼的扬·安·别尔津和在斯德哥尔摩的瓦·瓦·沃罗夫斯基——写信,提出了对考茨基从理论上把马克思主义庸俗化的行为作斗争的任务。列宁请他们在考茨基关于专政的小册子出版后立即给他寄一本来,同时寄来考茨基写的所有涉及布尔什维克的文章。

10月初,列宁读了考茨基的小册子《无产阶级专政》后,立即动手写作

《无产阶级革命和叛徒考茨基》一书。在这部著作脱稿之前,列宁为了尽快
占领阵地,又于10月9日用同一题目写了一篇文章(见《列宁全集》第2版第
35卷第102—111页),发表在10月11日《真理报》上,并指示越飞、别尔津和
沃罗夫斯基尽快把这篇文章译成外文发表。列宁的这篇文章译成德文后,
于1918年和1919年分别在伯尔尼和维也纳发表;1919年译成意大利文
在米兰发表。

　　《无产阶级革命和叛徒考茨基》一书于1918年11月10日写成,12月
在莫斯科出版。1919年用外文在德国、奥地利、意大利、英国和法国出版。
——237。

101　辉格党和托利党是英国的两个政党,产生于17世纪70—80年代。

　　辉格党起初代表大商业资产阶级、金融资产阶级以及一部分已经资
产阶级化的贵族的利益,19世纪中叶起代表工商业资产阶级的利益。它与
其他政治团体合并后,组成英国自由党。

　　托利党代表大地主和英国教会上层僧侣的利益,同时也依靠中、小僧
侣和一部分小资产阶级。它维护旧的封建传统,反对国内的民主改革。19
世纪中叶,在托利党的基础上成立了英国保守党。

　　辉格党和托利党曾在英国轮流执政。——240。

102　犹大之吻出自圣经《马太福音》第26章。犹大是耶稣的十二门徒之一,出卖
耶稣的叛徒。他按照事先的约定,当着犹太教大祭司派来捉拿耶稣的兵丁
亲吻耶稣,装做请安,于是那些兵丁就认出并逮捕了耶稣。后来,犹大之吻
便成为虚伪的亲热的代用语。——240。

103　德雷福斯案件指1894年法国总参谋部尉级军官犹太人阿·德雷福斯被法
国军界反动集团诬控为德国间谍而被军事法庭判处终身服苦役一事。法
国反动集团利用这一案件煽动反犹太主义和沙文主义,攻击共和制和民
主自由。在事实证明德雷福斯无罪后,当局仍坚决拒绝重审,引起广大群
众强烈不满。法国社会党人和资产阶级民主派进步人士(包括埃·左拉、
让·饶勒斯、阿·法朗士等)发动了声势浩大的要求重审这一案件的运动。
在社会舆论压力下,1899年瓦尔德克-卢梭政府撤销了德雷福斯案件,由
共和国总统赦免了德雷福斯。但直到1906年7月,德雷福斯才被上诉法庭
确认无罪,恢复了军职。——241。

104　指英国资产阶级血腥镇压1916年爱尔兰争取摆脱英国统治的起义一事。在这一事件中,几乎全部起义领袖包括身受重伤的詹姆斯·康诺利都被枪决,一般参加者则被大批驱逐出国。

阿尔斯特是爱尔兰的东北部分,居民以英格兰人为主;阿尔斯特的军队曾和英国军队一起镇压了爱尔兰人民的起义。——241。

105　1917年4月3日(16日),列宁回到彼得格勒。资产阶级报纸和临时政府一些部长在俄国政治流亡者取道德国回国等问题上大造谣言,对列宁和布尔什维克党进行诽谤、诬蔑,并不断鼓吹以大暴行来对付布尔什维克。为了揭露这些无耻的诽谤、诬蔑,列宁从4月5日(18日)起陆续写了《两个世界》、《资本家的无耻谎言》、《告士兵和水兵书》、《说谎同盟》、《反对大暴行制造者》、《公民们!应当懂得各国资本家采取的手法是什么!》等文章(见《列宁全集》第2版第29卷第125—126、205—206、209—211、218—221、225—228、229—231页)。1917年4月16日(29日),彼得格勒的工人、士兵和水兵举行示威游行,抗议资产阶级报纸诽谤、诬蔑布尔什维克。——241。

106　第四届国家杜马是根据1907年6月3日(16日)颁布的选举法于1912年秋天选举、当年11月15日(28日)召开的,共有代表442人,主席是十月党人米·弗·罗将柯。这届杜马和上届杜马一样,也有两个反革命的多数:右派-十月党人的多数和自由派-十月党人的多数。第四届杜马的社会民主党党团中有6名布尔什维克、7名孟什维克和1名附和孟什维克而不享有完全权利的党团成员(华沙代表,波兰社会党—"左派"的叶·约·亚格洛)。1913年10月,布尔什维克代表退出了统一的社会民主党党团,成立了独立的布尔什维克党团——俄国社会民主党工人党团。布尔什维克代表为了揭露沙皇制度的反人民政策,就大家所关心的问题不断向第四届杜马提出对政府的质询。第一次世界大战爆发后,布尔什维克代表坚决反对战争,拒绝投票赞成军事拨款,并在群众中进行革命宣传活动。1914年11月布尔什维克党团成员被捕,随后被流放到西伯利亚。1915年8月,第四届国家杜马中的地主资产阶级党团组成了所谓"进步同盟",一半以上的杜马代表参加了这个同盟。列宁认为,这是自由派和十月党人为了同沙皇在实行改革和动员工业力量战胜德国这一纲领上达成协议而结成的同盟。

1917年2月26日(3月11日),二月革命爆发后,沙皇尼古拉二世命令第四届国家杜马停止活动。2月27日(3月12日),国家杜马代表为了反对革命和挽救君主制度,成立了国家杜马临时委员会。3月1日(14日)该委员会同彼得格勒苏维埃执行委员会的社会革命党和孟什维克领导达成协议,通过了关于建立资产阶级临时政府的决议。1917年10月6日(19日),在革命群众的压力下,资产阶级临时政府被迫发布了解散国家杜马的法令。——241。

107　夏洛克是英国作家威·莎士比亚的喜剧《威尼斯商人》中的人物,一个残忍冷酷的高利贷者。他曾根据借约提供的权利,要求从没有如期还债的商人安东尼奥身上割下一磅肉。——245。

108　本文是列宁对美国合众社提出的五个问题的答复。这五个问题是:

(1)俄罗斯苏维埃共和国是否对政府最初的对内对外政策纲领和经济纲领作了一些或大或小的改变?什么时候和哪一些?

(2)俄罗斯苏维埃共和国对阿富汗、印度和俄国境外的其他穆斯林国家的策略如何?

(3)你们对美国和日本所抱的政治目的和经济目的何在?

(4)你们准备在什么条件下同高尔察克、邓尼金和曼纳海姆媾和?

(5)你还有什么话要告诉美国舆论界?

列宁的答复经布达佩斯转给美国报界。但合众社在转发给各报时删掉了列宁对第5个问题的答复,说那"纯粹是布尔什维克的宣传"。1919年10月,美国左派社会党人的《解放者》杂志发表了《声明和挑战》一文,引述了列宁对第5个问题的答复,并在编者按语中指出了合众社转发给各报时加以删节的情况。——246。

109　指1919年3月苏维埃政府同美国政府代表威·克·布利特在莫斯科进行的谈判。布利特前往莫斯科是要了解苏维埃政府同意在什么条件下同协约国媾和。

布利特在谈判中转达了美国总统伍·威尔逊和英国首相戴·劳合-乔治的建议。苏维埃政府为了尽快缔结和约,同意按照他们提出的条件进行谈判,但对这些条件作了一些重要修改(美国政府代表布利特和苏俄政府共同制定的和平建议草案全文,见《苏联对外政策文件汇编》1958年俄文版第2卷第91—95页)。

布利特离开苏维埃俄国之后不久,高尔察克军队在东线取得了一些胜利。帝国主义各国政府指望借助高尔察克的力量来消灭苏维埃俄国,于是拒绝了和平谈判。威尔逊不准公布布利特带回去的协定草案,劳合-乔治则在议会宣称他同与苏维埃政府谈判一事根本没有关系。——248。

110　指苏维埃政府给挪威著名社会活动家弗·南森的复信。南森在1919年4月17日给列宁的信中谈到,他于4月3日写信给伍·威尔逊、乔·邦·克列孟梭、戴·劳合-乔治和维·埃·奥兰多,提出一项用粮食和药品援助苏维埃俄国的计划。4月17日,"四人会议"同意南森的建议,但有一个保留条件:在苏维埃俄国境内要停止军事行动并停止调运军队和各种军用物资。5月4日苏维埃政府从无线电中收到这封信后,在5月7日给南森发出了复信。由于这项计划不能保证停止军事行动不被反革命利用,苏维埃政府在复信中表示它只能同协约国各国政府就停止军事行动问题进行谈判。苏维埃政府的建议通过南森转达给了协约国各国政府。但是,协约国列强对这项建议未予答复。列宁对格·瓦·契切林起草的两份给南森的信稿作过批注(见《列宁全集》第2版第48卷第702号文献)。——248。

111　《民族和殖民地问题提纲初稿》是列宁为共产国际第二次代表大会起草的文件之一,写于1920年6月5日。当天列宁将它寄给了斯大林、格·瓦·契切林、尼·尼·克列斯廷斯基、莫·格·拉费斯、叶·阿·普列奥布拉任斯基、帕·路·拉品斯基等征求意见。对寄来的某些不正确的意见,列宁明确表示不同意。例如,契切林没有很好考虑列宁关于对资产阶级和农民要加以区别的意见,对此列宁写道:"我的提纲**更**强调同**农民**的联盟(而这并**不完全**＝资产阶级)。"普列奥布拉任斯基在意见中谈到未来社会主义欧洲各共和国同经济上落后的附属国之间的关系时说:"如果不能同这些民族的领导集团达成经济协议,那么用强力镇压它们和用强制手段把经济上重要的地区并入欧洲共和国联盟就在所难免。"对此,列宁写道:"说得太过分了。'用强力**镇压**''在所难免'之说是缺乏根据的和不正确的,完全不对。"

提纲初稿由代表大会的民族和殖民地问题委员会略加修改,交共产国际第二次代表大会讨论。提纲于1920年7月28日被代表大会通过。——251。

112　共产国际第二次代表大会于1920年7月19日—8月7日举行(开幕式于7月

19日在彼得格勒举行,以后的会议从7月23日起在莫斯科举行)。出席大会的有来自37个国家的67个组织(其中有27个共产党)的217名代表。法国社会党和德国独立社会民主党派代表列席大会,有发言权。代表大会的全部筹备工作是在列宁的领导下进行的。他在会前写的《共产主义运动中的"左派"幼稚病》一书对规定共产国际的任务和制定共产国际的政治路线起了重要的作用。列宁以俄共(布)代表团成员身份出席大会,被选入了主席团。

代表大会的议程包括:国际形势和共产国际的基本任务;共产党在无产阶级夺取政权以前和以后的作用和结构;工会和工厂委员会;议会斗争问题;民族和殖民地问题;土地问题;对新中派的立场和加入共产国际的条件;共产国际章程;组织问题(合法与不合法组织、妇女组织等等);青年共产主义运动;选举;其他事项。为了预先审议议程上的重大问题,在7月24日举行的大会第三次全体会议上成立了6个委员会:工会运动委员会、议会斗争委员会、土地问题委员会、国际形势和共产国际任务委员会、民族和殖民地问题委员会、制定加入共产国际的条件的委员会。

代表大会将列宁起草的《关于共产国际第二次代表大会的基本任务的提纲》作为大会决议予以批准。在民族和殖民地问题上,代表大会通过了以列宁的初稿为基础的《民族和殖民地问题提纲》和《民族和殖民地问题补充提纲》。在土地问题上,代表大会通过了以列宁提纲为基础的决议。代表大会非常注意共产党争取和领导劳动群众的问题,它谴责了左倾学理主义,通过了《共产党和议会斗争》、《工会运动、工厂委员会和第三国际》等决议。代表大会通过的《共产党在无产阶级革命中的作用》的决议指出:共产党是工人阶级解放的主要的和基本的武器;共产党的作用在工人阶级夺取政权以后不但没有缩小,相反还无比地增大了。代表大会通过的《加入共产国际的条件》这一文件对于在革命纲领基础上巩固共产党和防止机会主义的和中派的政党钻入共产国际具有重大的作用。代表大会还批准了共产国际的章程,通过了《共产国际第二次代表大会宣言》和一系列号召书。

共产国际第二次代表大会奠定了共产国际的纲领的、策略的和组织的基础,对发展国际共产主义运动具有重大意义。——251。

113　国际联盟(国际联合会)是根据1919年在巴黎和会上通过的《国际联盟章

程》于1920年1月成立的,总部设在日内瓦,先后参加的国家有60多个。美国本是国际联盟的倡议者之一,但因没有批准国际联盟章程,所以不是会员国。国际联盟自成立起就为英、法帝国主义所操纵。它表面上标榜"促进国际合作,维持国际和平与安全",实际上是帝国主义国家推行侵略政策、重新瓜分殖民地的工具。第二次世界大战爆发后,国际联盟无形中瓦解,1946年4月正式宣告解散。——253、268。

114　协约国(三国协约)是1907年最后形成的英、法、俄三国帝国主义联盟。这一联盟同德、奥、意三国同盟相对立,在第一次世界大战期间先后有美、日、意等20多个国家加入。十月革命后,协约国联盟的主要成员——英、法、美、日等国发动和组织了对苏维埃俄国的武装干涉。——253。

115　匈牙利苏维埃共和国于1919年3月21日诞生。从4月起协约国帝国主义者对它实行经济封锁,并利用罗马尼亚和捷克斯洛伐克资产阶级政府的军队对它进行武装干涉。在匈牙利红军制止了罗捷军队的进攻并攻入斯洛伐克、协助建立了斯洛伐克苏维埃共和国时,协约国帝国主义者借助外交压力,强迫匈牙利红军停止进攻,撤退到1918年11月签订停战协定时由协约国划定的分界线内。此后,在罗马尼亚干涉军反攻得手的严重时刻,协约国帝国主义者与匈牙利右派社会民主党人相勾结,加紧进行破坏活动。右派社会民主党人以匈牙利苏维埃共和国政府妨碍同协约国缔结和约和解除封锁为借口,迫使它于1919年8月1日辞职。——254。

116　芬兰苏维埃共和国是指1918年成立的芬兰社会主义工人共和国。芬兰革命于1918年1月在芬兰南部工业地区爆发。1月27日夜,芬兰赤卫队占领了芬兰首都赫尔辛福斯。资产阶级的斯温胡武德政府被推翻。1月28日工人们建立了芬兰革命政府——人民代表委员会。参加革命政府的有库·曼纳、奥·库西宁、尤·西罗拉等人。国家政权的基础是由工人选出的工人组织议会。革命政府的最主要的措施是:将一部分工商企业和大庄园收归国有;把芬兰银行收归政府管理,并建立对私营银行的监督;建立工人对企业的监督;将土地无偿地交给佃农。芬兰这次无产阶级革命只是在芬兰南部取得了胜利。斯温胡武德政府在芬兰北部站稳了脚跟之后,集结了一切反革命力量,并在德国政府的援助下,向革命政权发动进攻。由于德国的武装干涉,芬兰革命经过激烈的国内战争以后,于1918年5月初被镇压了下去。——254。

117　拉脱维亚苏维埃共和国是在拉脱维亚无产阶级和农民奋起反对德国占领军和乌尔曼尼斯资产阶级临时政府的斗争高潮中诞生的。1918年12月17日，以彼·伊·斯图契卡为主席的拉脱维亚临时苏维埃政府发布宣言，宣布拉脱维亚的全部政权归苏维埃。12月22日，苏维埃俄国人民委员会宣布承认苏维埃拉脱维亚独立。拉脱维亚各地纷纷起义。到1919年1月底，拉脱维亚全境除利耶帕亚外都已解放。1月13—15日，在里加举行了全拉脱维亚苏维埃第一次代表大会。大会通过宪法，宣布拉脱维亚为社会主义苏维埃共和国，选举了拉脱维亚中央执行委员会，并制定了社会主义改造的纲领。苏维埃政府没收了地主的土地，将银行和大企业收归国有。1919年3月，在美英帝国主义的支持下，德国军队和白卫军向苏维埃拉脱维亚大举进攻。5月首都里加陷落。1920年1月初拉脱维亚全境为干涉军占领。拉脱维亚苏维埃共和国被颠覆。——254。

118　乌克兰苏维埃共和国是1917年12月成立的。1918年2月德奥军队侵入乌克兰，4月底乌克兰全境被占领。在赶走了侵略者及其帮凶以后，苏维埃政权在乌克兰恢复。1919年3月在哈尔科夫举行的乌克兰苏维埃第三次代表大会通过了乌克兰苏维埃社会主义共和国第一部宪法。——254。

119　《泰晤士报》（《The Times》）是英国的一家有影响的资产阶级报纸（日报），1785年1月1日在伦敦创刊。原名《每日天下纪闻》，1788年1月改称《泰晤士报》。——264。

120　《俄罗斯社会主义联邦苏维埃共和国外交人民委员部通报》（《Вестник Народного Комиссариата по Иностранным Делам РСФСР》）是苏维埃俄国外交人民委员部的机关刊物，1919年6月20日—1922年6月在莫斯科出版。格·瓦·契切林、米·尼·波克罗夫斯基、费·阿·罗特施坦等参加过该刊的工作。——265。

121　指在革命群众压力下退出了伯尔尼国际的各国中派社会党正在筹建的国际组织。这一组织在1921年2月22—27日举行的维也纳代表会议上成立，通称第二半国际或维也纳国际，正式名称是国际社会党联合会。参加这一组织的有英国独立工党、德国独立社会民主党等10多个中派社会党以及俄国的孟什维克和社会革命党。奥地利社会民主党的弗·阿德勒任总书记。成立第二半国际的真正目的是阻碍广大群众转向共产国际。第二半国际的领袖们(阿德勒、奥·鲍威尔、罗·格里姆、阿·克里斯平、让·龙格、尔·马尔托夫、维·米·切尔诺夫等)口头上批评第二国际,实际上在无产阶级运动的一切主要问题上都执行机会主义的中派路线。1923年5月,在革命浪潮开始低落的形势下,第二半国际同伯尔尼国际合并为社会主义工人国际。——266。

122 **法国社会党**(工人国际法国支部)是由1902年建立的法国社会党(饶勒斯派)和1901年建立的法兰西社会党(盖得派)合并而成的,1905年成立。在统一的社会党内,改良派居领导地位。第一次世界大战一开始,该党领导就转向社会沙文主义立场,公开支持帝国主义战争,参加资产阶级政府。该党党内有以让·龙格为首的同社会沙文主义分子妥协的中派,也有站在国际主义立场上的革命派。俄国十月社会主义革命后,法国社会党内公开的改良派和中派同革命派之间展开了激烈的斗争。在1920年12月举行的图尔代表大会上,革命派取得了多数地位。代表大会通过了该党参加共产国际的决议,并创立了法国共产党。改良派和中派退党,另行建立一个独立的党,仍用法国社会党这一名称。——271。

123 **共产国际第一次代表大会**(国际共产党代表会议)于1919年3月2—6日在莫斯科举行。参加大会的有来自21个国家的35个政党和团体的代表52名。这次大会宣告了共产国际的成立。

列宁主持了这次代表大会。他在3月4日的会议上宣读了关于资产阶级民主和无产阶级专政的提纲,并在自己的报告中论证了提纲的最后两点。代表大会一致赞同列宁的提纲,决定交执行局向世界各国广为传播。

代表大会通过了《共产国际的行动纲领》,指出无产阶级的社会主义革命的时代已经开始,无产阶级要团结所有力量同机会主义决裂,为建立无产阶级专政的苏维埃而斗争。代表大会在《关于对各"社会主义"派别和伯尔尼代表会议的态度的决议》中谴责了恢复第二国际的企图。代表大会还通过了题为《告全世界无产者》的宣言,宣称共产国际是《共产党宣言》宣布的事业的继承者和实践者,号召全世界无产者在工人苏维埃的旗帜下、在夺取政权和实行无产阶级专政的革命斗争的旗帜下、在共产国际的旗帜下联合起来。——275。

124　"基尔特"社会主义者（"基尔特"是拉丁语"gilda"一词的音译，意为"行会"）是20世纪初在英国工人运动中出现的改良主义派别，创始人是费边社成员乔·科尔、阿·约·彭蒂等。1914年，该派建立了"基尔特"全国联盟，制定了"基尔特"社会主义的纲领。"基尔特"社会主义者否认国家的阶级性，在工人中散布可以不通过阶级斗争而摆脱剥削的幻想。他们提出在现有工联的基础上由工人、工程技术人员按行业组成"基尔特"来管理工业生产，实行"产业民主"、"产业自治"，并由国家来负责产品分配和保证全民的消费，认为这样一来就能和平地消灭资本主义，使劳动者得到解放。俄国十月社会主义革命后，"基尔特"社会主义者为了同阶级斗争和无产阶级专政的思想相对抗，特别起劲地宣传他们的理论。20年代，"基尔特"社会主义的影响逐渐消失。——275。

125　这是列宁代表民族和殖民地问题委员会所作的报告。

　　　民族和殖民地问题委员会是共产国际第二次代表大会成立的6个委员会之一，由英国、奥地利、保加利亚、匈牙利、德国、荷兰、印度、印度尼西亚、伊朗、爱尔兰、中国、朝鲜、墨西哥、俄国、美国、土耳其、法国、南斯拉夫等国的代表共20人组成。委员会于1920年7月25日讨论了列宁起草的民族和殖民地问题提纲，对提纲稍作修改，于7月26日提交大会审议。提纲经代表大会第四次和第五次全体会议讨论后，于7月28日通过。此外，委员会和代表大会全体会议还讨论和通过了马·纳·罗易的补充提纲。——277。

126　英国社会党是由英国社会民主党和其他一些社会主义团体合并组成的，1911年在曼彻斯特成立。英国社会党是马克思主义的政治组织，但是由于带有宗派倾向，并且党员人数不多，未能在群众中展开广泛的宣传活动。第一次世界大战前夕和大战期间，党内国际主义派（威·加拉赫、约·马克林、阿·英克平等）同以亨·海德门为首的社会沙文主义派展开了激烈的斗争。但是在国际主义派内部也有一些不彻底分子，他们在一系列问题上采取中派立场。1916年2月英国社会党的一部分活动家创办的《号召报》对团结国际主义派起了重要作用。1916年4月在索尔福德召开的英国社会党年会上，以马克林、英克平为首的多数代表谴责了海德门及其追随者的立场，迫使他们退出了党。该党从1916年起是工党的集体党员。1919年加入共产国际。该党左翼是创建英国共产党的主要发起者。——281。

127　琼果主义即极端沙文主义。19世纪70年代俄土战争期间,在英国流行过一首好战的军国主义歌曲,其歌词中反复出现"by Jingo"(音译"琼果")一语,意即"以上帝的名义起誓"。"琼果"后来就成了表示极端沙文主义情绪的专用名词。——282。

人 名 索 引

A

阿卜杜尔－哈米德二世(Abdülhamid II 1842—1918)——土耳其苏丹(1876—1909)。在自由派资产阶级支持下即位,但于1878年解散议会,建立专制制度。因对奥斯曼帝国各族人民实行高压政策,尤其是对亚美尼亚人实行残杀,而得到"血腥苏丹"的绰号。在他统治时期,土耳其沦为欧洲帝国主义列强的半殖民地。1908年革命后被迫召开议会和恢复宪政。1909年搞反革命政变未遂,被废黜入狱。——59。

阿恩特,保尔(Arndt, Paul)——《法国资本的实力》一文的作者。——151。

阿尔切夫斯基,亚历山大·基里洛维奇(Алчевский, Александр Кириллович 1836—1901)——俄国百万富翁,曾创办哈尔科夫商业银行(1868)和哈尔科夫土地银行(1871),担任常任董事长。他还是阿列克谢耶夫矿业公司(1879)和顿涅茨-尤里耶夫矿业公司(1894)以及一些工厂的创办人和老板。在经济危机时期破产后自杀。——48。

阿夫克森齐耶夫,尼古拉·德米特里耶维奇(Авксентьев, Николай Дмитриевич 1878—1943)——俄国社会革命党领袖之一,该党中央委员。1905年为彼得堡工人代表苏维埃委员。斯托雷平反动时期和新的革命高涨年代参加社会革命党右翼,任社会革命党中央机关报《劳动旗帜》编委。第一次世界大战期间是社会沙文主义者,为护国派报刊《在国外》、《新闻报》、《号召报》撰稿。1917年二月革命后任彼得格勒苏维埃执行委员会委员、全俄农民代表苏维埃执行委员会主席、第二届联合临时政府内务部长,10月任反革命的俄罗斯共和国临时议会(预备议会)主席。十月革命后是反革命叛乱的策划者之一。1918年是所谓乌法督政府的主席;后流亡国外,继续反对苏维埃政权。——223、224。

阿加德,欧根(Agahd, Eugene)——德国经济学家,在俄华银行工作过15年,任总稽核。——140—141、142、148、197。

阿克雪里罗得,帕维尔·波里索维奇(Аксельрод, Павел Борисович 1850—1928)——俄国孟什维克领袖之一。19世纪70年代是民粹派分子。1883年参与创建劳动解放社。1900年起是《火星报》和《曙光》杂志编辑部成员。俄国社会民主工党第二次代表大会后是孟什维主义的思想家。1905年提出召开广泛的工人代表大会的反马克思主义主张。斯托雷平反动时期和新的革命高涨年代是取消派的思想领袖,参加孟什维克取消派的《社会民主党人呼声报》编辑部;1912年加入"八月联盟"。第一次世界大战期间表面上是中派,实际持社会沙文主义立场,曾参加齐美尔瓦尔德代表会议和昆塔尔代表会议,属于右翼。1917年二月革命后任彼得格勒苏维埃执行委员会委员,支持资产阶级临时政府。十月革命后侨居国外,敌视苏维埃政权,鼓吹武装干涉苏维埃俄国。——194。

阿奎纳多,埃米利奥(Aguinaldo, Emilio 1869—1964)——菲律宾政治活动家。1896年代表地主和资产阶级的利益参加了菲律宾人民反抗西班牙统治的起义。1897年策划杀害起义领袖安·滂尼发秀,篡夺了运动的领导权。1898年美西战争爆发后,参加反西战争,成为菲律宾政府首脑。1899年1月任刚成立的菲律宾共和国的总统。当美国取代西班牙侵占菲律宾后,阿奎纳多又领导了菲律宾人反对美国侵略者的斗争。1901年3月被美军俘虏,宣誓效忠美国,号召人民停止反抗。——197。

埃施韦格,路德维希(Eschwege, Ludwig)——德国经济学家,德国《银行》杂志的撰稿人,在该杂志上发表过一些有关金融资本问题的文章。——118、139—140、145—146、147、197。

爱德华七世(Edward VII 1841—1910)——英国国王(1901—1910)。——147。

奥哈根,胡贝特(Auhagen, Hubert)——德国经济学家,《农业年鉴》杂志的撰稿人,《农业中的大生产和小生产》(1896)的作者。——50。

奥兰多,维多里奥·埃曼努埃勒(Orlando, Vittorio Emanuele 1860—1952)——意大利国务活动家,资产阶级自由派领袖之一。1917—1919年任首相,曾率领意大利代表团出席巴黎和会。1919—1920年任议会议长。墨索里尼法西斯专政建立后,不再积极参加政治活动。1948—1952年任参议员。——268。

B

巴比塞,昂利(Barbusse, Henri 1873—1935)——法国作家和社会活动家。1923年加入法国共产党。第一次世界大战期间作为志愿兵上过前线;在这次战争

和十月革命的影响下形成了他的革命的、反军国主义的观点。巴比塞是苏维
埃俄国的朋友,曾积极参加反对协约国武装干涉苏维埃俄国的运动。20—30
年代在法国和世界文化界进步人士的反战、反法西斯运动中起过重大作用。
——249。

鲍勃凌斯基,阿列克谢·亚历山德罗维奇(Бобринский, Алексей Алексан-
дрович 1852—1927)——俄国大地主和大糖厂主,伯爵,反动的政治活动家。
——223。

鲍勃凌斯基,弗拉基米尔·阿列克谢耶维奇(Бобринский, Владимир Алек-
сеевич 生于1868年)——俄国大地主和大糖厂主,伯爵,反动的政治活动家。
——223。

鲍勃凌斯基,Ан.А.(Бобринский, Ан.А.)——俄国大地主和大糖厂主,伯
爵,反动的政治活动家。——223。

鲍威尔,奥托(Bauer, Otto 1882—1938)——奥地利社会民主党和第二国际领
袖之一,"奥地利马克思主义"理论家。同卡·伦纳一起提出资产阶级民族主义
的民族文化自治论。1907年起任社会民主党议会党团秘书,同年参与创办党
的理论刊物《斗争》杂志。1912年起任党中央机关报《工人报》编辑。第一次世
界大战期间应征入伍,在俄国前线被俘。1917年二月革命后在彼得格勒,同年
9月回国。敌视俄国十月革命。1918年11月—1919年7月任奥地利共和国外交
部长,赞成德奥合并。1920年起为国民议会议员。第二半国际和社会主义工人
国际的组织者和领袖之一。曾参与制定和推行奥地利社会民主党的机会主义
路线,使奥地利工人阶级的革命斗争遭受严重损失。晚年修正了自己的某些
改良主义观点。——103、271、272。

贝尔,麦克斯(Beer, Max 1864—1943)——德国社会主义史学家。19世纪80年
代属德国社会民主党左翼(青年派)。因参加社会主义报刊工作被捕,1894年
流亡伦敦,后去美国。1901年又回到伦敦,成了《前进报》通讯员。1915年回到
德国,追随右派社会民主党人。在1917—1918年革命事件影响下又向左靠拢,
写了一些较接近于马克思主义的著作。——166。

贝拉尔,维克多(Bérard, Victor 1864—1931)——法国经济学家、政论家和语
文学家。——197。

倍倍尔,奥古斯特(Bebel, August 1840—1913)——德国工人运动和国际工人
运动活动家,德国社会民主党和第二国际的创建人和领袖之一,马克思和恩
格斯的朋友和战友;旋工出身。19世纪60年代前半期开始政治活动,1867年当

选为德国工人协会联合会主席,1868年该联合会加入第一国际。1869年与威·李卜克内西共同创建了德国社会民主工党(即爱森纳赫派),该党于1875年与拉萨尔派合并为德国社会主义工人党,后又改名为社会民主党。多次当选国会议员,利用国会讲坛揭露帝国政府反动的内外政策。1870—1871年普法战争期间持国际主义立场,在国会中投票反对军事拨款,支持巴黎公社,为此曾被捕和被控叛国,断断续续在狱中度过将近六年时间。在反社会党人非常法施行时期,有成效地领导了党的地下活动和议会活动。19世纪90年代和20世纪初同党内的改良主义和修正主义进行斗争,反对伯恩施坦及其拥护者对马克思主义理论的歪曲和庸俗化。倍倍尔是出色的政论家和演说家,对德国和欧洲工人运动的发展有很大影响。马克思和恩格斯高度评价他的活动,同时也批评了他的一些错误。——239。

比比科夫,彼得·阿列克谢耶维奇(Бибиков, Петр Алексеевич 1832—1875)——俄国翻译家和政论家,翻译出版了亚·斯密、托·罗·马尔萨斯和阿·布朗基等人的著作共十三卷,著有论述沙·傅立叶、尼·加·车尔尼雪夫斯基等人的《评论集》(1865)一书。——16。

俾斯麦,奥托·爱德华·莱奥波德(Bismarck, Otto Eduard Leopold 1815—1898)——德国国务活动家。1862年起任普鲁士首相兼外交大臣,推行铁血政策,建立起以普鲁士为霸主的统一的德意志帝国。1871年1月出任德意志帝国首任首相,维护地主和大资产阶级的利益;曾积极援助法国反革命资产阶级镇压巴黎公社。1878年颁布反社会党人非常法,镇压国内工人运动。从1881年开始又颁布一系列所谓"社会立法",实行疾病、意外灾难、残废和老年保险,企图用小恩小惠拉拢工人。由于内外政策遭受挫折,于1890年3月去职。——88。

别尔纳茨基,米哈伊尔·弗拉基米罗维奇(Бернацкий, Михаил Владимирович 生于1876年)——俄国政治经济学教授。1917年9月起任临时政府财政部长,后在邓尼金和弗兰格尔反革命政府中仍任财政部长。白俄流亡分子。——221。

波特列索夫,亚历山大·尼古拉耶维奇(Потресов, Александр Николаевич 1869—1934)——俄国孟什维克领袖之一。19世纪90年代初参加马克思主义小组。1896年加入彼得堡工人阶级解放斗争协会,后被捕,1898年流放维亚特卡省。1900年出国,参与创办《火星报》和《曙光》杂志。俄国社会民主工党第二次代表大会后是孟什维克刊物的主要撰稿人和领导人。斯托雷平反动时期和新的革命高涨年代是取消派思想家。第一次世界大战期间是社会沙文主义者。1917年在反布尔什维克的资产阶级《日报》中起领导作用。十月革命后侨居国外,为克伦斯基的《白日》周刊撰稿,攻击苏维埃政权。——91—96、167、194、219。

伯恩施坦,爱德华(Bernstein,Eduard 1850—1932)——德国社会民主党和第二国际右翼领袖之一,修正主义的鼻祖。1872年加入社会民主党,曾是欧·杜林的信徒。1879年和卡·赫希柏格、卡·施拉姆在苏黎世发表《德国社会主义运动的回顾》一文,主张放弃革命斗争,适应俾斯麦制度,受到马克思、恩格斯的严厉批评。1881—1890年任党的中央机关报《社会民主党人报》编辑。从90年代中期起同马克思主义彻底决裂。1896—1898年以《社会主义问题》为题在《新时代》杂志上发表一组文章,1899年发表了《社会主义的前提和社会民主党的任务》一书,从经济、政治和哲学方面对马克思主义的理论和策略作了全面的修正。1902年起为国会议员。第一次世界大战期间持中派立场。1917年参加德国独立社会民主党,1919年公开转到右派方面。1918年十一月革命失败后出任艾伯特—谢德曼政府的财政部长助理。——26、103。

勃朗斯基,美契斯拉夫·亨利霍维奇(布劳恩,美·伊·)(Бронский, Мечислав Генрихович(Браун, М.И.)1882—1941)——波兰社会民主党人,后为布尔什维克。1902年加入波兰王国和立陶宛社会民主党,曾在波兰和瑞士做党的工作。第一次世界大战期间是国际主义者。曾代表波兰王国和立陶宛社会民主党出席昆塔尔代表会议,属齐美尔瓦尔德左派,参加了瑞士社会民主党的活动。1917年6月起任俄国社会民主工党(布)彼得堡委员会的鼓动员和宣传员。十月革命后任副工商业人民委员。1918年采取"左派共产主义者"立场。1920年起任驻奥地利全权代表和商务代表,1924年起任财政人民委员部部务委员、对外贸易人民委员部部务委员,后从事教学和科研工作。——263、264。

布勃利科夫,亚历山大·亚历山德罗维奇(Бубликов, Александр Александрович 生于1875年)——俄国工商业资产阶级代表人物,职业是工程师。第四届国家杜马代表,资产阶级进步党党员。1917年8月参加莫斯科国务会议,在会上支持资产阶级同孟什维克联合。十月革命后移居国外。——229。

布尔加柯夫,谢尔盖·尼古拉耶维奇(Булгаков, Сергей Николаевич 1871—1944)——俄国经济学家、哲学家和神学家。19世纪90年代是合法马克思主义者,后来成了"马克思的批评家"。他修正马克思关于土地问题的学说,企图证明小农经济稳固并优于资本主义大经济,用土地肥力递减规律来解释人民群众的贫困化;还试图把马克思主义同康德的批判认识论结合起来。后来转向宗教哲学和基督教。1901—1906年和1906—1918年先后在基辅大学和莫斯科大学任政治经济学教授。1905—1907年革命失败后追随立宪民主党，为《路标》文集撰稿。1918年起是正教司祭。1923年侨居国外。1925年起在巴黎的俄国神学院任教授。主要著作有《论资本主义生产条件下的市场》(1897)、《资本主义和农业》(1900)、《经济哲学》(1912)等。——14、20、22、33、50、55、57。

布哈林，尼古拉·伊万诺维奇（Бухарин, Николай Иванович 1888—1938）——1906年加入俄国社会民主工党。1907年入莫斯科大学法律系经济学专业学习。1908年起任党的莫斯科委员会委员。1909—1910年几度被捕，1911年从流放地逃往欧洲。在国外开始著述活动，参加欧洲工人运动。1917年二月革命后回国，当选为莫斯科苏维埃执行委员会委员、党的莫斯科委员会委员，任《社会民主党人报》和《斯巴达克》杂志编辑。在党的第六次代表大会(1917)至第十六次代表大会(1930)上当选为中央委员。1917年10月起任莫斯科军事革命委员会委员，参与领导莫斯科的武装起义。同年12月起任《真理报》主编。1918年初反对签订布列斯特和约，是"左派共产主义者"集团的领袖。1919年3月当选为党中央政治局候补委员。1919年共产国际成立后任共产国际执行委员会委员和主席团委员。1920—1921年工会问题争论期间领导"缓冲"派。1924年6月当选为中央政治局委员。1926—1929年主持共产国际的工作。1929年被作为"右倾派别集团"的领袖受到批判，同年被撤销《真理报》主编、中央政治局委员、共产国际执行委员会委员和主席团委员职务。1931年起任苏联最高国民经济委员会主席团委员。1934—1937年任《消息报》主编。1934年当选为中央候补委员。1937年3月被开除出党。——133。

布劳恩，美·伊·——见勃朗斯基，美·亨·。

布利特，威廉·克里斯蒂安（Bullitt, William Christian 1891—1967）——美国外交家，新闻工作者。1917年领导美国国务院中欧情报局。1919年是美国出席巴黎和会代表团的随员。同年被威尔逊总统派往苏俄执行特别使命，后辞职。1933年重返外交界。1934—1936年为美国首任驻苏大使。1936—1941年任驻法大使。1942—1943年任美国海军部长特别助理。——248。

C

策列铁里，伊拉克利·格奥尔吉耶维奇（Церетели, Ираклий Георгиевич 1881—1959）——俄国孟什维克领袖之一。1902年参加社会民主主义运动。第二届国家杜马代表，在杜马中领导社会民主党党团，参加土地委员会。斯托雷平反动时期和新的革命高涨年代是取消派分子。第一次世界大战期间是中派分子。1917年二月革命后任彼得格勒苏维埃执行委员会委员、第一届中央执行委员会主席团委员,护国派分子。1917年5—7月任临时政府邮电部长,七月事变后任内务部长,是迫害布尔什维克的主谋之一。十月革命后领导立宪会议中的反苏维埃联盟;是格鲁吉亚孟什维克反革命政府首脑之一。1921年格鲁吉亚建立苏维埃政权后流亡法国。1923年是社会主义工人国际的组织者之一。1940年移居美国。——235。

查默斯,托马斯(Chalmers,Thomas 1780—1847)——英国经济学家,牧师。马克思称他为"新教大主教","最狂热的马尔萨斯主义者之一"。1832年出版《论政治经济学和社会的道德状况、道德远景的关系》一书。马克思在《剩余价值理论》第一卷和《资本论》第一卷里批判了这本书。——20。

察恩,弗里德里希(Zahn,Friedrich 1869—1946)——《从1905年人口统计和1907年职业与企业统计看德国经济的发展》一文的作者。——108。

成吉思汗(约1155—1227)——即元太祖。名铁木真。古代蒙古首领,军事家和政治家。出生于蒙古乞颜部孛儿只斤氏族。12世纪末13世纪初,他代表蒙古贵族利益,统一蒙古诸部,1206年被推为大汗,号成吉思汗,建立了蒙古汗国。制定军事、政治、法律等制度,开始使用文字,从而改变诸部之间长期争战的局面,加强了经济联系,对蒙古社会的发展起了进步作用。即位之后即大举向外扩张。1205年至1209年三次入侵西夏。1211年至1215年两次向金进攻,直到黄河北岸,占领中都(今北京)。1219年发动蒙古军的第一次西征,版图扩展到中亚地区和南俄。1226年率兵再次攻西夏,次年在西夏病死。——60。

D

达维多夫,列昂尼德·费多罗维奇(Давыдов,Леонид Федорович)——俄国圣彼得堡信用局局长,银行投机家。——148。

大卫,爱德华(David,Eduard 1863—1930)——德国社会民主党右翼领袖之一,经济学家;德国机会主义者杂志《社会主义月刊》创办人之一。1893年加入社会民主党。公开修正马克思主义关于土地问题的学说,否认资本主义经济规律在农业中的作用。1903年出版《社会主义和农业》一书,宣扬小农经济稳固,维护所谓土地肥力递减规律。1903—1918年和1920—1930年为国会议员,社会民主党国会党团领袖之一。第一次世界大战期间是社会沙文主义者。在《世界大战中的社会民主党》(1915)一书中为德国社会民主党右翼在第一次世界大战中的机会主义立场辩护。1919年2月任魏玛共和国国民议会第一任议长。1919—1920年任内政部长,1922—1927年任中央政府驻黑森的代表。——50、167。

丹尼尔逊,尼古拉·弗兰策维奇(尼·—逊)(Даниельсон, Николай Францевич (Н.—он)1844—1918)——俄国经济学家,政论家,自由主义民粹派理论家。他的政治活动反映了民粹派从对沙皇制度进行革命斗争转向与之妥协的演变。19世纪60—70年代与革命的青年平民知识分子小组有联系。接替格·亚·洛帕廷译完了马克思的《资本论》第一卷(1872年初版),以后又译出了第二卷(1885)和第三卷(1896)。在翻译该书期间同马克思和恩格斯有过书信往来,但不了解马克思主义的实质。认为马克思主义理论不适用于俄国,资本主义在俄国没有发展前途;主张保存村社土地所有制,维护小农和手工业经济。1893年出版了《我国改革后的社会经济论文集》一书,论证了自由主义民粹派的经济观点。列宁尖锐地批判了他的经济思想。——7、8、10、11、12、13、14、15、28、33、40、41。

德雷福斯,阿尔弗勒德(Dreyfus, Alfred 1859—1935)——法国总参谋部军官,犹太人。1894年被诬控为德国间谍而被判处终身苦役。法国反动政界利用德雷福斯案件煽动沙文主义和反犹太人运动,攻击共和制和民主自由。由于工人阶级和进步知识界起来为他辩护,纷纷要求重审德雷福斯案件,德雷福斯于1899年获赦,1906年恢复名誉。——241。

德里奥,J.爱德华(Driault, J. Edouard)——法国历史学家。——173—174。

德沙内尔,保尔(Deschanel, Paul 1856—1922)——法国国务活动家,政论家。1889—1919年为众议员,并多次担任众议院议长。——154。

邓尼金,安东·伊万诺维奇(Деникин, Антон Иванович 1872—1947)——俄国反革命首领之一,国内战争时期协约国在俄国的傀儡,中将(1916)。第一次世界大战期间曾任旅长和师长。1917年4—5月任俄军最高总司令的参谋长,后任西方面军司令和西南方面军司令。积极参加了科尔尼洛夫叛乱。十月革命后参与组建白卫志愿军,1918年4月起任志愿军司令。在协约国扶植下,1919年1月起任"南俄武装力量"总司令。1919年夏秋进犯莫斯科,被击溃后率残部退到克里木。1920年4月将指挥权交给弗兰格尔,自己逃亡国外。——104、247、248。

迪尔,卡尔(Diehl, Karl 1864—1943)——德国经济学家,教授,政治经济学中社会学派的信徒。认为法决定经济范畴的形式,而经济范畴的内容则是由自然规律决定的,是永恒的和不变的。主要著作有《蒲鲁东传》(1—3卷,1888—1896)、《对大卫·李嘉图的国民经济基本原理的社会科学解释》(1905)、《社会主义、共产主义和无政府主义》(1906)等。——28、30。

迪斯累里,本杰明,贝肯斯菲尔德伯爵(Disraeli, Benjamin, Earl of Beaconsfield 1804—1881)——英国国务活动家和作家,保守党领袖,新兴的帝国主义资产阶级思想家。1852、1858—1859和1866—1868年任财政大臣,1868和1874—1880年任首相。推行殖民扩张政策。1880年因对阿富汗的殖民战争失败和布尔人的反英起义,内阁倒台。——166。

迪乌里奇,乔治(Diouritch, Georges)——《德国银行在国外的扩张及其同德国经济发展的联系》(1909)一书的作者。——152、154、158。

杜冈-巴拉诺夫斯基,米哈伊尔·伊万诺维奇(Туган-Барановский, Михаил Иванович 1865—1919)——俄国经济学家和历史学家。1895—1899年任彼得堡大学政治经济学讲师,1913年起任彼得堡综合技术学院教授。19世纪90年代是合法马克思主义的代表人物,曾为《新言论》和《开端》等杂志撰稿,积极参加同自由主义民粹派的论战。20世纪初起公开维护资本主义,修正马克思主义的基本原理,成了"马克思的批评家"。1905—1907年革命期间加入立宪民主党。十月革命后成为乌克兰反革命势力的骨干分子。1917—1918年任乌克兰中央拉达的财政部长。主要著作有《现代英国的工业危机及其原因和对人民生活的影响》(1894)、《俄国工厂今昔》第一卷(1898)等。——14、20、22、26。

F

弗尔克尔(Völker)——德国政府官员,后为德国钢业联合公司的领导人。——147。

福尔卡德,欧仁(Forcade, Eugène 1820—1869)——法国政论家,庸俗经济学家。——29。

福格尔施泰因,泰奥多尔(Vogelstein, Theodor 生于1880年)——德国经济学家,《资本主义工业的金融组织和垄断组织的形成》、《现代大工业中的资本主义组织形式》等著作的作者。——111—112、114、161—162。

G

高尔察克,亚历山大·瓦西里耶维奇(Колчак, Александр Васильевич 1873—

1920)——俄国反革命首领之一,国内战争时期协约国在俄国的傀儡,海军上将(1916)。第一次世界大战期间曾任波罗的海舰队作战部部长、水雷总队长,1916—1917年任黑海舰队司令。1918年10月抵鄂木斯克,11月起任白卫军"西伯利亚政府"陆海军部长。11月18日在外国武装干涉者支持下发动政变,在西伯利亚、乌拉尔和远东建立军事专政,自封为"俄国最高执政"和陆海军最高统帅。叛乱被平定后,1919年11月率残部逃往伊尔库茨克,后被俘。1920年2月7日根据伊尔库茨克军事革命委员会的决定被枪决。——104、247、248。

格温纳,阿尔图尔(Gwinner, Arthur 1856—1931)——德国大金融家。1894—1919年任德意志银行经理,后任德意志银行和贴现公司的银行联合公司监事会副会长。——159。

龚帕斯,塞缪尔(Gompers, Samuel 1850—1924)——美国工会运动活动家。生于英国,1863年移居美国。1881年参与创建美国与加拿大有组织的行业工会和劳工会联合会,该联合会于1886年改组为美国劳工联合会(劳联),龚帕斯当选为美国劳工联合会第一任主席,并担任此职直至逝世(1895年除外)。实行同资本家进行阶级合作的政策,反对工人阶级参加政治斗争。第一次世界大战期间是社会沙文主义者。敌视俄国十月革命和苏维埃俄国。——103。

古尔维奇,伊萨克·阿道福维奇(Гурвич, Исаак Адольфович 1860—1924)——俄国经济学家。早年参加民粹派活动,曾根据在流放地考察的结果写出《农民向西伯利亚的迁移》一书。1889年移居美国,积极参加工会运动和民主运动。20世纪初成为修正主义者。——86、192。

H

哈第,詹姆斯·凯尔(Hardie, James Keir 1856—1915)——英国工人运动活动家,改良主义者,独立工党领袖和工党创建人之一;职业是矿工。从19世纪70年代起参加工会运动。1887年出版《矿工》杂志(后改名为《工人领袖》)。1888年创建苏格兰工党,1893年创建独立工党。1892年作为"独立的"工人候选人被选入议会,执行同资产阶级政党代表妥协的政策。第一次世界大战初期持中派立场,后公开倒向社会沙文主义者。——60。

哈尔姆斯,伯恩哈德(Harms, Bernhard 1876—1939)——德国经济学家,讲坛社会主义的代表人物之一,德国帝国主义的辩护士。1908年起任基尔大学教授,是基尔世界经济和海运研究所的创办人和所长(1911—1933)。《国民经济和世界经济》一书的作者。——152。

哈夫迈耶，约翰·克雷格（Havemeyer, John Craig 1833—1922）——美国企业
　　家，最大的糖业托拉斯的老板，铁路公司及其他一些公司的股东。——142。

海德门，亨利·迈尔斯（Hyndman, Henry Mayers 1842—1921）——英国社会党
　　人。1881年创建民主联盟（1884年改组为社会民主联盟），担任领导职务，直至
　　1892年。1900—1910年是社会党国际局成员。1911年参与创建英国社会党，领
　　导该党机会主义派。第一次世界大战期间是社会沙文主义者。1916年英国社
　　会党代表大会谴责他的社会沙文主义立场后，退出社会党，组建了沙文主义
　　的民族社会党（1918年改名为社会民主联盟）。敌视俄国十月革命，赞成武装
　　干涉苏维埃俄国。——103。

海曼，汉斯·吉德翁（Heymann, Hans Gideon）——德国经济学家。——109—110、
　　137—138。

海尼希，库尔特（Heinig, Kurt 1886—1956）——德国社会民主党人，经济学家
　　和政论家。——140、157—158。

海涅，亨利希（Heine, Heinrich 1797—1856）——德国诗人和作家。他反对封建
　　容克反动势力，抨击资产阶级市侩习气，显示了卓越的讽刺才能，得到马克思
　　和恩格斯的高度评价。与马克思的结识和通信对诗人政治上的成长有很大影
　　响。晚年诗作中有时流露彷徨苦闷情绪，但仍洋溢着战斗豪情。——3。

韩德逊，阿瑟（Henderson, Arthur 1863—1935）——英国工党和工会运动领袖
　　之一。1903年起为议员，1908—1910年和1914—1917年任工党议会党团主席，
　　1911—1934年任工党书记。第一次世界大战期间是社会沙文主义者。1915—
　　1917年先后参加阿斯奎斯政府和劳合-乔治政府，任教育大臣、邮政大臣和不
　　管大臣等职。1917年二月革命后到俄国鼓吹继续进行战争。1919年参与组
　　织伯尔尼国际，1923年起任社会主义工人国际执行委员会主席。1924年和
　　1929—1931年两次参加麦克唐纳政府，先后任内政大臣和外交大臣。——
　　240。

赫茨，弗里德里希·奥托（Hertz, Friedrich Otto 生于1878年）——奥地利经济学
　　家，社会民主党人。他在《土地问题及其同社会主义的关系。附爱德华·伯恩施
　　坦的序言》（1899）一书中修正马克思主义关于土地问题的学说，企图证明小
　　农经济稳固并具有对抗大经济竞争的能力。此书的俄译本被资产阶级辩护士
　　谢·尼·布尔加柯夫、维·米·切尔诺夫等人广泛利用来反对马克思主义。——
　　50、57。

赫克纳，亨利希（Herkner, Heinrich 1863—1932）——德国经济学家，柏林大学

J

1897年任英国贸易部统计司司长,是英国一些统计学会和经济学会的主席和创办人。写有经济、财政和统计方面的著作。——186。

季别尔,尼古拉·伊万诺维奇(Зибер,Николай Иванович 1844—1888)——俄国经济学家。1873年任基辅大学政治经济学和统计学教授,1875年辞职,不久去国外。1876—1878年为《知识》和《言论》杂志撰稿,发表了题为《马克思的经济理论》的一组文章(阐述《资本论》第一卷的内容)。1881年在伦敦结识马克思和恩格斯。1885年出版了他的主要著作《大卫·李嘉图和卡尔·马克思的社会经济研究》。他是马克思经济学说在俄国最早的传播者和捍卫者之一,但是不理解马克思学说的革命的批判的方面。他的著作对格·瓦·普列汉诺夫、季·布拉戈耶夫、尼·叶·费多谢耶夫有影响。——19。

捷列先科,米哈伊尔·伊万诺维奇(Терещенко,Михаил Иванович 1886—1956)——俄国最大的糖厂主,百万富翁。曾参加进步党,是第四届国家杜马代表。1917年二月革命后先后任临时政府财政部长和外交部长,积极推行把战争继续进行到"最后胜利"的帝国主义政策。十月革命后是白俄流亡分子,反革命叛乱和武装干涉苏维埃国家的策划者之一。——221、223、229。

K

卡尔韦尔,理查(Calwer,Richard 1868—1927)——德国经济学家,德国社会民主党内改良主义和修正主义的代表人物。1898年被选入帝国国会。他给自己的改良主义观点加上一种超党派的性质,认为消灭私有制不是社会主义的必备条件。1909年退出社会民主党。1908—1913年主持德国工会总委员会的经济评论和通讯小报的工作。1918年以后在柏林工会训练班任教员。写有《临近20世纪初期的世界经济》、《商业》、《世界经济导论》等著作。——181—182。

凯恩斯,约翰·梅纳德(Keynes,John Maynard 1883—1946)——英国资产阶级庸俗经济学家,国家垄断资本主义的辩护士。长期在剑桥大学任教和编辑《经济学杂志》,兼任英国财政部顾问和英格兰银行董事等职。1919年作为英国财政部首席代表参加了巴黎和会的工作。同年6月辞职,发表了《和约的经济后果》一书,猛烈抨击凡尔赛和约,证明和约有关赔偿的条款在经济上是行不通的,并预言和约所定各款将对世界经济产生不良影响。1921年起是英国一家大保险公司的董事长。30年代创立了资产阶级经济学的一种重要流派——凯恩斯主义,提出失业和经济危机的原因是"有效需求"不足的理论和国家必须全面干预经济生活等主张。最重要的著作是《就业、利息和货币通论》(1936)。

续进行反苏维埃活动。第二次世界大战期间与希特勒分子合作,被苏军俘获,由苏联最高法院军事庭判处死刑。——247。

克拉辛,列昂尼德·波里索维奇(Красин, Леонид Борисович 1870—1926)——19世纪90年代参加俄国社会民主主义运动,俄国社会民主工党第二次代表大会后加入布尔什维克,被增补进中央委员会;在中央委员会里一度对孟什维克采取调和态度。1905年是布尔什维克第一份合法报纸《新生活报》的创办人之一。1905—1907年革命期间参加彼得堡工人代表苏维埃,领导党中央战斗技术组。在党的第三次和第四次代表大会上当选为中央委员,第五次代表大会上当选为中央候补委员。1908年侨居国外。一度参加反布尔什维克的前进集团,后脱离政治活动,在国内外当工程师。十月革命后是红军供给工作的组织者之一,任红军供给非常委员会主席、最高国民经济委员会主席团委员、工商业人民委员、交通人民委员。1919年起从事外交工作。1920年起任对外贸易人民委员,1920—1923年兼任驻英国全权代表和商务代表,参加了热那亚国际会议和海牙国际会议。1924年任驻法国全权代表,1925年起任驻英国全权代表。在党的第十三次和第十四次代表大会上当选为中央委员。—— 263。

克勒芒德,埃德加(Crammond, Edgar)——《不列颠帝国同德意志帝国的经济关系》一文的作者。——185。

克列孟梭,乔治(Clemenceau, Georges 1841—1929)——法国国务活动家。第二帝国时期属左翼共和派。1871年巴黎公社时期任巴黎第十八区区长,力求使公社战士与凡尔赛分子和解。1876年起为众议员,80年代初成为激进派领袖,1902年起为参议员。1906年3—10月任内政部长,1906年10月—1909年7月任总理。维护大资产阶级利益,镇压工人运动和民主运动。第一次世界大战期间是沙文主义者。1917—1920年再度任总理,在国内建立军事专制制度,积极策划和鼓吹经济封锁和武装干涉苏维埃俄国。1919—1920年主持巴黎和会,参与炮制凡尔赛和约。1920年竞选总统失败后退出政界。——61、62、240、266、268。

克虏伯家族(Krupp)——德国最大的军火工业垄断资本家家族,领导德国主要军火库之一的军火钢铁康采恩。该康采恩是由弗里德里希·克虏伯(1787—1826)于1811年开办的克虏伯铸钢厂发展而成的。靠军火生产发家,曾积极参与准备第一次和第二次世界大战,在战争中获得巨额利润。——202、203、240。

克伦斯基,亚历山大·费多罗维奇(Керенский, Александр Федорович 1881—

L

1928年是俄罗斯联邦(苏联)驻德国全权代表处的工作人员。30年代在苏联从事学术和政论活动。写有一些论述世界经济和政治的著作。曾积极为苏联、波兰和德国共产党的报刊撰稿。——265。

拉萨尔，斐迪南(Lassalle,Ferdinand 1825—1864)——德国工人运动活动家，小资产阶级社会主义者，德国工人运动中的一个机会主义变种——拉萨尔主义的鼻祖。积极参加了德国1848年革命。欧洲反动年代曾和马克思、恩格斯通信。19世纪60年代初曾帮助德国工人摆脱资产阶级影响，参与创建了全德工人联合会，当选为联合会的主席(1863)。联合会的建立对德国工人运动具有积极意义，但是，拉萨尔把它引上了机会主义道路。拉萨尔主张通过争取普选权和建立由国家资助的工人生产合作社来解放工人。曾同俾斯麦勾结并支持他在普鲁士霸权下自上统一德国的政策。马克思、恩格斯、列宁深刻地批判了拉萨尔主义。——94。

拉维斯泰因，威廉·万(万拉维斯泰因)(Ravesteijn,Willem van(Van-Ravesteijn)生于1876年)——荷兰社会党人。1900加入荷兰社会民主工党，属该党左翼，是左翼机关报《论坛报》的创办人(1907)和编辑之一。1909年与论坛派的其他人一起被开除出党，后参与创建革命的社会民主党。1918年加入荷兰共产党。后脱离共产主义运动，1926年被开除出共产党。——79。

莱斯居尔，让(Lescure,Jean 1882—1947)——《法国储蓄业》(1914)一书的作者。——125。

莱维(哈特施坦)，保尔(Levi(Hertstein),Paul 1883—1930)——德国社会民主党人，职业是律师。1915年齐美尔瓦尔德代表会议的参加者，瑞士齐美尔瓦尔德左派成员；曾参加斯巴达克联盟。在德国共产党成立大会上被选入中央委员会。共产国际第二次代表大会代表。1920年代表德国共产党被选入国会。在党内采取极右立场，1921年2月退出中央委员会，同年4月因进行反党派别活动被开除出党。1922年又回到社会民主党。——263、265。

莱维，赫尔曼(Levy,Hermann 生于1881年)——德国经济学家，海德堡大学教授；1921年起任柏林高等技术学校教授。写有一些金融资本问题的著作。——110。

兰斯堡，阿尔弗勒德(Lansburgh,Alfred 1872—1940)——德国经济学家，《银行》杂志的出版人(1908—1935)，在该杂志上发表过有关金融资本问题的著作。——121、122—123、126、147、188、197、200、201—202、203。

劳，卡尔·亨利希(Rau,Karl Heinrich 1792—1870)——德国经济学家，亚当·

斯密和大卫·李嘉图的信徒。1822年起任海德堡大学政治经济学教授。1848年当选为法兰克福国民议会议员。1856年为法兰西学会通讯研究员。主要著作是《政治经济学教程》(三卷本,1826—1837)。——31。

劳合-乔治,戴维(Lloyd George,David 1863—1945)——英国国务活动家和外交家,自由党领袖。1890年起为议员。1905—1908年任贸易大臣,1908—1915年任财政大臣。1916—1922年任首相,残酷镇压殖民地和附属国的民族解放运动;是武装干涉和封锁苏维埃俄国的鼓吹者和策划者之一。曾参加1919年巴黎和会,是凡尔赛和约的炮制者之一。——151、263、266、268。

李比希,尤斯图斯(Liebig,Justus 1803—1873)——德国化学家,农业化学和土壤学的创始人之一,确定了土壤中有机物和矿物质的"肥力恢复律"。李比希的著作得到马克思的高度评价。著有《人造肥料或矿物肥料》、《化学书简》、《有机物分析手册》、《有机化学在农业及生理学上的应用》等。——57。

李嘉图,大卫(Ricardo,David 1772—1823)——英国经济学家,资产阶级古典政治经济学的完成者。早年从事证券交易所活动,后致力于学术研究。1819年被选为下院议员。在资产阶级反对封建残余的斗争中维护资产阶级的利益,坚持自由竞争原则,要求消除妨碍资本主义生产发展的一切限制。在经济理论上发展了亚当·斯密的价值论,对商品价值决定于生产商品所耗费的劳动时间的原理作了比较透彻的阐述与发展,奠定了劳动价值学说的基础,并在这一基础上着重论证了资本主义的分配问题,发现了工人、资本家、土地所有者之间经济利益上的对立,从而初步揭示了阶级矛盾和阶级斗争的经济根源。但是由于资产阶级立场、观点、方法的限制,把资本主义生产方式看做是永恒的唯一合理的生产方式,在理论上留下了不少破绽和错误(没有分清劳动和劳动力,把价值和生产价格混为一谈,把级差地租同土地肥力递减规律联系起来等等),为后来的庸俗政治经济学所利用。主要著作有《政治经济学及赋税原理》(1817)、《论对农业的保护》(1822)等。——18、19、20、54、55。

里塞尔,雅科布(Riesser,Jacob 1853—1932)——德国经济学家和银行家。1888—1905年是达姆施塔特银行经理。1901年创建德国银行和银行业中央联合会,1909年创建汉撒同盟,并长期担任这两个团体的主席。1905年起出版《银行文汇》杂志。1916—1928年为国会议员。写有一些为帝国主义和金融资本辩护的著作。——113、115、122、123、124、129、131、136—137、151、154、158、161、206、210、211—212。

里亚布申斯基,帕维尔·巴甫洛维奇(Рябушинский, Павел Павлович 1871—

1924）——俄国莫斯科大银行家和企业主,反革命党首领之一。曾积极参与创建资产阶级的进步党,出版反映大资产阶级利益的《俄国晨报》。1917年8月扬言要以饥饿手段窒息革命,是科尔尼洛夫叛乱的策划者和领导人之一。十月革命后逃亡法国,继续进行反对苏维埃俄国的反革命活动。——49。

利夫曼,罗伯特（Liefmann,Robert 1874—1941）——德国经济学家,教授,写有一些关于经济和社会问题的著作。——113—114、119、122、135、137、138、145、162。

利西斯（**勒太耶尔,欧仁**）（Lysis(Letailleur,Eugène)）——法国经济学家,写有一些关于金融问题和政治问题的著作。——143—144、260。

利亚霍夫,弗拉基米尔·普拉东诺维奇（Ляхов, Владимир Платонович 1869—1919）——沙俄陆军上校,镇压高加索和伊朗的民族革命运动的刽子手。第一次世界大战期间任黑海土耳其沿岸地带的总督。1919年2月被任命为捷列克-达吉斯坦边疆区的总办和邓尼金部队司令。在白卫"志愿军"同山民作战中被击毙。——59。

列诺得尔,皮埃尔（Renaudel,Pierre 1871—1935）——法国社会党右翼领袖之一。1899年参加社会主义运动。1906—1915年任《人道报》编辑,1915—1918年任社长。1914—1919年和1924—1935年为众议员。第一次世界大战期间是社会沙文主义者。反对社会党参加共产国际,主张社会党人参加资产阶级政府。1927年辞去社会党领导职务,1933年被开除出党。——240。

林肯,阿伯拉罕（Lincoln,Abraham 1809—1865）——美国国务活动家,共和党领袖之一,美国总统（1861—1865）。1847—1849年为众议员。主张维护联邦统一,逐步废除奴隶制度。1860年作为共和党候选人当选总统。次年南方各州发动武装叛乱,相继宣布脱离联邦,南北战争爆发。美国内战时期,在人民群众推动下实行一系列革命民主改革,颁布《宅地法》和《解放黑奴宣言》,使战争成为群众性的革命斗争,保证了战争的胜利。1865年4月被南方奴隶主指使的暴徒暗杀。——197。

龙格,让（Longuet,Jean 1876—1938）——法国社会党和第二国际领袖之一,政论家,沙尔·龙格和燕妮·马克思的儿子。19世纪末至20世纪初积极为法国和国际的社会主义报刊撰稿。1914年和1924年当选为众议员。第一次世界大战期间领导法国社会党中派—和平主义少数派;是法国中派分子的报纸《人民报》的创办人（1916）和编辑之一。谴责外国武装干涉苏维埃俄国。反对法国社会党加入共产国际,反对建立法国共产党。1920年起是法国社会党中派领袖之一。1921年起是第二半国际执行委员会委员。1923年起是社会主义工人国际领导人之一。30年代主张社会党人和共产党人联合起来反对法西斯主义,参加了反法西斯和反战的国际组织。——240。

卢卡斯,查理·普雷斯特伍德(Lucas,Charles Prestwood 1853—1931)——英国殖民部官员和历史学家,《大罗马和大不列颠》(1912)一书的作者。——170。

吕西埃,昂利(Russier,Henri)——《大洋洲的瓜分》(1905)一书的作者。——172。

伦施,保尔(Lensch,Paul 1873—1926)——德国社会民主党人。1905—1913年任德国社会民主党左翼机关报《莱比锡人民报》编辑。第一次世界大战爆发后转向社会沙文主义立场。战后任鲁尔工业巨头主办的《德意志总汇报》主编。1922年根据德国社会民主党普通党员的要求被开除出党。——233。

罗得斯,塞西尔·约翰(Rhodes,Cecil John 1853—1902)——英国国务活动家,积极推行英国的殖民政策,鼓吹帝国主义扩张;英国殖民主义者侵占南非和中非领土的组织者,后以他的名字将被占领的部分领土命名为罗得西亚。1890—1896年任开普殖民地总理;1899—1902年英布战争的主要策动者之一。——166—167、172。

罗易,马纳本德拉·纳特(Roy,Manabendra Nath 1892—1948)——印度政治活动家。1910—1915年参加印度反对英国殖民主义者的革命运动。1915年起侨居国外。后加入印度共产党。1920年以前住在墨西哥。共产国际第二、三、四、五次代表大会代表。1922年起是共产国际执行委员会候补委员。1924年起是执行委员会委员,1927年作为共产国际代表来过中国。1929年被开除出印度共产党和共产国际。——277、278、281。

洛贝尔图斯-亚格措夫,约翰·卡尔(Rodbertus-Jagetzow,Johann Karl 1805—1875)——德国经济学家,国家社会主义理论家,资产阶级化的普鲁士贵族利益的表达者,大地主。认为劳动和资本的矛盾可以通过普鲁士容克王朝实行的一系列改革得到解决。由于不了解剩余价值产生的根源和资本主义基本矛盾的实质,认为经济危机的原因在于人民群众的消费不足。认为地租是由于农业中不存在原料的耗费而形成的超额收入。主要著作有《关于我国国家经济状况的认识》(1842)、《给冯·基尔希曼的社会问题书简》(1850—1851、1884)等。——26、29、30。

洛克菲勒,约翰·戴维森(Rockefeller,John Davison 1839—1937)——美国石油大王,洛克菲勒财团的创始人。1870年创办美孚油公司,垄断了美国的石油工业。洛克菲勒家族拥有美国最大的商业银行之一——大通银行；此外，洛克菲勒家族的代表又是美国另一家最大的银行——纽约花旗银行的巨头之一。洛克菲勒家族对美国的内外政策有重大影响。——130、158、159、160。

M

马尔萨斯，托马斯·罗伯特（Malthus，Thomas Robert 1766—1834）——英国经济学家，英国资产阶级庸俗政治经济学的创始人之一。毕业于剑桥大学耶稣学院，1797年成为牧师。1805—1834年任东印度公司创办的海利贝里学院历史和经济学教授。剽窃他人理论予以加工，于1798年匿名发表《人口原理》一书。认为人口按几何级数增长，而生活资料按算术级数增长，因而造成人口绝对过剩，而贫穷和罪恶抑制人口增长，使生活资料与人口恢复平衡。把资本主义制度下劳动人民失业、贫困、饥饿和其他灾难都归之于自然规律的作用，露骨地为资本主义辩护，受到反动统治阶级的推崇。主要著作还有《政治经济学原理的实际应用》（1820）。——20。

马尔托夫，尔·（**策杰尔包姆，尤利·奥西波维奇**）（Мартов，Л.（Цедербаум，Юлий Осипович）1873—1923）——俄国孟什维克领袖之一。19世纪90年代初参加社会民主主义运动。1895年参与组织彼得堡工人阶级解放斗争协会。1896年被捕并流放图鲁汉斯克三年。1900年参与创办《火星报》，为该报编委。在俄国社会民主工党第二次代表大会上，领导机会主义少数派，反对列宁的建党原则；从那时起成为孟什维克中央机关的领导成员和孟什维克报刊的编辑。斯托雷平反动时期和新的革命高涨年代是取消派分子，编辑《社会民主党人呼声报》，参与组织"八月联盟"。第一次世界大战期间是中派分子，曾参加齐美尔瓦尔德代表会议和昆塔尔代表会议。1917年二月革命后领导孟什维克国际主义派。十月革命后反对镇压反革命和解散立宪会议。1919年当选为全俄中央执行委员会委员，1919—1920年为莫斯科苏维埃代表。1920年9月侨居德国。曾参与组织第二半国际，在柏林创办和编辑孟什维克杂志《社会主义通报》。——194、211。

马林，亨利克（Maring，Henryk 1883—1942）——荷兰社会民主党人。1902年加入荷兰社会民主工党。1913—1919年在爪哇岛居住期间加入左派社会民主党人行列，后来成了爪哇共产党和荷兰共产党党员。1920年到苏俄，出席了共产国际第二次代表大会，曾任民族和殖民地问题委员会秘书。1921—1923年是共产国际驻中国代表，负责远东各国的工作。1924—1927年是荷兰共产党领导成员,倾向反对派。1927年退党,采取托洛茨基主义立场。1929年建立了托洛茨基主义的"革命社会党"。1938年拒绝参加第四国际。第二次世界大战期间参加了抵抗运动,死于希特勒的集中营。——277。

马斯洛夫,彼得·巴甫洛维奇(Маслов, Петр Павлович 1867—1946)——俄国经济学家,社会民主党人。写有一些土地问题著作,修正马克思主义政治经济学原理。曾为《生活》、《开端》和《科学评论》杂志撰稿。俄国社会民主工党第二次代表大会后是孟什维克;曾提出孟什维克的土地地方公有化纲领。在俄国社会民主工党第四次(统一)代表大会上代表孟什维克作了关于土地问题的报告,被选入中央机关报编辑部。斯托雷平反动时期和新的革命高涨年代是取消派分子。第一次世界大战期间是社会沙文主义者。十月革命后脱离政治活动,从事教学和科研工作,研究社会主义政治经济学问题。1929年起为苏联科学院院士。——50、55、56、167、194。

迈耶尔,罗伯特(Meyer, Robert 1855—1914)——奥地利经济学家和国务活动家,维也纳大学教授。主要著作是《收入的实质》(1887)。——31。

麦克唐纳,詹姆斯·拉姆赛(MacDonald, James Ramsay 1866—1937)——英国政治活动家,英国工党创建人和领袖之一。1885年加入社会民主联盟,1886年加入费边社,1894年加入独立工党(1906—1909年任主席)。1900年当选为工人代表委员会书记,该委员会于1906年改建为工党。1906年起为议员,1911—1914年和1922—1931年任工党议会党团主席。推行机会主义政策,鼓吹阶级合作和资本主义逐渐长入社会主义的理论。第一次世界大战初期采取和平主义立场,后来公开支持劳合-乔治政府进行帝国主义战争。1918—1920年竭力破坏英国工人反对武装干涉苏维埃俄国的斗争。1924年和1929—1931年先后任第一届和第二届工党政府首相。1931—1935年领导由保守党决策的国民联合政府。——103、270、271、272。

曼纳海姆,卡尔·古斯塔夫·埃米尔(Mannerheim, Carl Gustaf Emil 1867—1951)——芬兰国务活动家,元帅。1889—1917年在俄国军队中任职,1917年为中将。1918年指挥反革命芬兰白卫军,伙同德国武装干涉者镇压芬兰革命。1918年12月—1919年7月任芬兰摄政。曼纳海姆是武装干涉苏维埃俄国政策的狂热支持者。1931年起任国防委员会主席。1939—1940年和1941—1944年苏芬战争期间任芬兰军队总司令。1944—1946年任芬兰总统。——247、248。

米勒兰,亚历山大·艾蒂安(Millerand, Alexandre Étienne 1859—1943)——法国政治活动家,法国社会党和第二国际的机会主义代表人物。1885年起多次当选议员。原属资产阶级激进派,90年代初参加法国社会主义运动,领导运动中的机会主义派。1898年同让·饶勒斯、泽·卡梅利纳等人组成法国独立社会党人联盟。1899年参加瓦尔德克–卢梭内阁,任工商业部长,同镇压巴黎公社的刽子手加利费合作;这是有史以来社会党人第一次参加资产阶级政府,列宁把这个行动斥之为"实践的伯恩施坦主义"。1904年被开除出法国社会党,此后同阿·白里安、勒·维维安尼等前社会党人一起组成独立社会党人集团。1909—1915年先后任公共工程部长和陆军部长,竭力主张把帝国主义战争进行到底。俄国十月革命后是武装干涉苏维埃俄国的策划者之一。1920年1—9月任总理兼外交部长,1920年9月—1924年6月任法兰西共和国总统。资产阶级左翼政党在大选中获胜后,被迫辞职。1925年和1927年当选为参议员。——103。

米留可夫,帕维尔·尼古拉耶维奇(Милюков,Павел Николаевич 1859—1943)——俄国立宪民主党领袖,俄国帝国主义资产阶级思想家,历史学家和政论家。1905年10月参与创建立宪民主党,后任该党中央委员会主席和中央机关报《言语报》编辑。第三届和第四届国家杜马代表。第一次世界大战期间为沙皇政府的掠夺政策辩护。1917年二月革命后任第一届临时政府外交部长,推行把战争进行到"最后胜利"的帝国主义政策;同年8月积极参与策划科尔尼洛夫叛乱。十月革命后同白卫分子和武装干涉者合作。1920年起为白俄流亡分子,在巴黎出版《最新消息报》。——221、235。

摩根,约翰·皮尔庞特(Morgan,John Pierpont 1867—1943)——美国金融巨头,摩根财团的金融中心、美国最大的一家银行——摩根公司的首脑。摩根公司主要经营各种有价证券发行业务,并通过持股及参与董事会等方式控制国内外许多大企业和金融组织,后来发展成庞大的国际性金融资本集团。摩根财团对美国的内外政策有重大影响。——130。

莫里斯,亨利·C.(Morris,Henry C.生于1868年)——美国历史学家和法学家,写有历史和经济方面的著作。——165。

莫利,约翰(Morley,John 1838—1923)——英国政治活动家,作家。1883年起为议员。1886和1892年在格莱斯顿内阁任爱尔兰事务大臣,1905—1910年任印度事务大臣,实行镇压民族解放运动的政策;后任枢密院院长,1914年退职。写有论述伏尔泰、卢梭、狄德罗、科布顿、克伦威尔和格莱斯顿等人的著作;1917年出版了两卷回忆录。——60。

莫斯特,约翰·约瑟夫(Most,Johann Joseph 1846—1906)——德国社会民主党人,后为无政府主义者;职业是装订工人。19世纪60年代参加工人运动,接近社会民主党,成为新闻工作者。1874—1878年为帝国国会议员。在理论上拥护杜林,在政治上信奉"用行动做宣传"的无政府主义思想,认为可以立刻进行无产阶级革命。1878年反社会党人非常法颁布后流亡伦敦,1879年出版无政府主义的《自由》周报,号召工人进行个人恐怖活动,认为这是最有效的革命斗争手段。1880年被开除出社会民主党,1882年起侨居美国,继续出版《自由周报》和进行无政府主义的宣传。晚年脱离工人运动。——69。

穆勒,约翰·斯图亚特(Mill,John Stuart 1806—1873)——英国哲学家,经济学家,逻辑学家,实证论代表人物。哲学观点接近休谟的经验论和孔德的实证论,否认物质世界的客观存在,认为感觉是唯一的实在。对逻辑学中的归纳法的研究有一定贡献,但片面夸大归纳法的作用。在经济学上追随古典学派,但比李嘉图倒退一步,用生产费用论代替劳动价值论。企图用节欲论来解释资本家的利润。主张通过分配关系的改革实现社会改良。主要著作有《三段论法和归纳法的逻辑体系》(1843)、《政治经济学原理》(1848)、《汉密尔顿爵士哲学探讨》(1865)等。——18、20。

N

纳希姆松,米龙·伊萨科维奇(斯佩克塔托尔)(Нахимсон,Мирон Исаакович(Спектатор)1880—1938)——俄国经济学家和政论家。1899—1921年是崩得分子。第一次世界大战期间持中派立场。1935年在莫斯科国际农业研究所和共产主义科学院工作。写有一些关于世界经济问题的著作。——198、200、203。

奈马尔克,阿尔弗勒德(Neymarck,Alfred 1848—1921)——法国经济统计学家。——148、149、151、198。

南森,弗里特奥夫(Nansen,Fridtjof 1861—1930)——挪威海洋地理学家,北极考察家,社会活动家。第一次世界大战期间曾从事改善各国战俘状况的工作。战后任国际联盟战俘事务高级专员。同情苏联。1921年苏维埃俄国饥荒时期参与组织国际赈济饥民委员会。曾当选为莫斯科苏维埃的名誉代表。1922年获诺贝尔和平奖金。1927年为挪威驻国际联盟裁军委员会的代表。——248。

尼·—逊——见丹尼尔逊,尼·弗·。

尼古拉·罗曼诺夫——见尼古拉二世(罗曼诺夫)。

尼古拉二世(**罗曼诺夫**)(Николай II(Романов)1868—1918)——俄国最后一个皇帝,亚历山大三世的儿子。1894年即位,1917年二月革命时被推翻。1918年7月17日根据乌拉尔州工兵代表苏维埃的决定在叶卡捷琳堡被枪决。——58。

涅克拉索夫,尼古拉·维萨里昂诺维奇(Некрасов,Николай Виссарионович 1879—1940)——俄国立宪民主党左派领袖之一,教授。第三届和第四届国家杜马代表,1916年11月被选为杜马副主席。第一次世界大战期间任全俄地方自治机关和城市联合会军需供应总委员会副主席。1917年二月革命后参加临时政府,历任交通部长、不管部长和财政部长。1917年夏退出立宪民主党,加入激进民主党。十月革命后在中央消费合作总社工作。——221。

诺贝尔(Nobel)——瑞典企业家,俄国十月革命前在巴库拥有大油田。——158。

诺斯克,古斯塔夫(Noske,Gustav 1868—1946)——德国社会民主党右翼领袖之一。第一次世界大战爆发前就维护军国主义,大战期间是社会沙文主义者。1918年11月被派往基尔,妄图扼杀基尔水兵的革命运动。同年12月参加所谓的人民代表委员会,自愿充当"嗜血狗"的角色,率领反动军队,血腥镇压了1919年柏林、不来梅及其他城市的工人斗争。1919年2月—1920年3月任国防部长,卡普叛乱平息后被迫辞职。1920—1933年任普鲁士汉诺威省省长。法西斯专政时期从希特勒政府领取国家养老金。——104。

诺西希,阿尔弗勒德(Nossig,Alfred 生于1863年)——德国经济学家、政论家和诗人。1902年出版《现代土地问题》一书,书中维护改良主义,批评马克思主义。在文章、剧本和诗歌中鼓吹犹太复国主义。后来成了各种犹太复国主义组织的积极活动分子。——57。

O

欧文斯,迈克尔·约瑟夫(Owens,Michael Joseph 1859—1923)——美国制瓶机发明人,后来成了这一行业的企业家。——185、186。

P

帕图叶,约瑟夫(Patouillet,Joseph)——法国经济学家,《美国帝国主义》(1904)一书的作者。——197。

潘涅库克,安东尼(Pannekoek,Antonie 1873—1960)——荷兰工人运动活动家,天文学家。1907年是荷兰社会民主工党左翼刊物《论坛报》的创办人之一,1909年参与创建荷兰社会民主党。1910年起与德国左派社会民主党人关系密切,积极为他们的报刊撰稿。第一次世界大战期间是国际主义者,曾参加齐美尔瓦尔德左派理论刊物《先驱》杂志的出版工作。1918—1921年是荷兰共产党党员,参加共产国际的工作。曾采取极左的宗派主义立场,20年代初是极左的德国共产主义工人党领袖之一。1921年退出共产党，不久脱离政治活动。——66、68、69。

佩什，乔治(Paish，George 1867—1957)——英国经济学家和统计学家，和平主义者。1881—1900年为英国保守党报纸《统计学家报》的编辑部撰稿人，1900—1916年是该报编辑之一。1914—1916年任英国国库(财政部)财政和经济问题顾问。一些经济学会和统计学会的主席和会员。写有一系列关于世界经济和政治问题的著作。——152、155。

蒲鲁东，皮埃尔·约瑟夫(Proudhon，Pierre-Joseph 1809—1865)——法国政论家，经济学家，社会学家，小资产阶级思想家，无政府主义创始人之一。1840年出版《什么是财产?》一书，从小资产阶级立场出发批判大资本主义所有制，幻想使小私有制永世长存。主张由专门的人民银行发放无息贷款，帮助工人购置生产资料，使他们成为手工业者，再由专门的交换银行保证劳动者"公平地"销售自己的劳动产品，而同时又不触动生产工具和生产资料的资本主义所有制。认为国家是阶级矛盾的主要根源，提出和平"消灭国家"的空想主义方案，对政治斗争持否定态度。1846年出版《经济矛盾的体系，或贫困的哲学》，阐述他的小资产阶级的哲学和经济学观点。马克思在《哲学的贫困》一书中对该书作了彻底的批判。在1848年革命时期被选入制宪议会后，攻击工人阶级的革命发动，赞成1851年12月2日的波拿巴政变。——28、29。

普利什凯维奇，弗拉基米尔·米特罗范诺维奇(Пуришкевич，Владимир Митрофанович 1870—1920)——俄国大地主，狂热的黑帮反动分子，君主派。1900年起在内务部任职，1904年为维·康·普列韦的内务部特务处官员。1905年参与创建黑帮组织"俄罗斯人民同盟"，1907年退出同盟并成立了新的君主派反革命组织"米迦勒天使长同盟"。第二、第三和第四届国家杜马代表，因在杜马中发表歧视异族和反犹太人的演说而臭名远扬。第一次世界大战期间要求建立"强有力的政权"把战争进行到"最后胜利"。1917年二月革命后主张恢复君主制。十月革命后竭力反对苏维埃政权，是1917年11月初被揭露的军官反革命阴谋的策划者。——72、73。

普列汉诺夫，格奥尔吉·瓦连廷诺维奇(沃尔金，阿·)(Плеханов，Георгий Валентинович(Волгин，А.)1856—1918)——俄国早期的马克思主义理论家，后来成为孟什维克和第二国际机会主义领袖之一。19世纪70年代参加民粹主义运动，是土地和自由社成员及土地平分社领导人之一。1880年侨居瑞士，逐步同民粹主义决裂。1883年创建俄国第一个马克思主义团体——劳动解放

社。翻译和介绍了马克思和恩格斯的许多著作,对马克思主义在俄国的传播
起了重要作用;写过不少优秀的马克思主义著作,批判民粹主义、合法马克思
主义、经济主义、伯恩施坦主义、马赫主义。20世纪初是《火星报》和《曙光》杂
志编辑部成员。俄国社会民主工党第二次代表大会后逐渐转向孟什维克。
1905—1907年革命时期反对列宁的民主革命的策略,后来在孟什维克和布尔
什维克之间摇摆。斯托雷平反动时期和新的革命高涨年代反对取消主义,领
导了孟什维克护党派。第一次世界大战期间持社会沙文主义立场。1917年二
月革命后返回俄国,支持资产阶级临时政府。对十月革命持否定态度,但拒绝
支持反革命。——2、34、138、167、219、234、235。

普列韦,维亚切斯拉夫·康斯坦丁诺维奇(Плеве, Вячеслав Константинович
1846—1904)——俄国国务活动家。1881年起任警察司司长,1884—1894年任
枢密官和副内务大臣,1902年4月任内务大臣兼宪兵团名誉团长。在他掌权期
间,残酷地镇压了波尔塔瓦省和哈尔科夫省的农民运动,破坏了许多地方自
治机关,鼓动在俄国边疆地区推行反动的俄罗斯化政策。为了诱使群众脱离
反对专制制度的斗争,促进了日俄战争的爆发;出于同一目的,多次策划蹂躏
犹太人的暴行,鼓励祖巴托夫政策。1904年7月15日(28日)被社会革命党人刺
死。——60。

普罗柯波维奇,谢尔盖·尼古拉耶维奇(Прокопович, Сергей Николаевич 1871—
1955)——俄国经济学家和政论家。曾参加国外俄国社会民主党人联合会,是
经济派的著名代表人物,伯恩施坦主义在俄国最早的传播者之一。1904年加
入资产阶级自由派的解放社,为该社骨干分子。1905年为立宪民主党中央委
员。1906年和叶·德·库斯柯娃一起出版半立宪民主党、半孟什维克的《无题》
周刊,为左派立宪民主党人的《同志报》积极撰稿。从伯恩施坦主义—自由主
义立场出发写过一些有关工人问题的著述。1917年二月革命后任临时政府工
商业部长(8月)和粮食部长(9—10月)。十月革命后,1921年在全俄赈济饥民
委员会工作,同反革命地下活动有联系。1922年被驱逐出境。——221。

Q

齐赫泽,尼古拉·谢苗诺维奇(Чхеидзе, Николай Семенович 1864—1926)
——俄国孟什维克领袖之一。19世纪90年代末参加社会民主主义运动。俄国
社会民主工党第二次代表大会后是孟什维克。第三届和第四届国家杜马代
表,第四届杜马孟什维克党团主席。第一次世界大战期间是中派分子。1917年

二月革命后任国家杜马临时委员会委员、彼得格勒工兵代表苏维埃主席和第一届中央执行委员会主席,极力支持资产阶级临时政府。1918年起是反革命的外高加索议会主席,1919年起是格鲁吉亚孟什维克政府——立宪会议主席。1921年格鲁吉亚建立苏维埃政权后流亡法国。——194。

契尔施基,齐格弗里特(Tschierschky, Siegfried 生于1872年)——德国经济学家,曾在一些托拉斯和辛迪加做实际工作。著有《卡特尔与托拉斯》一书,曾出版《卡特尔评论》杂志。——114、126。

契恒凯里,阿卡基·伊万诺维奇(Чхенкели, Акакий Иванович 1874—1959)——格鲁吉亚孟什维克领袖之一,职业是律师。1898年参加社会民主主义运动。斯托雷平反动时期和新的革命高涨年代是取消派分子。第四届国家杜马代表,参加孟什维克杜马党团。第一次世界大战期间是社会沙文主义者。1917年二月革命后是临时政府驻外高加索的代表。1918年4月由外高加索议会任命为外高加索临时政府主席,后任格鲁吉亚孟什维克政府外交部长。1921年格鲁吉亚建立苏维埃政权后成为白俄流亡分子。——194。

切尔诺夫,维克多·米哈伊洛维奇(Чернов, Виктор Михайлович 1873—1952)——俄国社会革命党领袖和理论家之一。1902—1905年任社会革命党中央机关报《革命俄国报》编辑。曾撰文反对马克思主义,企图证明马克思的理论不适用于农业。第一次世界大战期间以左的词句掩盖其社会沙文主义立场,曾参加齐美尔瓦尔德代表会议和昆塔尔代表会议。1917年5—8月任临时政府农业部长,对夺取地主土地的农民实行残酷镇压。敌视十月革命。1918年1月任立宪会议主席;曾领导反革命政府——立宪会议委员会,参与策划反苏维埃叛乱。1920年流亡国外,继续反对苏维埃政权。——50、57、230、234、235。

S

萨尔托里乌斯·冯·瓦尔特斯豪森,奥古斯特(Sartorius von Waltershausen, August 1852—1938)——德国经济学家,德国帝国主义的辩护士。1888—1918年任斯特拉斯堡大学教授。写有一些关于世界经济和政治问题的著作。——173、187。

萨伊,让·巴蒂斯特(Say, Jean-Baptiste 1767—1832)——法国经济学家,庸俗政治经济学早期代表人物之一。1819年起任经济学教授。为适应资产阶级维护资本主义制度的需要,发展了亚当·斯密经济理论中的庸俗成分。认为政治经济学是研究财富的科学,把政治经济学研究内容划分为生产、分配、消费三部分,割裂三者之间的内在联系。认为生产过程中创造的效用使物品具有价值,把使用价值和价值混为一谈。宣称"生产三要素"(劳动、资本和土地)是价值的源泉,工资、利息和地租是三者各自创造的收入,否认资本对劳动者的剥削和劳动与资本之间的对抗。首倡所谓供给自行创造需求的萨伊定律,否认有发生生产过剩的经济危机的可能性。主要著作是《政治经济学概论》(1803)。——20。

桑巴特,威纳尔(Sombart, Werner 1863—1941)——德国经济学家和社会学家。1890年起任布雷斯劳大学教授,1906年起任柏林大学教授。他的早期著作受到马克思主义的影响,后来反对历史唯物主义和马克思的经济学说,否认社会发展的一般规律,强调精神的决定性作用,把资本主义描绘成一种协调的经济体系。晚年吹捧希特勒法西斯独裁制度,拥护反动的民族社会主义。主要著作有《19世纪的社会主义和社会运动》(1896)、《现代资本主义》(1902)、《德国社会主义》(1934)。——144。

圣西门,昂利·克洛德(Saint-Simon, Henri Claude 1760—1825)——法国空想社会主义者。贵族出身。参加过美国独立战争,同情法国大革命。长期考察革命后的社会矛盾,于19世纪初逐渐形成空想社会主义思想。把社会发展看做人类理性的发展,但有时也认为社会发展是经济发展引起的。抨击资本主义制度,认为竞争和无政府状态是一切灾难中最严重的灾难。他所设想的理想制度是由"实业家"和学者掌握各方面权力、一切人都要劳动、按"才能"分配的"实业制度"。由于历史的局限,把资本家和无产阶级合称"实业家阶级",并主张在未来社会中保留私有制。提出关于未来社会必须有计划地组织生产和生活、发挥银行调节流通和生产的作用、国家将从对人的政治统治变为对物的管理和对生产的指导等一系列有重大意义的思想。晚年宣告他的最终目的是工人阶级的解放,但不理解工人阶级的历史使命,而寄希望于统治阶级的理性和善心。主要著作有《一个日内瓦居民给当代人的信》(1802)、《人类科学概论》(1813)、《论实业制度》(1821)、《实业家问答》(1823—1824)、《新基督教》(1825)等。——213。

盛加略夫,安德列·伊万诺维奇(Шингарев, Андрей Иванович 1869—1918)——俄国立宪民主党人,地方自治人士;职业是医生。立宪民主党沃罗涅日省委员会主席,1907年起为立宪民主党中央委员。第二、第三和第四届国家杜马代表,立宪民主党杜马党团副主席。1917年二月革命后在第一届和第二届临时政府中分别任农业部长和财政部长。——221。

施蒂利希,奥斯卡尔(Stillich,Oskar 生于1872年)——《货币银行业》(1907)一书的作者。——128、134、144、145。

施尔德尔,齐格蒙德(Schilder,Sigmund 死于1932年)——德国经济学家,曾任商业博物馆秘书。写有《世界经济发展趋势》、《世界大战的世界经济前提》等著作。——152、153、170、173、187、206。

施陶斯,埃米尔·格奥尔格(Stauß,Emil Ceorg 生于1877年)——德国金融家和银行家。1898年起在德意志银行任职;从1906年至第一次世界大战结束,主管该银行的石油公司。1915年起是德意志银行和贴现公司的董事和监事。——159。

舒尔采-格弗尼茨,格尔哈特(Schulze-Gaevernitz,Gèrhart 1864—1943)——德国经济学家,讲坛社会主义者。1892—1893年研究俄国的纺织工业和土地关系,并在莫斯科大学讲学。1893—1926年任弗赖堡大学政治经济学教授。试图论证在资本主义社会里有可能确立改善所有阶级(资本家、工人和农民)状况的社会和平和"社会和谐"。把垄断资本、大银行的统治看做是"有组织的资本主义"。主要著作有《大生产及其对经济和社会进步的意义》(1892)、《论俄国社会经济和经济政策》(1899)等。舒尔采-格弗尼茨的思想在俄国的宣传者是彼·伯·司徒卢威。——121—122、124、128—129、130、135、137、138、172—173、187—188、190—192、212—213。

司徒卢威,彼得·伯恩哈多维奇(Струве,Петр Бернгардович 1870—1944)——俄国经济学家,哲学家,政论家,合法马克思主义主要代表人物。19世纪90年代编辑合法马克思主义者的杂志《新言论》和《开端》。在1894年发表的第一部著作《俄国经济发展问题的评述》中,就在批判民粹主义的同时,对马克思的经济学说和哲学学说提出"补充"和"批评"。20世纪初同马克思主义和社会民主主义彻底决裂,转到自由派营垒。1902年起编辑自由派资产阶级刊物《解放》杂志,1903年起是解放社的领袖之一。1905年起是立宪民主党中央委员,领导该党右翼。1907年当选为第二届国家杜马代表。第一次世界大战爆发后是俄国帝国主义思想家。十月革命后敌视苏维埃政权,是邓尼金和弗兰格尔反革命政府的成员,后逃往国外。——4、14、57。

斯捷布特,伊万·亚历山德罗维奇(Стебут,Иван Александрович 1833—1923)——俄国农学家和社会活动家。1860年起为教授。1865—1894年任彼得罗夫斯克农学院(现称莫斯科季米里亚捷夫农学院)教研室主任。1898年起任农业和国家产业部学术委员会主席。1869—1870年兼任《俄国农业》杂志编辑。写有许多农业方面的著作。——8。

斯柯别列夫,马特维·伊万诺维奇(Скобелев, Матвей Иванович 1885—1938)
——1903年参加俄国社会民主主义运动,孟什维克;职业是工程师。1906年侨
居国外,为孟什维克出版物撰稿,参加托洛茨基的维也纳《真理报》编辑部。第
四届国家杜马代表,社会民主党杜马党团领袖之一。第一次世界大战期间是
中派分子。1917年二月革命后任彼得格勒工兵代表苏维埃副主席、第一届中
央执行委员会副主席;同年5—8月任临时政府劳动部长。十月革命后脱离孟
什维克,先后在合作社系统和对外贸易人民委员部工作。1922年加入俄共
(布),在经济部门担任负责工作。1936—1937年在全苏无线电委员会工作。
——194、223。

斯克沃尔佐夫,亚历山大·伊万诺维奇(Скворцов, Александр Иванович 1848—
1914)——俄国经济学家,农学家,新亚历山大农业和林业学院教授。主要著
作有《蒸汽机运输对农业的影响》(1890)、《经济评述》(1894)、《政治经济学原
理》(1898)等。——8、22。

斯密,亚当(Smith, Adam 1723—1790)——英国经济学家和哲学家,资产阶级
古典政治经济学理论体系的创立者。曾任格拉斯哥大学教授和校长。他第一
个系统地论述了劳动价值论的基本范畴,分析了价值规律的作用。研究了雇
佣工人、资本家和地主这三大阶级的收入,认为利润和地租都是对劳动创造
的价值的扣除,从而接触到剩余价值的来源问题,并在一定程度上揭露了资
本主义社会阶级对立的经济根源。但由于历史的和阶级的局限性以及方法论
上的矛盾,他的经济理论既有科学成分,又有庸俗成分。例如,他承认劳动是
财富源泉和价值的尺度,又说价值由交换中购买到的劳动所决定,而且还断
言价值由利润、工资和地租这三种收入构成;认为利润是劳动创造的价值的
一部分,又说利润是"资本的自然报酬"等等。这就为庸俗经济学留下了发展
余地。代表作是《国民财富的性质和原因的研究》(1776)。——16、17、18、19、
20、27、29、30、31、37。

斯佩克塔托尔——见纳希姆松,米·伊·。

斯特德,威廉·托马斯(Stead, William Thomas 1849—1912)——英国新闻工
作者。1871年起在达灵顿编辑《北方回声报》。1880年任资产阶级报纸《派尔-
麦尔新闻》的助理编辑,1883—1889年为编辑。1890年创办《评论的评论》。写
过不少著作,其中包括《欧洲联邦》、《世界的美国化》等。1905年为伦敦《泰晤
士报》驻俄国记者。——166。

斯托雷平,彼得·阿尔卡季耶维奇(Столыпин, Петр Аркадьевич 1862—1911)

——俄国国务活动家,大地主。1884年起在内务部任职。1902年任格罗德诺省省长。1903—1906年任萨拉托夫省省长,因镇压该省农民运动受到尼古拉二世的嘉奖。1906—1911年任大臣会议主席兼内务大臣。1907年发动"六三政变",解散第二届国家杜马,颁布新选举法以保证地主、资产阶级在杜马中占统治地位,残酷镇压革命运动,大规模实施死刑,开始了"斯托雷平反动时期"。实行土地改革,以培植富农作为沙皇专制制度在农村中的支柱。1911年被社会革命党人Д.Г.博格罗夫刺死。——4。

苏潘,亚历山大(Supan, Alexander 1847—1920)——德国地理学家,哥达大学和布雷斯劳大学教授。——163—164、167。

T

塔弗尔,保尔(Tafel, Paul)——《北美托拉斯及其对技术进步的影响》(1913)一书的作者。——114—115。

唐恩(**古尔维奇**),费多尔·伊里奇(Дан(Гурвич),Федор Ильич 1871—1947)——俄国孟什维克领袖之一,职业是医生。1894年参加社会民主主义运动,加入彼得堡工人阶级解放斗争协会。1903年成为孟什维克。斯托雷平反动时期和新的革命高涨年代在国外领导取消派,编辑取消派的《社会民主党人呼声报》。第一次世界大战期间是社会沙文主义者。1917年二月革命后任彼得格勒苏维埃执行委员会委员和第一届中央执行委员会主席团委员,支持资产阶级临时政府。十月革命后反对苏维埃政权,1922年被驱逐出境,在柏林领导孟什维克进行反革命活动。1923年参与组织社会主义工人国际。1923年被取消苏联国籍。——234。

提拉克,巴尔·甘格达尔(Tilak, Bal Gangadhar 1856—1920)——印度民族解放运动活动家。1881年开始出版《雄狮报》,在报上撰文反对英国殖民制度。领导印度国大党左翼,反对用和平合法方式同英国殖民制度作斗争;号召人民群众采取一切手段,包括使用暴力同殖民主义者斗争。但未提出符合农民和手工业者利益的经济纲领;美化封建旧习俗,主张保留种姓制度。在印度民族解放运动高涨时期(1905—1908),号召人民群众运用俄国人民争取自由的斗争经验。1908年因号召同殖民制度作斗争,被英国当局判处六年苦役。孟买无产阶级举行了政治总罢工,抗议对提拉克的判决。1914年获释。提拉克欢迎俄国十月革命,在十月革命的影响下,他提出了将铁路和其他属于英国殖民主义者的企业收归国有的要求。——60。

托马,阿尔伯(Thomas,Albert 1878—1932)——法国政治活动家,右派社会党人。1904年起为社会党报刊撰稿。1910年起为社会党议会党团领袖之一。第一次世界大战期间是社会沙文主义者。曾参加资产阶级政府,任军需部长。1917年二月革命后到俄国鼓吹继续进行战争。1919年是伯尔尼国际的组织者之一。1920—1932年任国际联盟国际劳工组织的主席。——103、273。

W

瓦·沃·——见沃龙佐夫,瓦·巴·。

瓦尔,莫里斯(Wahl,Maurice)——《法国在殖民地》一书的作者。——172。

瓦格纳,阿道夫(Wagner,Adolf 1835—1917)——德国经济学家和政治活动家,政治经济学和财政学教授,新历史学派和讲坛社会主义的代表人物。在其导师洛贝尔图斯和历史学派的影响下,强调经济生活受法律条件(如私有权制度)支配,要求加强国家在经济方面的作用。1872年参与创建社会政治协会。曾与俾斯麦积极合作,1881年加入基督教社会党。主要著作有《一般的或理论的国民经济学》(1879)、《政治经济学原理》(1892—1894)等。——31。

万拉维斯泰因——见拉维斯泰因,威廉·万。

威尔逊,伍德罗(Wilson,Woodrow 1856—1924)——美国国务活动家。1910—1912年任新泽西州州长。1913年代表民主党当选为美国总统,任期至1921年。任内镇压工人运动,推行扩张政策,对拉丁美洲各国进行武装干涉,并促使美国站在协约国一方参加第一次世界大战。十月革命后是武装干涉苏维埃俄国的策划者之一。1918年提出帝国主义的和平纲领"十四点",妄图争夺世界霸权。曾率领美国代表团出席巴黎和会(1919—1920)。1920年总统竞选中失败,后退出政界。——266、268。

威廉二世(**霍亨索伦**)(Wilhelm II(Hohenzollern) 1859—1941)——德国皇帝和普鲁士国王(1888—1918)。——147。

维伯,悉尼·詹姆斯(Webb,Sidney James 1859—1947)——英国经济学家和社会活动家,工联主义和所谓费边社会主义的理论家,费边社的创建人和领导人之一。1915—1925年代表费边社参加工党全国执行委员会。1922年起为议员。1924年任贸易大臣,1929—1930年任自治领大臣,1929—1931年任殖民地大臣。与其妻比阿特里萨·维伯合写的许多关于英国工人运动的历史和理论的著作,宣扬在资本主义条件下和平解决工人问题的改良主义思想,但包含有英国工人运动历史的极丰富的材料。主要著作有《英国社会主义》

(1890)、《产业民主》(1897)(列宁翻译了此书的第一卷,并校订了第二卷的俄译文;俄译本书名为《英国工联主义的理论和实践》)等。——240。

维尔威尔(Virvaire)——法国将军,1908年7月30日曾指挥军队镇压维尔纳夫-圣乔治的罢工者。——62。

魏特林,威廉(Weitling, Wilhelm 1808—1871)——德国工人运动早期活动家,空想平均共产主义理论家;职业是裁缝。1836年在巴黎加入正义者同盟,1838年为同盟写了纲领性著作《人类,它是什么样子和应当成为什么样子》。1841—1843年在瑞士手工业者联合会里宣传平均共产主义思想。1842年出版主要著作《和谐与自由的保证》。1846年加入布鲁塞尔共产主义通讯委员会,但很快就暴露出同马克思、恩格斯在观点上的尖锐分歧。1846年流亡美国,在纽约德国侨民中进行宣传运动。德国1848—1849年革命中曾一度回国。1850—1855年在美国出版《工人共和国》杂志。后来脱离工人运动。马克思和恩格斯曾高度评价魏特林的著述和宣传活动,认为它是德国无产阶级第一次独立的理论运动,但在魏特林主义成了发展工人运动的障碍时,也给了它严厉的批评。——238。

沃尔金,阿·——见普列汉诺夫,格·瓦·。

沃龙佐夫,瓦西里·巴甫洛维奇(瓦·沃·)(Воронцов, Василий Павлович(В.В.) 1847—1918)——俄国经济学家,社会学家,政论家,自由主义民粹派思想家。曾为《俄国财富》、《欧洲通报》等杂志撰稿。认为俄国没有发展资本主义的条件,俄国工业的形成是政府保护政策的结果;把农民村社理想化,力图找到一种维护小资产者不受资本主义发展之害的手段。19世纪90年代发表文章反对俄国马克思主义者,鼓吹同沙皇政府和解。他的观点受到普列汉诺夫和列宁的批判。主要著作有《俄国资本主义的命运》(1882)、《俄国手工工业概述》(1886)、《农民经济中的进步潮流》(1892)、《我们的方针》(1893)、《理论经济学概论》(1895)。——8、10、11、12、13—14、15、28、33。

X

西门子,格奥尔格·冯(Siemens, Georg von 1839—1901)——德国最大的工业家和金融大王之一。1870年开办德意志银行,任经理。普鲁士议会议员和帝国国会议员。——138。

西尼耳,纳索·威廉(Senior, Nassau William 1790—1864)——英国庸俗经济学家。1825—1830年和1847—1852年任牛津大学教授。在各届政府的劳动和工业问题委员会中担任领导职务。倡导"节欲论",并极力反对缩短工作日。马克思在《资本论》第一卷中批判了他在1837年发表的小册子《关于工厂法对棉纺织业的影响的书信》。——24。

西斯蒙第,让·沙尔·莱奥纳尔·西蒙德·德(Sismondi, Jean-Charles-Léonard Simonde de 1773—1842)——瑞士经济学家和历史学家,法国资产阶级古典政治经济学的完成者和小资产阶级政治经济学——经济浪漫主义的奠基人。活动初期属于古典学派,后来转变成为小资产阶级社会主义者。认为政治经济学是促进人类物质福利的伦理科学,对李嘉图理论提出尖锐批评。批判资本主义制度,指出资本主义的矛盾,但不理解资本主义矛盾的性质和根源,不了解资本主义大生产的进步性,把中世纪宗法制农业和行会手工业理想化,认为消灭资本主义矛盾的途径就是使现代社会回到小生产方式中去。主要经济著作有《政治经济学新原理或论财富同人口的关系》(1819)和《政治经济学概论》(1837—1838)。列宁在《评经济浪漫主义》一文中对西斯蒙第学说作了详尽的批判(见《列宁全集》第2版第2卷)。——20。

希尔,戴维·杰恩(Hill, David Jayne 1850—1932)——美国历史学家和外交家,三卷集《欧洲国际关系发展中的外交史》一书的作者。——206。

希尔德布兰德,格尔哈德(Hildebrand, Gerhard)——德国经济学家,政论家,德国社会民主党党员;1912年因持机会主义立场被开除出党。——190。

希法亭,鲁道夫(Hilferding, Rudolf 1877—1941)——奥地利社会民主党、德国社会民主党和第二国际领袖之一,"奥地利马克思主义"理论家。1907—1915年任德国社会民主党中央机关报《前进报》编辑。1910年发表《金融资本》一书,对研究垄断资本主义起了一定的积极作用,但是书中有严重的理论错误和机会主义观点。第一次世界大战期间是中派分子,主张同社会帝国主义者统一。战后公开修正马克思主义,提出"有组织的资本主义"的理论,为国家垄断资本主义辩护。1917年起为德国独立社会民主党领袖之一。敌视苏维埃政权和无产阶级专政。1920年取得德国国籍。1924年起为国会议员。1923年和1928—1929年任魏玛共和国财政部长。法西斯分子上台后流亡法国。——104、106、109、136、142、144—145、151、172、185、198、199、207。

谢德曼,菲力浦(Scheidemann, Philipp 1865—1939)——德国社会民主党右翼领袖之一。1903年起参加社会民主党国会党团。1911年当选为德国社会民主党执行委员会委员,1917—1918年是执行委员会主席之一。第一次世界大战期间是社会沙文主义者。1918年10月参加巴登亲王马克斯的君主制政府,任

Y

Z

《论资本主义》编审人员

文献选编	杨祝华	李洙泗	高晓惠	刘燕明
题注编写	韦建桦	顾锦屏	王学东	杨祝华
	高晓惠			
资料工作	高晓惠	武锡申	翟民刚	
全书审定	韦建桦	顾锦屏	王学东	

责任编辑：郇中建
装帧统筹：曹　春
编辑助理：崔继新
技术设计：程凤琴
责任校对：吴海平　赵立新　徐林香　张　彦

图书在版编目（CIP）数据

列宁专题文集.论资本主义／中共中央马克思恩格斯列宁斯大林著作编译局编.
－北京：人民出版社，2009.12（2020.11重印）
ISBN 978-7-01-007888-5

Ⅰ.列…　Ⅱ.中…　Ⅲ.列宁著作－资本主义　Ⅳ.A26

中国版本图书馆 CIP 数据核字（2009）第 060690 号

书　　名	列宁专题文集
	论资本主义
	LIENING ZHUANTI WENJI
	LUN ZIBENZHUYI
编　　者	中共中央马克思恩格斯列宁斯大林著作编译局
出版发行	人民出版社
	（北京朝阳门内大街 166 号　邮编 100706）
邮购地址	100706 北京朝阳门内大街 166 号
邮购电话	（010）65250042　65289539
经　　销	新华书店
印　　刷	北京新华印刷有限公司
版　　次	2009 年 12 月第 1 版　2020 年 11 月第 2 次印刷
开　　本	700 毫米×1000 毫米 1/16
印　　张	24
字　　数	276 千字
书　　号	ISBN 978-7-01-007888-5
定　　价	56.00 元

ISBN 978-7-01-007888-5

9 787010 078885 >